语言生活皮书

B013

# 中国语言生活状况报告
## (2018)

国家语言文字工作委员会　组编

2018 年·北京

**组委会**
主　　任　杜占元
执行主任　田立新
委　　员　（按音序排列）
　　　　　姜　锋　李岩松　李宇明　彭　龙　王　刚
　　　　　许　涛　续　梅　于殿利　张东刚　张　力

**编委会**
顾　　问　许嘉璐　赵沁平　郝　平　李卫红
审　　订　陈章太　戴庆厦　陆俭明　邢福义　周庆生
名誉主编　李宇明

主　　编　郭　熙
副 主 编　侯　敏　杨尔弘　周洪波
委　　员　陈　敏　冯学峰　郭　熙　何婷婷　贺宏志　侯　敏
　　　　　李　强　苏新春　汪　磊　王丹卉　王　奇　杨尔弘
　　　　　易　军　张日培　赵蓉晖　赵守辉　赵小兵　周洪波
　　　　　周　荐　周庆生

作　　者　（按音序排列）
　　　　　白　娟　白青松　蔡　蕾　曹　婉　陈长书　程南昌
　　　　　戴红亮　杜占元　方小兵　郭　熙　韩荔华　韩林涛
　　　　　何山华　何婷婷　贺宏志　侯　敏　黄兴亚　孔存良
　　　　　李　波　李楚成　李　佳　李菁菁　李璐溪　李宇明
　　　　　梁慧敏　刘鹏远　刘　赛　吕清林　牧仁高娃　朴美仙
　　　　　邱哲文　屈哨兵　饶高琦　容　宏　宋镇豪　苏新春
　　　　　孙　婉　滕永林　田立新　田联刚　田　源　汪　磊
　　　　　王春辉　王晋军　王莉宁　王　奇　王学荣　王攸然
　　　　　王宇波　王育弘　王育珊　许小颖　杨尔弘　杨　静
　　　　　易　军　余桂林　张明慧　张日培　张　树　赵　婕
　　　　　赵守辉　赵树元　周道娟　朱艳华　邹　煜

策　　划　教育部语言文字信息管理司
执　　行　中国语言资源开发应用中心

# "语言生活皮书"说明

"语言生活皮书"由国家语言文字工作委员会组织编写,旨在贯彻落实《国家通用语言文字法》,提倡"语言服务"理念,贯彻"大语言文字工作"发展新思路,为语言文字事业更好服务国家发展需求做贡献。

"语言生活皮书"系列由《中国语言文字事业发展报告》《中国语言生活状况报告》《中国语言政策研究报告》《世界语言生活状况报告》组成。

《中国语言生活状况报告》("绿皮书"),2004年筹编,2006年出版,是国家语委最早组编的语言生活皮书,目前还出版了相应的英文版、韩文版和日文版,并附带编纂了具有资政功能的《中国语言生活要况》。2016年,《中国语言文字政策研究发展报告》(后更名为《中国语言政策研究报告》,"蓝皮书")出版。2016年,《世界语言生活状况》和《世界语言生活报告》(后合并更名为《世界语言生活状况报告》,"黄皮书")出版。2017年,《中国语言文字事业发展报告》("白皮书")的出版,标志着国家语委的"白、绿、蓝、黄"皮书系列最终形成。

这些皮书各有侧重,相互配合,相得益彰。"绿皮书"主要反映我国语言生活中的重大事件、热点问题及各种调查报告和实态数据,为语言研究和语言决策提供参考和服务。它还是其他皮书的"底盘",在人才、资源、观念等方面为其他皮书提供支撑。"白皮书"主要宣传国家语言文字方针政策,以数据为支撑,记录、展示国家语言文字事业的发展成就。"蓝皮书"主要反映中国语言规划及相关学术研究的实际状况,并对该领域的研究进行评论和引导。"黄皮书"主要介绍世界各国和国际组织的语言生活状况,为我国的语言文字治理和语言政策研究提供参考借鉴,并努力对国际语言生活发出中国声音。

"语言生活皮书"是开放的,发布的内容不仅局限于工作层面,也吸纳社会优秀成果。许嘉璐先生为"语言生活绿皮书"题字。国家语委历任领导都很关心"语言生活皮书"的编辑出版工作。相关课题组为皮书做出了贡献,一些出版单位和社会人士也给予了支持与关心。在此特致谢忱!

国家语言文字工作委员会

# 修筑扶贫脱贫的语言大道

## ——序《中国语言生活状况报告(2018)》

李宇明

贫困,是历代中国都在应对的重大社会问题,也是世界各国都在应对的重大社会问题。2016年,中国发布《"十三五"脱贫攻坚规划》,立志到2020年农村贫困人口实现脱贫、贫困县全部摘帽、解决区域性整体贫困问题。在拥有14亿人口的中国大地上消除贫困,中国人从此告别贫困,这是多么艰巨而又多么伟大的壮举!

"要致富,先修路",这是很多农民都懂的道理。为扶贫要村村通公路,这是现实之路;还要户户通广播电视,宽带网络广覆盖,这是电信之路;同时也应修筑起宽阔的语言大道,这是负载知识和机遇的大道。

致贫原因多种多样,扶贫脱贫要千方百计。语言与贫困之间的联系,早就有人关注过。1966年,费希曼(Fishman)观察到,凡是较为富裕的国家,语言都较为统一,即具有"同质性";而较为贫穷的国家,语言具有较强的多样性,即具有"异质性"。1972年,普尔(Pool)在费希曼研究的基础上,分析了133个国家1962年前后人均国内生产总值与语言状况的关联,发现"一个语言极度繁杂的国家,总是不发达的或半发达的;而一个高度发达的国家,总是具有高度的语言统一性"。这便是语言与贫困具有相关性的"费希曼-普尔假说"。

1935年,地理学家胡焕庸描画了中国第一张人口密度图。自东北的瑷珲至云南的腾冲,形成一条东南与西北的分界线,史称"胡焕庸线"。当时,线东南半壁36%的土地供养了全国96%的人口,西北半壁64%的土地仅有4%的人口;即使到了今天,胡焕庸线两边的土地与人口的比例也没有发生太大变化。目前,全国有14个集中连片的特困地区,基本上都是老(革命老区)少(少数民族地区)边(边疆地区)穷(瘠苦地区)地区。这14个连片特困地区,有11个在胡焕庸线附近和胡焕庸线之西。而这11个地区又多是汉语方言复杂的地区和少数民族语言地区,普通话普及率较低。胡焕庸线所反映的语言与贫困的关系,可谓"费希曼–普尔假说"的中国例证。

语言何以与贫困相关？语言何以能扶贫脱贫？

语言能力是劳动力的重要构成要素，是重要的人力资本。伴随着社会的进步，从事生产劳动的智力因素和信息化水平不断提高，语言能力在劳动力中的比重也在不断加大。所谓语言，对个人来说主要是指语言能力。语言能力不仅是熟练运用口语的能力，更是读书识字、运用书面语的能力；在当今的中国，还应包括能够使用知识含量高、经济价值高的国家通用语言的能力，能够使用当今必要的语言技术的能力。语言经济学的研究表明，语言能力的高低常常决定着就业的机会和收入的水平。

除了一般的口语可以自然习得之外，语言能力通过教育才能获得、才能提升；同时，语言能力也是能够获得较多较好教育资源的因素之一。教育资源，包括普通话资源，通过提升受教育者的语言能力转变为个人发展的资源，转化为地方发展的资源；这种资源也有利于切断贫困链条，阻断贫困的代际传递。

语言的基本功能是沟通信息，传输知识。如果掌握了通用度高的语言，就有了信息交通的高速通道，便于资金、人才、技术等各种生产要素的进入，便于经贸信息的内外传播，从而促进当地经济的发展。卞成林等对广西14个地级市2011—2015年的普通话普及率与经济发展的关系进行了研究，发现普通话普及率大于60%后，对经济发展就会产生显著的正面效应；2015年，广西普通话普及率已达70%以上，普通话已经成为推动广西经济可持续发展的重要要素和动力源泉。广西如此，其他省域也是如此。一个地区如此，一个人也是如此。掌握了通用度高的语言，信息沟通的半径扩大了，人的活动半径也扩大了，可以走出乡村，走进城市务工经商，获取更多的就业机会和劳动收益。

中华人民共和国建立初期的扫盲和推广普通话运动，就同文化教育和经济发展密切相关。在现代扶贫工作中，2011年《中国农村扶贫开发纲要（2011—2020年）》已经关注到语言扶贫的作用。2016年教育部、国家语委发布的《国家语言文字事业"十三五"发展规划》，明确指出了要"结合国家实施的精准扶贫、精准脱贫方略，以提升教师、基层干部和青壮年农牧民语言文字应用能力为重点，加快提高民族地区国家通用语言文字普及率"。2016年国务院印发的《"十三五"脱贫攻坚规划》，与语言因素相关的政策表述多次出现，将语言因素在扶贫脱贫方略中的作用提到一个新高度。2018年1月，教育部、国务院扶贫办、国家语委联合制定了《推普脱贫攻坚行动计划（2018—2020年）》，就推普扶贫方面提出了一个"目标定位"、四个"基本原则"和九大"具体措施",可谓认识到位,举措到位,有望发挥较大作用。

提升贫困地区的语言能力要有基本方略,要做专门的语言规划。比如贫困地区的普通话推广,重在普及而不急于提高,重在发挥普通话获取知识、交换信息的作用,以"用"为本,长期坚持。基础教育是基础,且宜以学校为基地辐射社会;社会教育是补课,主要人群是教师、干部、商户和青少年,且宜以职业的实用教育带动语言能力提升。除了推广普通话,也要尊重和保护当地的语言或方言,以减少语言冲突,促使语言生活和谐。当地的语言或方言是当地文化发展的基础,也可以为旅游等经济活动服务。要鼓励扶贫干部学习当地的语言或方言,以便于同当地人民的沟通,获得当地人民的认同。要重视民族语言技术的开发,消除少数民族群众使用移动终端和信息服务时的语言障碍。

语言与贫困具有相关性,语言可以扶贫,源自语言与教育的密切关系,源自语言与信息的密切关系,源自语言与人与互联网的密切关系,源自语言与人的能力和机会的密切关系。认识语言的扶贫功能,为贫困人口和贫困地区修筑起脱贫的语言大道,为改变经济劣势和发展劣势、促进当地社会的文明进步贡献"语言之力"。

更期冀这一语言大道能够为改变"胡焕庸线"发挥助力。

# 目　　录

| 第一部分　特稿篇 | 001 |

深入学习贯彻党的十九大精神　推动新时代语言文字事业
　　创新发展 ………………………………………………………… 003
把握新时代语言文字事业的历史担当 ………………………………… 012
建设社会主义现代化需要更好的语言服务 …………………………… 015

| 第二部分　工作篇 | 019 |

中共中央、国务院及相关部委公文中有关语言文字的内容 ………… 021
国家通用语言文字工作 ………………………………………………… 035
少数民族语言文字工作 ………………………………………………… 040

| 第三部分　领域篇 | 043 |

脱贫攻坚需要语言文字助力 …………………………………………… 045
全民阅读步入新时代 …………………………………………………… 052
我国中小学统一使用"部编本"语文教材 …………………………… 060
首届中国北京国际语言文化博览会 …………………………………… 067
甲骨文入选"世界记忆名录" ………………………………………… 074
语言智能那些事儿 ……………………………………………………… 079
司法判例中的语言证据 ………………………………………………… 087
省级政府门户网站多语服务调查 ……………………………………… 094
网评低俗词语使用调查 ………………………………………………… 099
旅游景区的语言景观状况 ……………………………………………… 104

济南市商户叫卖语言使用调查 ……………………………………… 113
佤族"原始部落"翁丁的语言生活 …………………………………… 118
独龙江乡中小学生母语现状调查 …………………………………… 124
新疆柯尔克孜族语言使用调查 ……………………………………… 132
语言生活皮书系列 …………………………………………………… 141
《中国语言文化典藏》出版 …………………………………………… 150

## 第四部分　热点篇　157

"新四大发明"开启语言新生活 ……………………………………… 159
实名认证中的一"点儿"烦恼 ………………………………………… 169
"王者荣耀"上户口 "北雁云依"成判例 …………………………… 176
"黑科技"的"黑"与"红" ……………………………………………… 183
中成药命名新规征求意见稿引热议 ………………………………… 191

## 第五部分　字词语篇　199

2017,年度字词记录时代印迹 ……………………………………… 201
2017,新词语里的社会热点 ………………………………………… 206
2017,流行语里的中国与世界 ……………………………………… 212
2017,网络用语中的草根百态 ……………………………………… 222
不可忘记的"初心" …………………………………………………… 228

## 第六部分　港澳台篇　235

香港《施政报告》中的少数族裔语文政策 …………………………… 237
香港报章中的中英语码转换现象 …………………………………… 243
台湾语文生活状况(2017) …………………………………………… 248
台湾语言生活:来自埔里的观察 …………………………………… 254
台湾高中语文课纲"文言文"比例再起纷争 ………………………… 261

## 第七部分　参考篇　267

蒙古国文字政策的历史与现状 ……………………………………… 269
哈萨克斯坦国语字母拉丁化进程 …………………………………… 275

挪威高等教育学术语言"英语化"趋势 ·················· 280

国际语言规划与政策类期刊 2017 年焦点扫描 ·············· 286

**附录** ······················································ 297

2017 年语言生活大事记 ································ 299

**图表目录** ··················································· 313

**术语索引** ··················································· 317

**光盘目录**

国际标准 ISO 7098:2015《信息与文献工作——中文罗马字母拼写法》
　及其国际意义

2017 年度媒体用字总表

2017 年度媒体高频词语表

2017 年度媒体成语表

2017 年度媒体新词语表

**后记** ······················································ 325

# Contents

**Part I　Special Report** ················································ 001

　Studying and Implementing the Spirit of the 19th National Congress of the
　　Communist Party of China to Promote the Innovation and Development
　　of Language Affairs in the New Era ································ 003
　Fulfilling the Historical Responsibility of Language and Literacy Development
　　in the New Era ···················································· 012
　Building a Great Modern Socialist Country Demanding Better Language
　　Services ·························································· 015

**Part II　Language Work** ··············································· 019

　Regulations and Guidelines Concerning Language and Character Use in the
　　Official Documents of the CPC Central Committee, the State Council and
　　Some Ministries and Commissions in 2017 ······················· 021
　The Work on the National Standard Speech and Written Language in 2017 ······ 035
　The Work on Languages of the Ethnic Minorities in China in 2017 ········· 040

**Part III　Special Fields** ··············································· 043

　Development of Language Work as a Propeller in Assisting the Poverty
　　Alleviation Project ················································ 045
　"Mass Reading" Entering a New Era ····································· 052
　Unified Chinese Language Textbooks Compiled by the Ministry of Education
　　Were Adopted by All Primary and Secondary Schools ················ 060
　The First Beijing International Language and Culture Expo in China ······ 067
　Oracle Bone Inscriptions Listed in the "World Memory Directory" ········· 074
　Stories behind Language Intelligence ··································· 079
　The Application of Linguistic Evidences in Judicial Precedents ············ 087
　A Survey of Multilingual Service in Provincial Government Web Portals ······ 094

A Survey of the Use of Vulgar Words in Web Comments ............ 099
The Linguistic Landscape of Tourist Attractions in China ............ 104
A Survey on the Use of Selling Jargons by Merchants in Ji'nan City ...... 113
The Language Use of "Primitive Tribe" Wengding of the Wa Nationality
　　in China ............................................................................ 118
A Survey on the Mother Tongues of Primary and Secondary School Students
　　in Dulong River Township ................................................. 124
A Survey on the Language Use of Kirgiz Nationality in Xinjiang ......... 132
Language Life Book Series: White Book, Green Book, Blue Book and
　　Yellow Book ...................................................................... 141
The Publication of *Classics of Chinese Language and Culture* ............ 150

## Part IV　Hot Topics ............................................................... 157

"New Four Great Inventions" Opening up a New Life of Language ...... 159
A Small Trouble Caused by a "Dot" in Real-Name Verification ............ 169
Acceptability of Personal Names in Household Registration: "Wangzhe
　　Rongyao" (Name of a Mobile Game) Allowed and "Beiyan Yunyi"
　　(Words from Traditional Poems) Rejected ................................ 176
The Meaning of "Black" in "Black Technology" as Hot Words ............ 183
The Draft of New Regulations on the Naming of Proprietary Chinese
　　Medicines Sparking Heated Discussions ................................. 191

## Part V　Words and Expressions ........................................... 199

Annual Survey of Chinese Words and Characters for 2017 ............... 201
Hot Social Topics as Reflected in the New Words of 2017 ............... 206
China and the World Seen from the Catchwords of 2017 ............... 212
Grassroots Culture Reflected in Internet Expressions in 2017 ............ 222
A Hot Expression in 2017: Remaining True to the Original Aspiration ... 228

## Part VI　Hong Kong, Macau and Taiwan ............................ 235

Language Policy for Ethnic Minorities in Working Report of Hong Kong's
　　Government ...................................................................... 237

## Contents

The English-Chinese Code Switching in Hong Kong Newspapers ········ 243
Language Situation in Taiwan in 2017 ·············································· 248
Language Use in Taiwan: Observations from Puli Town ···················· 254
Continued Disputes on the Proportion of "Classical Chinese" in Taiwan's
 Senior High School Language Syllabus ········································ 261

**Part VII International Experience** ···················································· 267
 History and *Status Quo* of the Script Policy in Mongolia ···················· 269
 Alphabetic Latinization Process of the National Language in Kazakhstan ······ 275
 The Ongoing Anglicization of Academic Language in Norwegian Higher
  Education ································································································ 280
 An Overview of Five International Journals on Language Planning and
  Policy in 2017 ························································································ 286

**Appendices** ·············································································································· 297
 Language Events in 2017 ·················································································· 299

List of Figures and Tables ·················································································· 313

Index of Subjects ···································································································· 317

Contents of the CD
 ISO 7098: 2015 and Its International Significances
 Glossary of Media Words in 2017
 Glossary of High Frequency Media Words in 2017
 Glossary of Media Idioms in 2017
 Glossary of New Media Words in 2017

Postscript ·················································································································· 325

第一部分

# 特 稿 篇

# 深入学习贯彻党的十九大精神 推动新时代语言文字事业创新发展*

2018全国语言文字工作会议的主要任务是:深入学习贯彻习近平新时代中国特色社会主义思想和党的十九大精神,总结五年来的成绩,分析形势,谋划部署2018年和今后一个时期的重点工作。

## 一　五年来语言文字工作取得历史性成就

党的十八大以来,党中央、国务院高度重视语言文字事业发展,习近平总书记多次批示,为语言文字工作指明了方向。经过各方面共同努力,我国语言文字事业取得了全方位的历史性成就,特别是实施《国家语言文字事业"十三五"发展规划》以来,我们进行了许多开创性工作,取得了突破性进展。

### (一)新形势下语言文字工作战略地位进一步明确

制定《国家语言文字事业"十三五"发展规划》,明确了新时期语言文字工作的指导思想和目标任务,确立了"一个核心、五个着力"的大方向,确定了"一普及、两提升"的发展目标,明确了"五大任务"和"五项工程"。构建了"大语言文字工作"的发展新思路,立足于两个一百年奋斗目标、人类命运共同体等国内和国际形势的大视野,树立高站位、全覆盖、广动员、深合作的大格局。

### (二)国家语言能力全面提升

**一是语言文字依法治理能力不断提升。**以《宪法》和《国家通用语言文字法》为主体、37个地方性法规规章为支撑,其他相关法规规章配套的语言文字法律法规体系基本健全。**二是规范管理能力与时俱进。**出台《中文罗马字母拼写法》

---

\* 本文为作者在2018年1月9日"2018年全国语言文字工作会议"上的发言。

国际标准、《通用规范汉字表》《公共服务领域英文译写规范》等若干涉及国计民生的语言文字规范标准（其中国际标准1项、国家标准13项），意义重大、影响深远；制定《国家通用盲文方案》《国家通用手语常用词表》，为全国3300多万听障视障人员的特殊语言文字权利、受教育权利提供保障。**三是技术支撑能力显著提升**。语音智能技术成果显著，计算机辅助普通话水平测试全面使用，极大地提高了工作效率。少数民族语言文字信息化建设步伐加快，一批民族语言文字信息化成果得到应用。**四是语言服务需求能力取得突破**。建设国家外语人才资源动态数据库、国家语言志愿者人才库，语言服务助力北京冬奥会，与北京冬奥组委共同启动《北京冬奥会语言服务行动计划》。

### （三）重大工程实施不断取得新突破

第一，**国家通用语言文字普及攻坚工程大力推进**。为确保2020年达到基本普及的目标，印发《国家通用语言文字普及攻坚工程实施方案》和《关于开展普通话基本普及县域验收工作的通知》，为各地落实普及攻坚任务确定了时间表、路线图。第二，**中华优秀语言文化传承与保护工程取得重大进展**。"中华经典诵读工程"列入中央《关于实施中华优秀传统文化传承发展工程的意见》。建设完成四期中华经典资源库。中国诗词大会、汉字听写大会等语言文化活动，收视率创下新高。出版两岸语文、科技系列词典。举办两岸大学生书法艺术交流夏令营、汉字文化创意大会、港澳中华经典诵读展演交流等系列活动，增强港澳台青少年的中华文化认同感和国家认同感。第三，**中国语言资源保护工程取得标志性成果**。作为目前世界上最大规模的语言资源保护工程项目，超过250所高校和科研机构、500个专家团队、1500名专业技术人员参与建设，打造了《中国语言文化典藏》《中国濒危语言志》等一批标志性成果，媒体关注，学界认可，国际肯定，产生良好社会影响。第四，**甲骨文研究与应用专项工作实现良好开局**。2017年10月，甲骨文成功入选联合国教科文组织"世界记忆名录"，标志着世界对甲骨文的重要文化价值及其历史意义的高度认可，对树立甲骨文的文化标志性象征，具有里程碑意义。第五，**语言文字信息化关键技术研究与应用、"互联网＋"语言文字服务和语言文字筑桥等工程取得重要进展**。国家语委语言资源网建设完成；研制《汉字简繁文本智能转换系统》并免费向社会提供；智能语音、智能写作和批改等关键技术取得突破，并在教学和中高考语言类考试中得到实际应用。

### (四)分管共推、上下联动的语言文字工作大格局基本形成

按照"高站位、全覆盖、广动员、深合作"大格局定位,健全语言文字工作协同推进体制。凝聚各方力量,协同推动语言文字事业全面发展。

**横向看**,国家语委成员单位由18家增至29家,全国推广普通话宣传周领导小组、外语中文译写规范和中华思想文化术语传播部际联席会议等协调机制,对规范外语词的中文译名、加强中华思想文化术语对外传播发挥重要作用。以学校为基础、党政机关为龙头、新闻媒体为示范、公共服务行业为窗口的推普格局深入人心。

**向内看**,国家语委不断强化内部及教育部内各司局沟通协调,协同推进学校语言文字工作、中华经典诵读工程、民族地区国家通用语言文字教学,服务教育发展;联合国务院教育督导委员会办公室将语言文字工作纳入督导评估,建立多部门联合开展语言文字监督检查、专项治理长效机制。

**纵向看**,地方语委工作活力大幅提高,对30多万名农村教师、5万多名少数民族教师和20多万名青壮年农牧民开展了培训;用好推普周活动平台,举办各种推普宣传活动10多万场,直接参与人次数千万;中华经典诵写讲活动普遍开展,各种活动覆盖全体大中小学生;高度重视语言文字规范化建设,基本完成二类城市语言文字评估工作;积极指导开展科研工作,承担100余项科研项目,为推动语言文字事业发展提供支撑。"政府主导、语委统筹、部门支持、社会参与"的体制机制建立健全。

### (五)语言文字工作迈向国际步伐明显加快

**一是语言文化国际交流合作内容日益丰富,渠道不断拓展。**举办首届中国北京国际语言文化博览会,填补了世界华语区语言文化博览会的空白。开展"中德语言文化研习之旅",与法国签署国家语委首个双边协议《中法语言政策交流合作协议》,成为中外人文交流机制的重要组成部分。**二是语言文字工作国际影响力不断提升。**成功举办首届世界语言大会,《苏州共识》首次向世界发出中国语言文字工作的声音;中国语言资源保护工程系列工作和技术规范,受到联合国教科文组织的高度关注,决定将其作为中国经验、中国模式供其他国家借鉴。与联合国教科文组织达成意向,2018年在中国召开世界语言资源保护大会,倡导语言资源保护理念,传递中国声音。**三是"走出去"和"请进来"双向发力。**输出

12个语种的《中华思想文化术语》版权,出版《中国语言生活状况报告》英、日、韩文3个版本。与国家留学基金委联合设立语言文字中青年学者出国研修项目,实施语言文字国际高端专家来华交流项目。在海外设立普通话水平培训测试中心并开展首次测试。

## 二 深刻认识语言文字工作面临的新形势新任务

党的十九大胜利召开,我国语言文字事业进入了新时代。这样一个新时代赋予了语言文字事业发展新内涵,提出了新任务新要求。特别是服务国家发展需求这个核心的确立,更加要求我们对新时代的新需求有充分的认识。

**(一)文化强国建设,离不开语言文字的发展繁荣**

习近平总书记在十九大报告中指出,没有高度的文化自信,没有文化的繁荣兴盛,就没有中华民族伟大复兴。中华文明5000年,凡是语言文字大发展大繁荣的时代,都是文化鼎盛、国家强大的时代。党的十九大确定了建设社会主义文化强国的目标,语言文字的载体作用更加凸显。要挖掘、阐释中华优秀传统文化、革命文化和社会主义先进文化的时代意义,需要我们牢牢掌握意识形态工作领导权、培育和践行社会主义核心价值观、加强思想道德建设贯穿工作全过程,进一步推进新时代语言文化的大发展大繁荣。

**(二)经济社会发展,需要语言产业做出新贡献**

语言文字是经济社会发展的重要组成部分。语言产业作为低能耗、低排放和低污染的朝阳产业,近年来发展迅猛,越来越受到世界各国关注。据统计,我国从事语言服务或相关服务的企业数达到72 500家,行业产值超过2800亿元人民币。世界许多国家都很注重语言产业的发展,瑞士语言的多样性,每年能够创造500亿瑞郎收入,约占瑞士国内生产总值的10%。语言产业符合国家经济结构调整的大思路,可以作为新的增长点积极培育、大力发展,为经济社会发展、现代化强国建设做贡献。

**(三)科技迅猛发展,对信息时代语言文字工作提出新任务**

科技的迅猛发展必将对语言文字发展产生深刻影响、提出新要求。语言文

字是信息时代不可或缺的重要因素,如文字输入技术、文字处理技术、语音识别转换技术、自然语音理解等。信息技术堪称工业革命的顶峰,人工智能则可能超越这个顶峰,成为新的革命起点,可以称其为"零点革命"。最近几年人工智能发展迅猛,世界各国都高度重视、加紧布局,而智能语音技术是人工智能应用中人机交互的关键,在智能社会有着越来越广泛的应用。更为重要的是,语言文字理解和处理能力标志着人工智能上升到认知层面,语言智能、辅助学习、机器翻译等语言信息技术快速发展,正在解决全球化发展中的多语种沟通问题。语言文字理解和处理能力是智能化时代的重要标志,也可以说是"零点革命"的门槛。

**(四)人民群众对美好生活的追求,需要更好的语言服务**

现代社会语言服务需求无处不在。十九大报告中多处提到完善公共服务体系,提出健全农村留守儿童和妇女、老年人关爱服务体系、社会心理服务体系等,其中既包括国家通用语言文字服务,也包括少数民族语言和方言服务。服务型政府提供的语言服务,既涉及政府行政信息能否及时传递给民众的语言传达能力,也涉及需要特殊语言帮助人群的语言支援问题。比如自然灾害中的语言救助、司法救助时的语言支持等语言服务能力,都影响到政府的公信力和执行力。

**(五)解决发展不平衡问题,呼唤语言文字工作新作为**

十九大报告对新时代我国社会发展不平衡不充分的主要矛盾做出了新的判断,反映在语言文字领域也很有针对性和指导性。当前,我国的普通话普及率东西部之间、城乡之间发展很不平衡,西部与东部有20个百分点的差距。中西部地区还有很多青壮年农牧民无法用普通话进行基本的沟通交流,这已经成为阻碍个人脱贫致富、制约国家全面建成小康社会,甚至影响民族团结和谐的制约因素。普通话推广普及有利于国家脱贫攻坚战略的实施,对各级政府的服务能力提出了新挑战。实施国家通用语言文字普及攻坚工程至关重要,迫在眉睫。

**(六)中华民族复兴的中国梦,对增强语言文字的国际影响力既是挑战更是机遇**

随着"一带一路"建设全面展开,中国日益走近世界舞台的中央,中文必将承载更多国际交流工具的功能。联合国6种工作语言,中文文本也是最薄的一本。汉字信息量高,又兼具美学的概念和文化传承的内涵,比那些数以万计甚至十万计的外语词具有很大的优越性。我们要进一步增强文化自信,首先从增强语言文字自信开始。积极传播中国语言文字和中华文化,创新传播方式、增强传播亲和力、不断提升传播能力。

面对新形势新要求,语言文字工作还有一些短板。**首先是认识不到位。**对语言文字在经济社会生活,包括教育、文化等领域中的基础性、先导性作用认识不足,没有将语言文字工作摆到应有的重要位置,在机构、人员、经费等方面投入明显不足,有的省份没有专业化的语言文字工作队伍,甚至没有一名专职语言文字工作干部。**二是目标任务不清晰。**有些省份语言文字工作部门定位不清,目标不明,缺乏总体工作规划和目标定位。没有认真研究国家语言文字"十三五"规划,到底抓什么不清楚,怎么抓也不清楚。**三是服务能力不足。**新时代中国特色社会主义建设和人民日益增长的美好生活需要对语言文字工作提出新需求,带来新机遇,但语言文字工作的发展水平和服务能力还不能完全适应国家发展战略需求,国家语言文字能力滞后于国家综合实力。**四是机制创新不够。**语言文字无处不存在,无人不相关,无时不发挥作用,覆盖面极广。而我们思路不够开阔,机制创新不够,还缺乏调动各方面积极参与的有效机制和平台。

## 三 推动新时代语言文字工作开创新局面

2018年及今后一个时期语言文字工作总体思路是,深入学习贯彻党的十九大精神,以习近平新时代中国特色社会主义思想为指导,紧紧围绕统筹推进"五位一体"总体布局和协调推进"四个全面"战略布局,全面落实《国家语言文字事业"十三五"发展规划》,坚持稳中求进总基调,坚持普及抓短板、服务抓能力、治理抓机制、保障抓党建,落实立德树人根本任务,坚决打赢国家通用语言文字普及攻坚战,加快提升语言文字信息化水平和服务能力,努力建设语言强国。

### (一)普及攻坚要有新突破

**大力实施国家通用语言文字普及攻坚工程。**"十三五"期间,实现国家通用语言文字基本普及,是党中央、国务院为语言文字工作确定的首要目标。按照《国家通用语言文字普及攻坚工程实施方案》的要求,分解目标、分解任务。落实地方政府主体责任,省级统筹、市级为主、县级实施,同时动员社会各方力量参与,形成攻坚合力。通过开展县域普及验收、实施《推普脱贫攻坚行动计划

（2018—2020年）》，集中力量打赢攻坚战，为实现"语同音"的千年梦想打通"最后一公里"。

**（二）助力文化强国战略要有新作为**

一是深入实施中华经典诵读工程。制定印发《中华经典诵读工程实施方案》，搭建大平台、建设大资源、打造大机制。坚持重心下移，在每个县域遴选建设中华经典诵写讲普及型基地，宣传、传播中华语言文化经典，起到示范引领作用；在高校、科研院所、主流媒体或文化场馆建设研究型传承平台，加强中华经典研究阐释、教育传承及创新传播等研究。研究制定基于普通话语音系统的《中华通韵》，编撰《中华韵典》，提供权威的普通话用韵依据，开展诗词创作教育试点学校建设，促进中华诗词的大发展大繁荣。**二是推动中国语言资源保护工程取得标志性成果。**在资金筹措、成果设计等方面积极推进，确保在2019年完成全部调查任务。建设本地区的语言文化资源库或数字博物馆，编写出版本地区语言资源集等，形成高水平、标志性的精品成果。积极推动召开世界语言资源保护大会。**三是启动实施甲骨文研究与应用专项工程。**采用先进科学技术手段，促进语言、历史、文化、考古、天文等多学科融合研究，深入挖掘甲骨文的历史思想文化价值，展现中华文明精髓，增强文化自信，力争在2019年甲骨文发现120周年时间节点有一批有重大影响的成果面世。

**（三）服务教育强国建设要有新行动**

一是大力加强学校语言文字工作，提升师生语言文字应用能力。按照2020年全部完成学校语言文字规范化达标建设的目标，做好工作规划和安排。鼓励各地开展中小学生普通话水平评价监测试点。**二是建设"经典伴我成长"中华经典诵读工程校园品牌。**统一规划，统一设计，建设融诵读、书写、讲解、咏唱、诗词创作等为一体，全覆盖、全方位的长效活动机制，从小培养学生亲近经典、爱我中华的真情实感，引导和鼓励师生树立自觉传承弘扬中华优秀语言文化的意识。**三是全面开展语言文字工作督导评估，推动各级政府依法履行语言文字工作职责。**开展10个省份督导评估，积极探索建立长效机制、激励问责机制，充分调动各级政府积极性、主动性、创造性，起到以评促建、以评促改、以评创优的作用。

### (四)服务民生建设要有新举措

**一是实施推普脱贫攻坚行动计划,助力国家脱贫攻坚战略。**印发《推普脱贫攻坚行动计划(2018—2020年)》,将普通话普及率纳入地方扶贫工作绩效考核。推动落实中办、国办《关于加强贫困村驻村工作队选派管理工作的指导意见》对驻村干部"积极推广普及普通话,帮助提高国家通用语言文字应用能力"的要求。**二是加强"微语言"、网络语言治理。**完善法制建设,开展专项治理,强化正面引导,加强巡查清理力度、源头治理力度,建设网络语言监测体系,加强语言文字规范教育和机制建设,形成协同治理"微语言"合力。**三是建立语言国情监测机制,健全国家语言基础数据。**在全国县域普通话情况调查的基础上,扩充调查内容、完善数据平台、健全调查程序,建立国家语言国情监测机制,定期开展全国语言文字动态使用情况调查,为政策制定提供依据。

### (五)服务经济社会发展要有新成果

**一是推进语言文字信息化技术创新发展,实施语言文字信息化关键技术研究与应用工程。**重点支持面向机器翻译、智能辅助语言学习的语音和文字识别、语言理解等智能化关键技术研究,推动研究成果的产品化或服务性转化。**二是加强语言文字规范标准建设,增强服务经济社会发展能力。**积极构建信息化条件下语言文字规范标准体系。服务"语同音"目标,推行《普通话异读词审音表》语音标准规范。服务教育和特殊人群需要,发布实施英语能力、盲文、手语等涉及面广、社会急需的基础性规范标准。**三是深化与港澳台地区语言文化交流合作。**举办书法交流夏令营、经典诵读展演、中小学教师普通话培训等活动。

### (六)提升国际影响力要有新高度

服务"一带一路"建设,发挥语言的桥梁纽带作用和文化载体功能。建设"互联网+"条件下的智能中文学习平台。做好中华思想文化术语翻译和传播,出版《学习经典——习近平讲话中的中华思想文化术语》。配合中外人文交流机制,开展中法、中俄等重点国家的双边语言文化交流合作,积极提升中国语言文字国际话语权。

**(七)加强自身能力建设要有高标准**

**一是加强干部队伍培训。**国家语委举办示范性语言文字干部培训。各地要做好干部培训计划,力争将全省(区、市)县级以上行政人员和高校专兼职人员轮训一遍。**二是统筹平台基地建设。**统筹建设全国语言文字普及型基地和研究型平台,积极调动各方面力量参与语言文字工作。**三是加强专业人才队伍建设。**实施中青年人才队伍建设规划和语言文字优秀中青年学者研修项目。举办语言文字和中华经典诵写讲骨干教师培训班。各地要梳理和利用好本地专家资源。

关于2018年的工作,教育部2018年工作要点及宝生部长教育年度会议讲话中,都将强调加强语言文字工作。我这里再特别将需要地方落实的重点工作概括为"一二三四",便于大家更好地抓重点、抓落实。**一是**全面实施"一个计划",即普及国家通用语言文字攻坚计划;**二是**落实"两项验收",即县域普及达标验收和学校语言文字规范化建设达标验收;**三是**推进"三大工程",即经典诵读工程、语保工程和服务工程(即各地结合本地实际,谋划实施服务国家战略、社会需求和当地建设的特色项目);**四是**"四个抓手",即推普扶贫、普及型基地和研究型平台、经典进校园、督导评估。要完成落实好这些工作,保证各项目标顺利实现,各地要进一步落实主体责任,保证必要的工作机构和人员,根据事权与支出责任相匹配的原则,保障经费投入,落实工作举措。国家语委将加强监督检查,对地方工作及时进行评估指导。最后,我再强调几点要求。

**一是增强使命意识。**十九大报告对全面从严治党提出了新要求,同时也将加强党的领导提到了一个新高度。语言文字战线各级党组织要肩负起领导责任,不断增强使命感,认真谋划本地区语言文字工作,把语言文字工作作为树立文化自信、促进中华民族伟大复兴的大事来抓,在做实上下功夫。

**二是增强创新意识。**要从"大语言文字工作"站位思考问题,在高站位、全覆盖、广动员、深合作的大格局下谋划发展,调动教育系统内各部门鼎力支持、教育系统外各方面积极参与和推动,共同为语言文字事业出谋划策。

**三是增强责任意识。**语言文字工作是党和国家的一项重要工作,也是我们教育系统、语委系统的重要职能。各地教育部门和语委,要把语言文字工作真正摆上议程,给予足够重视。要建立责任机制,确保责任到位。

(杜占元)

# 把握新时代语言文字事业的历史担当[*]

党的十九大报告是一篇具有划时代、里程碑意义的马克思主义光辉文献,是中国特色社会主义进入新时代的开篇之作,是实现中华民族伟大复兴的奠基之作,是我们党团结带领全国各族人民在新时代坚持和发展中国特色社会主义的政治宣言和行动纲领,为党和国家事业的进一步发展指明了前进方向。

## 一 深刻领会中国特色社会主义进入新时代的新论断,坚持以习近平新时代中国特色社会主义思想为指导

国家语言文字事业要坚持以习近平新时代中国特色社会主义思想为指导,必须坚持党的领导,坚持历史唯物主义和辩证唯物主义,协调推进"四个全面"战略布局,树立科学辩证的语言观、语言规范观、语言资源观、语言能力观;必须准确把握语言文字事业在实现社会主义现代化和中华民族伟大复兴进程中的历史方位;必须坚持以人民为中心、不断发展和提高公民的语言能力;必须聚焦语言文字事业发展不平衡不充分的问题集中攻坚。努力做到通过语言文字自信锻铸文化自信,通过语言政策自信锻铸制度自信,通过中国特色话语体系建设锻铸道路自信和理论自信;完善和发展语言文字法治体系、治理体系和治理能力现代化;充分发挥语言"通往心灵的钥匙"的作用,通过人文交流和文明互鉴,融入中国特色大国外交,服务构建新型国际关系,推动构建人类命运共同体。

## 二 深刻领会我国社会主要矛盾发生变化的新特点,全面把握语言文字事业的时代担当

在深刻认识我国社会主要矛盾发生变化的新特点的基础上,更要看到我国

---

[*] 本文已发表于《中国教育报》2017 年 12 月 20 日。

社会主要矛盾的变化是关系全局的历史性变化,对党和国家工作提出了许多新要求。在继续推动发展的基础上,着力解决好发展不平衡不充分问题,大力提升发展质量和效益,更好地满足人民各方面日益增长的需要,书写推动人的全面发展、社会全面进步的新答卷,是新时代向我们提出的新课题。

语言文字事业具有基础性、全局性、社会性和全民性的特点,是国家综合实力的重要支撑力量,事关国民素质提高和人的全面发展,事关国家统一和民族团结,事关历史文化传承和经济社会发展,为决胜全面建成小康社会发挥着不可替代的重要作用,肩负着重要的时代担当。

在政治建设中有所担当。通过保障人的语言权利、提升人的语言文明素养,通过国家通用语言文字的推广普及,引导人们树立正确的历史观、民族观、国家观、文化观,提升国家认同和中华文化认同。在经济建设中主动担当。通过提高人的语言能力、提升和优化人力资源质量,服务经济发展;通过发展语言产业,促进产业升级和经济转型。在文化建设中更多担当。文化自信是一个国家、一个民族发展中更基本、更深沉、更持久的力量。要以语言文字传承和发展为切入口,促进中华优秀传统文化的创造性转化、创新性发展;进一步促进中文的国际传播,助力国家软实力提升。在社会建设中更好担当。全面提高国家语言能力和公民语言能力,强化服务理念,管理、引导、服务社会语言生活和谐健康发展,建设美好的语言生活。在生态建设中积极担当。语言不仅具有文化价值,也是国家重要的战略资源。要科学保护各民族语言文字,传承和保护汉语方言文化,建设良好的语言生态。

## 三 深刻领会分两步走全面建设社会主义现代化国家的新目标,科学认识语言文字事业的历史方位

以习近平同志为核心的党中央运用战略思维,把握历史新方位,顺应时代新特点,提出从2020年到本世纪中叶分两步走全面建设社会主义现代化国家的新目标。从现在到2020年是全面建成小康社会决胜期,从党的十九大到二十大是"两个一百年"奋斗目标的历史交汇期,收官和开局并举,承前与启后交替,时间紧迫,任务繁重。社会主义是干出来的,归根到底要坚定信念,咬定青山不放松,撸起袖子加油干,一张蓝图绘到底,不断朝着确定的目标前进。

新中国成立以来,我国语言文字事业走出了一条具有中国特色的社会主义

语言文字事业发展道路,为全面建成小康社会奠定了坚实基础。党的十八大以来,我国语言文字事业全面贯彻《国家通用语言文字法》,尊重语言文字发展规律,主动适应国家经济社会发展新要求,围绕中心、服务大局,拓宽视野、改革创新,取得了新的历史性成就。党的十九大胜利召开,标志着我国语言文字事业进入了新时代。这样一个新时代赋予了语言文字事业发展新内涵,开辟了新领域,也面临着新挑战,提出了新任务新要求。语言文字事业将乘势而上,对接"两步走"战略部署,抓重点、补短板、强弱项,为决胜全面建成小康社会发挥重要基础作用。

## 四 深刻领会党的建设的新要求,把全面从严治党落到实处

办好中国的事情,关键在党。全面从严治党不仅是党长期执政的根本要求,也是实现中华民族伟大复兴的根本保证。

打铁还需自身硬,全面从严治党永远在路上。我们要充分认识全面从严治党的重大意义,深刻领会党的十九大对管党治党的科学部署,不断增强管党治党的思想自觉,把"全面""从严"落到实处。要带头坚决维护党中央权威,坚决服从党中央集中统一领导,牢固树立"四个意识"并真正落实在岗位上、落实在行动上,不折不扣执行党中央决策部署,始终在思想上行动上同党中央保持高度一致。要持之以恒、善作善成,把管党治党的螺丝拧得更紧,推动全面从严治党向纵深发展。

(田立新)

# 建设社会主义现代化需要更好的语言服务

中国共产党十九大报告提出实现"两个一百年"奋斗目标的新三步走的战略,到 2020 年要全面建成小康社会,实现第一个百年奋斗目标,到 2035 年基本实现社会主义现代化,到本世纪中叶,把我国建设成为富强民主文明和谐美丽的社会主义现代化强国。语言作为人类最重要的交际工具和思维工具,毫无疑问在推动国家物质文明、政治文明、精神文明、社会文明、生态文明的全面提升中发挥着不可替代的作用。从语言的本质属性出发,立足于服务,着力于强国,更好的语言服务势在必行。

通观十九大报告全文,提到"服务"近三十次,彰显了我党为人民服务的价值取向,大量的服务路径和措施都离不开语言的服务支撑。例说数端如下:

**建设人民满意的服务型政府需要更好的语言服务。**十九大报告提出要转变政府职能,增强政府的公信力和执行力,建设人民满意的服务型政府,要达到这样的目标,完善及时的语言服务不可缺少。这既涉及政府行政资讯能否及时达到民众的语言配送能力,也涉及需要特殊语言帮助的人群能否得到来自政府直接组织或者推动提供的语言支援问题。比如说在边远地区遭受自然灾害救援现场的语言沟通、在司法领域进行法律救助时的语言支持、在医疗领域医患诊疗过程中的语言抚慰等,都离不开语言服务。服务型政府在语言服务能力方面的表现可以说覆盖到政府推动社会文明发展的各个方面,只有更好的语言服务,政府的公信力和执行力才能落到实处。

**完善公共服务体系需要更好的语言服务。**十九大报告中多处提到完善公共服务体系,保障群众基本生活,不断满足人民日益增长的美好生活需要,不断促进公平正义。这里面的平台抓手有很多种:比如说报告中提出"健全农村留守儿童和妇女、老年人关爱服务体系",就不能让语言服务缺位,这里面既包括为他们提供国家通用语言文字普及方面的服务,同时可能还要包括给他们提供本民族语言或者地方方言方面的语言服务。只有采取切实有效的语言服务措施,使得共和国大地上的文化相连民心相通经济社会发展成果共享的追求不再有被人遗忘的角落。再比如说加强社会心理服务体系建设,同样也需要相应的语言服务能力的支撑。我国汉代的扬雄在其《法言》中说"言,心声也",现代科学研究也表明,语言能力与心理能力之间存在着非常密切的关系,很多情况下,人的心理问题都是通过语言问题表现出来,要培育自尊自信、理性平和、积极向上的社会心态,必定离不开用语言的手段来观察相关问题并推动相关问题的解决,这就需要更好的语言服务。

**加快发展现代服务业,扩大服务业对外开放需要更好的语言服务。** 十九大报告提出要瞄准国际标准提高水平,实行高水平的贸易和投资自由化便利化政策,全面实行准入前国民待遇加负面清单管理制度,大幅度放宽市场准入,保护外商投资合法权益,这表明我国进一步坚持和扩大开放的态度,要达到这个目的,如果没有相应的语言服务手段和措施的跟进是很难完成的。这里面既包括围绕高水平贸易和投资自由化相配套的"语言请进来"的语言服务,也同样包括准入前国民待遇加负面清单"语言走出去"的语言服务,其中可能涉及的具体项目与任务有很多种,需要我们认真梳理并推动践行。

**围绕社会主义强国的建设需要我们在语言服务上更加着力。** 十九大报告中"社会主义现代化强国"凡五见,在2020年要建设或者加快建设或者推进建设的具体强国目标凡十二见,是为科技强国、质量强国、航天强国、网络强国、交通强国,还有制造强国、海洋强国、贸易强国、文化强国、体育强国、教育强国、人才强国。我们有理由相信,这里面任何一个强国目标的实现都不能离开语言服务方面的支持。从共性角度来看,至少有以下几个方面语言服务是必不可少的。

**必须在国家语言能力方面有更加充分的语言服务。** 我国要加快建设创新型国家,实现前瞻性基础研究、引领性原创成果重大突破,拓展实施国家重大科技项目,突出关键共性技术、前沿引领技术、现代工程技术、颠覆性技术创新,不管是成果演绎还是成果表达都离不开语言。这方面的语言服务如果要达到充分展示水平,至少有两个指标:首先是我们能够用当今世界普遍接受的国际语言表达中国的创新,更重要的应该是我们应该建立起扎根于中国大地上的语言自信,努力建设好中国的话语体系,使中国标准与创新术语也能为世界文明的发展提供中国智慧和中国方案,这里面就得有语言服务上的规划布局。可以肯定的是,从国家层面强调语言服务的重要性并非是我们一时心血来潮的强作之辞。举个例子,去年教育部和国家语委印发的《国家语言文字事业"十三五"发展规划》就是一个服务价值指向明确的规划,全文九千余字,四十四次提到"服务",其指导思想中就明确提到"以服务国家发展需求为核心"。

**必须在文化建设方面有更加适切的语言服务。** 十九大报告中提出建设文化强国,这里面至少有两个方面需要加强语言服务工作。一个方面是中华优秀传统文化的传承需要更加系统有效的语言服务,习近平总书记说要让收藏在博物馆里的文物、陈列在广阔大地上的遗产、书写在古籍里的文字都活起来,这里面尤其是"书写在古籍里的文字都活起来"一定需要各种语言服务手段的配合。这中间既包括传统手段如工具书与读本的编辑推送,更应包括现代传媒背景下各种语言服务载体形式的选择推广。另一个方面是中华文化走出去,推进国际传播能力建设,展现真实、立体、全面的中国,提高国家文化软实力,更是离不开语言服务的跟进,这里面既包括汉语国际教育和国际传播工作,也包括筹办好北京冬奥会、冬残奥会等以加快推进体育强国建设,新时代的中国的各种大型国际活动都是我们讲好中国故事传播中国文化推动人类命运共同体建设的重要平台,各种适切的语言环境的建设、更加具有可接受性的语言服务技术的使用等都将是语言服务得以实现的生动表现。

**必须在民生短板方面有更加周全的语言服务。** 以建设教育强国为例,十九大报告提出要推动城乡义务教育一体化发展,高度重视农村义务教育,努力让每个孩子都能享有公平而有质量的教育,建设教育强国是中华民族伟大复兴的基础工程,在这个基础工程中最大的民生短板至少有两个,一个是农村义务教育,另外一个就是特殊教育,要使这两个短板上的孩子享受公平而有质量的教育就离不开语言服务。对农村义务教育而言,要达到这个目的,在全国范围内基本普及国家通用语言文字就是一个重要的语言服务的内容,只有共和国大地上任何一个地方的孩子都能拥有走向祖国大地四面八方的语言能力,他们才能在国家通用语言文字使用权利上获得一种最基本的公平。有研究表明,个人语言能力的高低会和他们可能从社会经济发展中获得的经济回报存在着直接关系。另一个短板,对应该接受特殊教育的孩子而言,能够使他们尽早学得国家通用手语和通用盲文,为他们提供更加便捷先进的信息技术支持,帮助他们更加有效地交流交际,更好地融合到主流社会,也需要我们更为系统周全的来自语言服务方面的支持,目前我们这方面的规划标准与技术支持都还有很多工作要做,或者我们可以这样想象,当共和国土地上的残障人士们都能够借助国家提供的各种语言服务和这个世界无障碍沟通的时候,我们建设的社会主义现代化强国在文明和谐上会展示得更加完美。

(屈哨兵)

第二部分

# 工 作 篇

# 中共中央、国务院及相关部委公文中有关语言文字的内容

## 一　　中共中央

**（一）关于深化职称制度改革的意见（中共中央办公厅 国务院办公厅印发，2017年1月8日）**

对职称外语和计算机应用能力考试不做统一要求。确实需要评价外语和计算机水平的，由用人单位或评审机构自主确定评审条件。对在艰苦边远地区和基层一线工作的专业技术人才，以及对外语和计算机水平要求不高的职称系列和岗位，不做职称外语和计算机应用能力要求。

**（二）关于实施中华优秀传统文化传承发展工程的意见（中共中央办公厅 国务院办公厅印发，2017年1月25日）**

**贯穿国民教育始终。** 修订中小学道德与法治、语文、历史等课程教材。研究制定国民语言教育大纲，开展好国民语言教育。加强面向全体教师的中华文化教育培训，全面提升师资队伍水平。

**大力推广和规范使用国家通用语言文字，保护传承方言文化。** 开展少数民族特色文化保护工作，加强少数民族语言文字和经典文献的保护和传播，做好少数民族经典文献和汉族经典文献互译出版工作。实施中华民族音乐传承出版工程、中国民间文学大系出版工程。推动民族传统体育项目的整理研究和保护传承。研究提出承接传统习俗、符合现代文明要求的社会礼仪、服装服饰、文明用语规范，建立健全各类公共场所和网络公共空间的礼仪、礼节、礼貌规范，推动形成良好的言行举止和礼让宽容的社会风尚。

**推动中外文化交流互鉴。** 充分运用海外中国文化中心、孔子学院，文化节

展、文物展览、博览会、书展、电影节、体育活动、旅游推介和各类品牌活动,助推中华优秀传统文化的国际传播。积极宣传推介戏曲、民乐、书法、国画等我国优秀传统文化艺术,让国外民众在审美过程中获得愉悦、感受魅力。加强"一带一路"沿线国家文化交流合作。推进国际汉学交流和中外智库合作,加强中国出版物国际推广与传播,扶持汉学家和海外出版机构翻译出版中国图书,通过华侨华人、文化体育名人、各方面出境人员,依托我国驻外机构、中资企业、与我友好合作机构和世界各地的中餐馆等,讲好中国故事、传播好中国声音、阐释好中国特色、展示好中国形象。

**加强文化法治环境建设。**在教育、科技、卫生、体育、城乡建设、互联网、交通、旅游、语言文字等领域相关法律法规的制定修订中,增加中华优秀传统文化传承发展内容。

**(三)国家"十三五"时期文化发展改革规划纲要(中共中央办公厅 国务院办公厅印发,〔2017〕第 8 号,2017 年 5 月 7 日)**

加强语言文字研究和信息化开发应用,大力推广和规范使用国家通用语言文字,科学保护各民族语言文字。

**(四)关于实行国家机关"谁执法谁普法"普法责任制的意见(中共中央办公厅 国务院办公厅印发,2017 年 5 月 17 日)**

法律法规规章和司法解释出台后,以通俗易懂的语言将公民、法人和其他组织的权利义务、权利救济方式等主要内容,通过政府网站、新闻媒体公布或在公共场所陈列,方便社会公众理解掌握。

**(五)关于深化教育体制机制改革的意见(中共中央办公厅 国务院办公厅印发,2017 年 9 月 24 日)**

培养认知能力,引导学生具备独立思考、逻辑推理、信息加工、学会学习、语言表达和文字写作的素养,养成终身学习的意识和能力。

**(六)关于加强贫困村驻村工作队选派管理工作的指导意见(中共中央办公厅 国务院办公厅印发,2017 年 12 月 24 日)**

积极推广普及普通话,帮助提高国家通用语言文字应用能力。

## 二　国务院

**(一)国务院办公厅关于印发兴边富民行动"十三五"规划的通知(国办发〔2017〕第 50 号,2017 年 5 月 28 日)**

科学稳妥推行双语教育,坚定不移推行国家通用语言文字教育,尊重和保障少数民族使用本民族语言文字接受教育的权利,加强双语科普资源开发。(教育部、中国科协、国家民委、国家发展改革委、财政部)

在边境地区深入开展科技服务和科普活动,大力推动"科普中国"落地应用,增强边境地区科普服务能力,继续开展"科技列车行""科普大篷车"、边境民族地区双语科普试点等科技服务。

加强双语教师培养培训,建设一批双语教师培养培训基地。继续实施"国培计划",支持中西部乡村教师校长培训,选派优秀教师驻边支教。(教育部、国家民委、国家发展改革委、财政部)

促进全民阅读,推动数字阅读,统筹建设城乡阅报栏(屏)、社区阅读中心、数字(卫星)农家书屋、数字(卫星)阅读终端等设施。全面提升边境地区新闻出版发行网点建设水平和广播电视节目传输覆盖能力,提高新闻出版广播影视内容生产和译制能力,加强少数民族广播影视节目译制和制作,加快推进广播电视村村通向户户通升级。

**(二)国务院关于印发中国(浙江)自由贸易试验区总体方案的通知(国发〔2017〕第 16 号,2017 年 3 月 15 日)**

对外籍高层次人才开辟绿色通道,提供有针对性的指导服务和语言学习机会,多形式多渠道帮助外国人才更好融入中国社会。

**(三)国务院关于印发中国(河南)自由贸易试验区总体方案的通知(国发〔2017〕第 17 号,2017 年 3 月 15 日)**

对外籍高层次人才开辟绿色通道、简化手续,提供有针对性的指导服务和语言学习机会,多形式多渠道帮助外国人才更好融入中国社会。

**(四)国务院关于印发中国(湖北)自由贸易试验区总体方案的通知(国发〔2017〕第 18 号,2017 年 3 月 15 日)**

对外籍高层次人才开辟绿色通道、简化手续,提供有针对性的指导服务和语言学习机会,多形式多渠道帮助外国人才更好地融入中国社会。

**(五)国务院关于印发中国(四川)自由贸易试验区总体方案的通知(国发〔2017〕第 20 号,2017 年 3 月 15 日)**

对外籍高层次人才开辟绿色通道、简化手续,提供有针对性的指导服务和语言学习机会,多形式多渠道帮助外国人才更好地融入中国社会。

**(六)国务院关于印发中国(陕西)自由贸易试验区总体方案的通知(国发〔2017〕第 21 号,2017 年 3 月 15 日)**

发展对外文化贸易。对完全针对国外外语市场开展出版业务的非公有制企业、中外合资企业给予特殊政策扶持。

**(七)农药管理条例(国务院令〔2017〕第 677 号,2017 年 3 月 16 日)**

农药标签应当按照国务院农业主管部门的规定,以中文标注农药的名称、剂型、有效成分及其含量、毒性及其标识、使用范围、使用方法和剂量、使用技术要求和注意事项、生产日期、可追溯电子信息码等内容。

**(八)医疗器械监督管理条例(2017 修订)(国务院令〔2017〕第 680 号,2017 年 5 月 4 日)**

进口的医疗器械应当有中文说明书、中文标签。说明书、标签应当符合本条例规定以及相关强制性标准的要求,并在说明书中载明医疗器械的原产地以及代理人的名称、地址、联系方式。没有中文说明书、中文标签或者说明书、标签不符合本条规定的,不得进口。

**(九)国务院办公厅关于印发贯彻实施《深化标准化工作改革方案》重点任务分工(2017—2018 年)的通知(国办发〔2017〕第 27 号,2017 年 3 月 21 日)**

加快落实国际标准化人才培训规划,选拔培养一批懂专业、懂外语、懂规则

的国际标准化人才。(教育部、人力资源社会保障部、国家标准委牵头,各有关部门、各省级人民政府按职责分工负责)

**(十)旅行社条例(国务院令〔2017〕第676号,2017年3月1日)**

取得出境旅游业务经营许可的旅行社为组织旅游者出境旅游委派的领队,应当取得导游证,具有相应的学历、语言能力和旅游从业经历,并与委派其从事领队业务的旅行社订立劳动合同。

**(十一)国务院办公厅关于印发政府网站发展指引的通知(国办发〔2017〕第47号,2017年5月15日)**

根据用户群体特点和需求,提供多语言服务。围绕残疾人、老年人等特殊群体获取网站信息的需求,不断提升信息无障碍水平。

优化政府网站搜索功能,提供错别字自动纠正、关键词推荐、拼音转化搜索和通俗语言搜索等功能。

通过自然语言处理等相关技术,自动解答用户咨询,不能答复或答复无法满足需求的可转至人工服务。利用语音、图像、指纹识别等技术,鉴别用户身份,提供快捷注册、登录、支付等功能。

头部标识区要醒目展示网站名称,可根据实际情况展示中英文域名、徽标(Logo)以及多语言版、搜索等入口,有多个域名的显示主域名。

**(十二)国务院印发《"十三五"推进基本公共服务均等化规划》(国发〔2017〕第9号,2017年1月23日)**

加强国家通用手语、通用盲文的规范与推广;残疾人基本公共服务要满足残疾人文化体育需求,能够收看到有字幕或手语的电视节目,在公共图书馆得到盲文和有声读物等阅读服务。

**(十三)国务院办公厅发布《关于印发政府网站发展指引的通知》(国办发〔2017〕第47号,2017年5月15日)**

围绕残疾人、老年人等特殊群体获取网站信息的需求,不断提升信息无障碍水平。

## 三　相关部委

**(一) 教育部**

**1. 教育部、国家语言文字工作委员会关于印发《国家通用语言文字普及攻坚工程实施方案》的通知(教语用〔2017〕第 2 号,2017 年 3 月 14 日)**

国家通用语言文字普及攻坚工程实施方案

为贯彻落实《国家语言文字事业"十三五"发展规划》,确保"到 2020 年,在全国范围内基本普及国家通用语言文字"目标的实现,推动"国家通用语言文字普及攻坚工程"(以下简称普及攻坚工程)有效实施,制定本方案。

一、总体要求

(一)充分认识在我国普及国家通用语言文字的重要意义。我国作为一个多民族、多语言、多方言的人口大国,树立国家通用语言文字认同感,有利于培育中华民族共同体意识、增进文化认同和国家认同,有利于弘扬以爱国主义为核心的民族精神,增强中华民族的凝聚力和向心力。加强国家通用语言文字推行力度、提高普及程度和应用规范水平,具有重要的政治和社会意义,不仅能够方便各地域间人们的沟通、各民族间的交流交往交融,也事关整个中华民族历史文化传承,将对维护国家统一和民族团结,建设中华民族共有精神家园产生重要作用。强国必先强语,强语助力强国。

(二)高度重视基本普及国家通用语言文字在国家发展大局中的重要作用。随着新型工业化、城镇化的深入发展,社会人口流动更加频繁,全国统一的劳动力市场逐步形成,迫切需要国民具备普通话的沟通能力和较高的语言文字应用水平,提升自身的综合素质。虽然我国的普通话平均普及率已超过 70%,但东西部之间、城乡之间发展很不平衡,西部与东部有 20 个百分点的差距;大城市的普及率超过 90%,而很多农村地区只有 40% 左右,有些民族地区则更低。中西部地区还有很多青壮年农民、牧民无法用普通话进行基本的沟通交流,这已经成为阻碍个人脱贫致富、影响地方经济社会发展、制约国家全面建成小康社会,甚至影响民族团结和谐的重要因素。扶贫首要扶智,扶智应先通语。

(三)准确把握普及攻坚工程的重点目标和主要任务。"十三五"期间,实现国家通用语言文字基本普及,是党中央、国务院为国家语言文字工作确定的首要目标。必须坚持创新、协调、绿色、共享、开放的发展理念,迎难而上。要结合国家精准扶贫、精准脱贫基本方略,结合新型城镇化和社会主义新农村建设,以农村地区和民族地区为重点,以劳动力人口为主要对象,摸清攻坚人群基本情况和需求,制定普通话普及攻坚具体实施方案,大力提高普通话的普及率,为经济发展提供新动力,为文化建设提供强助力,为打赢全面小康攻坚战奠定良好基础。

二、基本原则

(一)坚持政府主导,协同推进。落实地方政府主体责任,省级统筹,市级为主,县级实施,动员社会各方面力量参与,发挥中央支持政策的引导激励作用,形成攻坚合力。

(二)坚持突出重点,精准发力。综合地域、人口、经济、教育、文化等基础因素和条件保障,找准突出问题,聚焦薄弱地区和人群,集中力量打好攻坚战。

(三)坚持因地制宜,分类指导。统筹考虑地域差别和城乡差距,制定适合不同情况的具体办法,统一规划,分步实施,保证攻坚目标如期达成。

(四)坚持制度建设,注重长效。立足当前,着眼长远,着力加强语言文字工作基础建设,构建长效机制,提高治理能力,完善工作机制,确保国家通用语言文字推行普及工作常抓不懈。

三、工程目标

(一)总体目标。本工程的总体目标是确保"到2020年,在全国范围内基本普及国家通用语言文字",具体设定为全国普通话普及率平均达到80%以上。

(二)区域和省级目标。根据现有的普通话基础和全国总体目标,各地要制定各自的具体目标和任务:

——东部地区重点是提高水平。各地要将普通话普及率提高到85%以上,对普及率较低的县域,要采取相应攻坚措施,确保在"十三五"末达到80%以上。

——中部地区重点是普及达标。各地要将普通话普及率提高到80%以上,对普及率较低的县域重点攻坚,至少提高到75%以上。

——西部地区重点是普及攻坚。各地要按照国家总体目标和地域实际情况制定具体目标。有条件的要力争将普通话普及率提高到80%以上;基础较差的要确保将普通话普及率提高到70%以上;特别困难的要加大工作力度,采取多种办法,确保每个县域的普及率在现有基础上至少提高10个百分点,原则上到

2020年特殊困难县域的普及率不得低于50%。

(三)攻坚任务。

——各地对普及率已经达到70%以上的县域进行集中提高,其中75%—79.9%的县域争取于2018年年底之前、70%—74.9%的县域争取于2019年年底之前提高到80%。

——各地对普及率已经达到50%以上的县域进行普及攻坚,大幅度提高普通话普及率,力争至2020年年底之前实现一半以上的县域普及率达到70%,其中城市地区达到普及率80%的目标。

——各地对普及率50%以下的县域要加快工作进度,确保在2020年年底之前将各县域普及率提高10个百分点以上;原则上要将所有县域的普及率提高到50%以上,为进一步实现基本普及目标打好基础。

四、重点措施

(一)大力提升教师国家通用语言文字应用能力。

1. 在各级各类校长综合培训和教师业务培训中,加入国家语言文字法律法规、方针政策和规范标准等内容,强化校长和教师的国家通用语言文字意识,确保普通话和规范汉字为教育教学的基本用语用字,为学生创设良好的国家通用语言文字学习使用环境。

2. 通过脱产培训、远程自学、帮扶结对等方式,使普通话未达到国家规定标准的教师,尤其是民族地区双语教师快速提高普通话水平。力争在"十三五"内使所有教师的普通话水平达标;民族地区双语教师的普通话能够胜任双语教学工作。

3. 严把教师入口关,新任教师普通话水平必须达到国家规定的标准。有条件的地区,可以进一步开展教师普通话水平提高培训和中华经典诵读教师培训,进一步提高教师的国家通用语言文字意识、语言文字应用能力和中华优秀语言文化传授能力。

(二)全面提升基层干部职工普通话能力。

4. 切实发挥公务员在推行普及国家通用语言文字工作中的表率作用,加强对党政机关公务员及事业单位职员等基层干部的普通话培训。"十三五"内国家机关公务员的普通话水平应达到国家规定的相应等级标准。新录入公务员应具备相应的普通话水平。

5. 切实落实"国家机关以普通话和规范汉字为公务用语用字"的法律规定,重视并提高对基层干部国家通用语言文字意识和应用能力的要求。各地要加大

对基层干部的培训力度,采取多种措施,通过集中学习、"一对一"互帮互学等有效方式,对不具备国家通用语言文字沟通能力的县以下基层干部进行专门培训,使其能够用普通话进行沟通交流,能够读懂国家通用语言文字政策文件,能够用国家通用语言文字写作公文。

6."十三五"期间,党政机关及学校、新闻媒体、公共服务行业的主管部门应采取多种措施,确保这些重点领域从业人员的普通话全部达标,为社会做出良好的表率,切实发挥带头示范和窗口作用。

(三)增强青壮年农民、牧民普通话应用能力。

7. 以中西部农村尤其是西部民族农村地区为重点,创造学习条件,创新学习方式,结合当地旅游服务、产业发展等需求和农村职业技能培训,对不具备普通话沟通能力的青壮年农民、牧民进行专项培训,使其具有使用普通话进行基本沟通交流的能力,并进一步达到工作就业和职业发展所需要的水平,提高就业竞争力,拓展职业发展空间。

8. 外来务工人口较多的城市,应将外来常住人员纳入本地语言文字工作范围,将普通话培训纳入职业技能培训的重要内容,增强外来人员适应和融入本地生活的能力以及参与城市建设工作的能力。

9. 参与对口支援建设工作的省市,要将语言文字工作支援列入援助工作的重要内容,采取有力措施,切实帮助受援地青壮年农民、牧民提高普通话交流水平,提升其自主就业和创业的能力,提升当地经济发展"造血"能力。

五、条件保障

(一)强化政府责任。各地要将基本普及国家通用语言文字作为全面建成小康社会和"十三五"脱贫攻坚的重要基础工作,明确县级以上各级人民政府责任,结合本地区实际情况,加强统筹规划,制定时间表和路线图,细化具体措施,确保攻坚目标如期达成。教育部、国家语委要加强统筹协调,跟踪了解各地普及任务完成情况,及时发现问题,总结推广有益经验,并建立定期监测机制,及时全面掌握国家语言文字基础情况。

(二)加强督导验收。各地要以县为单位对基本普及国家通用语言文字情况进行逐个验收,结果向社会公布。各地要把普及国家通用语言文字作为考核地方政府教育和语言文字工作实绩的重要内容。国家语委将联合国务院教育督导部门,以地市为单位,重点对西部和民族地区开展语言文字专项督导。

(三)加大经费投入。各地要根据本地区的普及攻坚任务和目标,按照各级人民政府的责任,保障经费投入,确保各项攻坚措施有效实施。语言文字工作各相关部门和行业应确保语言文字工作经费投入,依法落实本领域国家通用语言文字的普及要求。教育部、国家语委将加强资源统筹,重点对西部地区尤其是民族地区普及攻坚工作给予支持。

（四）发挥学校作用。学校是推行普及国家通用语言文字、培养国民语言文字规范意识的重点领域,学校教育是提高国民语言文字应用能力的主要渠道。各级各类学校要重视加强学校的语言文字工作,通过学校语言文字规范化建设工作,创造良好的普通话使用环境,确保学生具有较强的语言文字规范意识和语言文字应用能力。同时注意发挥学校对社会和家庭的辐射带动作用,鼓励学生帮助家长学习提高普通话水平,提供条件、鼓励教师积极承担本地青壮年农民、牧民的普通话培训等相关工作。

（五）加强宣传动员。坚持推广普通话"以党政机关为龙头、学校为基础、新闻媒体为榜样、公共服务行业为窗口"的方略,充分调动语言文字工作各相关部门的积极性,各负其责,各尽其力,从本部门和本行业的特点出发,加大本领域推广普及力度。加强政策宣传引导,积极构建平台网络,鼓励和吸引企业、社会团体为国家通用语言文字普及贡献力量。

**2. 教育部、外交部、公安部联合制定《学校招收和培养国际学生管理办法》(教育部、外交部、公安部令第 42 号,2017 年 3 月 20 日)**

中华人民共和国通用语言文字是高等学校培养国际学生的基本教学语言。对国家通用语言文字水平达不到学习要求的国际学生,学校可以提供必要的补习条件。

具备条件的高等学校,可以为国际学生开设使用外国语言进行教学的专业课程。使用外国语言接受高等学历教育的国际学生,学位论文可以使用相应的外国文字撰写,论文摘要应为中文;学位论文答辩是否使用外国语言,由学校确定。

**3. 教育部办公厅关于公布全国乡村教师队伍建设优秀工作案例的通知(教师厅函〔2017〕第 10 号,2017 年 6 月 7 日)**

为缓解乡村教师不足的压力,自 2006 年起实施"自治区大学生实习支教计划",将原来师范生两个月的实习期延长至一个学期,实习生主要到农村学校开展双语教学实习支教。

**4. 教育部关于印发《幼儿园办园行为督导评估办法》的通知(教督〔2017〕第 7 号,2017 年 4 月 18 日)**

教育活动涉及健康、语言、社会、科学、艺术各领域,内容适宜,不提前教授小

学教育内容。

**5.** 教育部、中国残联印发《残疾人参加普通高等学校招生全国统一考试管理规定》(教学〔2017〕第 4 号,2017 年 4 月 7 日)

考点、考场配备专门的工作人员(如引导辅助人员、手语翻译人员等)予以协助,充分保障了听障学生接受教育的权益。

### (二)国家海洋局

南极考察活动环境影响评估管理规定(国海规范〔2017〕第 9 号,2017 年 5 月 18 日)

编制和发布南极考察活动环境影响评估文件框架内容、适用语言和格式的要求。

### (三)国家知识产权局

国家知识产权局、国家发展和改革委员会、科学技术部、工业和信息化部、农业部、文化部、海关总署、国家工商行政管理总局、国家版权局印发《关于支持东北老工业基地全面振兴 深入实施东北地区知识产权战略的若干意见》的通知(国知发协字〔2017〕第 20 号,2017 年 2 月 27 日)

支持建设知识产权资源数据库、产业专题数据库,农产品知识产权信息平台、文化资源信息平台、知识产权服务信息平台、蒙汉双语知识产权信息服务平台、中小企业共性网络技术服务平台等。

### (四)国家卫生和计划生育委员会

**1.** 国家卫生和计划生育委员会、国家发展和改革委员会、财政部、国家旅游局、国家中医药局关于开展健康旅游示范基地建设的通知(国卫规划函〔2017〕第 257 号,2017 年 7 月 18 日)

加强健康旅游人才队伍建设。加强针对健康服务机构、旅游服务机构等相关服务人员的业务培训和语言培训。

**2.** 国家卫生和计划生育委员会、国家发展和改革委员会、财政部、国家旅游局、国家中医药局关于促进健康旅游发展的指导意见(国卫规划发〔2017〕第 30 号,2017 年 5 月 12 日)

加强针对健康医疗服务机构、国际旅行健康咨询机构、旅游服务机构等相关服务人员的业务培训和语言培训,提高健康旅游的服务品质和管理水平。

**(五)国家认证认可监督管理委员会**

中国国家认证认可监督管理委员会关于发布《低碳认证技术委员会章程》的通知(2017)(国认证〔2017〕第54号,2017年5月3日)

专家组工作语言为中文。

**(六)国家体育总局**

国家体育总局办公厅关于组织开展"我要上全运"全民健身系列活动和赛事的通知(体群字〔2017〕第60号,2017年4月10日)

要用新的视角、新的思想报道"我要上全运"赛事活动,用群众的语言讲群众听得懂的话,调动全民健身氛围,牵动全社会关注。

**(七)国家发展和改革委员会**

国家发展和改革委员会、财政部关于深化棉花目标价格改革的通知(发改价格〔2017〕第516号,2017年3月16日)

新疆维吾尔自治区、新疆生产建设兵团和各有关部门要采取广播、电视、网络以及干部走村入户等多种宣传方式,使用群众听得懂的语言,广泛宣传政策意图、内容和意义,及时回应社会关切,努力营造良好舆论环境,确保改革措施平稳实施。

**(八)国家民族事务委员会**

国家民族事务委员会办公厅、教育部办公厅关于命名首批全国双语和谐乡村(社区)的通知(民办发〔2017〕第30号,2017年3月1日)

双语和谐乡村(社区)建设工作通过语言相通进而实现感情相通、心灵相通,促进各族群众交往交流交融,增进民族团结。希望被命名的单位继续做好双语和谐建设工作,进一步总结经验,发挥示范带动作用,在以习近平同志为核心的党中央领导下,奋力开拓民族团结进步事业新局面,为实现中华民族伟大复兴的中国梦做出新的更大贡献。

**(九)国家旅游局**

国家旅游局办公室关于组织实施2017年全国导游资格考试的通知(旅办发〔2017〕第140号,2017年5月31日)

报名条件

(四)具有适应导游需要的基本知识和语言表达能力。

**(十)国家税务总局**

**税收规范性文件制定管理办法(国家税务总局令第41号,2017年5月16日)**

制定税收规范性文件,应当做到内容具体、明确,内在逻辑严密,语言规范、简洁、准确,避免产生歧义,具有可操作性。

**(十一)国家食品药品监督管理总局**

**国家食品药品监督管理总局关于发布《婴幼儿配方乳粉产品配方注册标签规范技术指导原则(试行)》的公告(国家食品药品监督管理总局公告〔2017〕第66号,2017年5月24日)**

婴幼儿配方乳粉的标签应与产品配方注册内容一致,应真实规范、科学准确、通俗易懂、清晰易辨,不得含有虚假、夸大或者绝对化语言。

产品名称由商品名称和通用名称组成,每个产品只能有一个产品名称,产品名称应使用规范的汉字。"规范的汉字"指《通用规范汉字表》中的汉字,不包括繁体字、字母、图形、符号等。申请注册的进口婴幼儿配方乳粉还可标注英文名称,英文名称应与中文名称有对应关系。

商品名称应当符合有关法律法规和食品安全国家标准的规定,不应包含下列内容:

(1)虚假、夸大、违反科学原则或者绝对化的词语;

(2)涉及预防、治疗、保健功能的词语;

(3)明示或者暗示具有益智、增加抵抗力或者免疫力、保护肠道等功能性表述;

(4)庸俗或者带有封建迷信色彩的词语;

(5)人体组织器官等词语;

(6)其他误导消费者的词语,如使用谐音字或形似字足以造成消费者误解的。

婴幼儿配方乳粉产品标签应当清晰、醒目、持久、易于辨认和识读。

婴幼儿配方乳粉产品标签应当使用国家语言文字工作委员会公布的规范化汉字,需要同时使用汉语拼音、少数民族文字或者外文的,应当与汉字内容有直接对应关系(商标、进口食品的制造者和地址除外),书写准确,且字体不得大于相应的汉字。

食品安全国家标准允许的含量声称和功能声称,但应以文字形式标识在非主要展示版面。

获得认证项目,可以文字或认证标识标注在非主要展示版面,并提交认定证书复印件。

**(十二)公安部**

**公安部发布关于《中华人民共和国治安管理处罚法(修订公开征求意见稿)》公开征求意见的公告(2017年1月16日)**

询问聋哑的违反治安管理行为人、被侵害人或者其他证人,应当有通晓手语的人提供帮助,并在笔录上注明。

**(十三)国家邮政局**

**国家邮政局、中国残联印发《关于进一步加强邮政行业无障碍环境建设等相关工作的通知》(国邮发〔2017〕第58号,2017年7月19日)**

邮政企业定期对员工开展手语、助残服务知识和技能的培训,提高为残疾人客户服务的能力和水平。

**(十四)司法部**

**司法部印发《关于"十三五"加强残疾人公共法律服务的意见》(司发通〔2017〕第110号,2017年11月2日)**

完善便利服务机制。积极推进市、县公共法律服务中心与法律援助便民服务窗口无障碍环境建设。鼓励支持各类公共法律服务主体为需要诉讼法律服务的残疾人提供语音和文字提示、手语、盲文等信息和交流无障碍服务。

**(十五)中国残疾人联合会**

**中国残联、工信部印发《关于支持视力、听力、言语残疾人信息消费的指导意见》(2017年12月13日)**

推进政府和从事相关公共服务的行业采取信息无障碍措施,鼓励支持相关信息无障碍产品研发、生产、推广、应用。

(许小颖)

# 国家通用语言文字工作

## 一　国家通用语言文字的推广普及、宣传培训和工作督导评估

**大力推广普及国家通用语言文字，实施普及攻坚工程。** 印发《国家通用语言文字普及攻坚工程实施方案》和《关于开展普通话基本普及县域验收工作的通知》，指导各省级语言文字工作部门开展普通话基本普及县域验收工作，进一步摸清普通话普及现状。将推普纳入脱贫攻坚计划，制定《推普脱贫攻坚行动计划》，将普通话普及率纳入地方扶贫工作绩效考核，普通话培训纳入职业技能培训，在对口支援项目中单列语言文字援助专项等，并加强督导检查。举办以"大力推广和规范使用国家通用语言文字，自觉传承弘扬中华优秀传统文化"为主题的第20届全国推广普通话宣传周。印发并落实《关于进一步加强学校语言文字工作的意见》，切实发挥学校在语言文字工作中的基础作用。联合国家民委开展全国双语和谐乡村（社区）建设，在内蒙古自治区、辽宁省、吉林省等9个少数民族聚居地区考察选取9个单位作为第二批示范点。

**加强国家通用语言文字应用培训。** 举办语言文字管理干部培训班、中华传统文化教育培训班、藏汉双语翻译干部培训班、港澳教师普通话能力提升培训班等。在内蒙古等10个少数民族聚居较多的省份举办民族地区双语教师普通话国培班和委培班，约2000人参加培训。在江西、云南、陕西等地举办中西部地区农村骨干教师语言能力提升培训班，300人参加培训。实施"民族地区干部和青壮年农牧民国家通用语言文字培训计划"，重点支持云南、新疆等省区开展青壮年农牧民普通话培训。

**拓展语言文字督导评估试点范围。** 在新疆哈密市伊州区、巴里坤县，江西抚州市临川区、金溪县，湖北宜昌市西陵区、夷陵区，福建三明市三元区、尤溪县等4省区8个区县开展评估试点。制定语言文字工作督导评估工作手册，明确操

作规程,细化督导评估指标,强调督导纪律,为各地各单位开展语言文字工作督导评估提供明确要求和指导。加强督导人才队伍建设,成立国家语委语言文字督导专家委员会和语言文字督导专家库,举办2期督导培训班,培训各省教育督导部门、语言文字工作部门干部200人次。

## 二 国家通用语言文字规范标准与信息化建设

**加强语言文字规范标准修订。**《普通话异读词审音表》完成修订并作为国家标准立项。国家标准化管理委员会、教育部、国家语委联合召开新闻发布会,发布公共服务领域英文译写标准的9个分则,为交通、旅游、文化、娱乐、体育、教育、医疗卫生、邮政、电信、餐饮、住宿、商业、金融等13个服务领域的英文译写提供参照标准。《中国英语能力等级量表》《国家通用盲文方案》《国家通用手语常用词表》等通过国家语委语言文字规范标准审定委员会审定。《义务教育常用词表》《现代汉语常用词表(修订)》完成研制。立项修订《信息处理用现代汉语词类标记规范》和研制《中小学普通话水平测试等级标准及实施纲要》等规范标准。发布《第五批推荐使用外语词中文译名》。

**注重语言文字规范标准的宣传实施。**采取"下沉式""菜单式"方式,举办6期语言文字规范标准培训班(包括2期"国培计划"班),培训人数超过800人。语言文字规范标准实施内容纳入地方语言文字工作督导评估。

**推进语言文字信息化建设。**研制并印发《语言文字信息化关键技术研究与应用工程实施方案》。立项支持开展机器翻译、智能语言学习、中华经典知识图谱构建等关键技术研究。建设"国家外语人才资源动态数据库"和"国家语言志愿者人才库"。继续开展通用汉字全息数据库和公共服务领域外文译写规范数据库建设,补充完善国家语言资源动态流通语料库等重点资源库。发布国家语委语言资源网,促进语言资源的共享和利用。开展《信息技术产品语言文字使用管理规定》的调研起草工作。召开少数民族语言文字规范化标准化信息化工作会议。立项研制国产多语种桌面操作系统通用规范、朝鲜文古字母编码等。

## 三 语言文化建设与语言资源保护

**继续实施中国语言资源保护工程。**作为目前世界上规模最大的语言资源保护项目,已实现全国范围全覆盖,超过250所高校和科研机构、近500个专家团队、1500多名专业技术人员参与工程建设。截至2017年,已经完成总体规划1500个调查点的72%,及130种语言中的80%左右,出版发行工程标志性成果《中国语言文化典藏》20册,汇聚调查成果的"中国语言资源采录展示平台"上线并不断完善。各地积极推进成果的开发应用,建成或正在筹建本地语言文化资源展示网或体验馆,开通当地方言掌上通应用软件等,取得良好社会影响。科学有序推进工程建设,召开工作部署会明确任务要求,印发《教育部办公厅关于部署中国语言资源保护工程2017年度汉语方言调查工作的通知》,修订《中国语言资源保护工程工作规范》,与国家民委共同印发《关于部署中国语言资源保护工程2017年度少数民族语言调查的通知》,成立工程专家咨询委员会,扩充核心专家组数量。

**传承发展中华优秀传统文化。**举办第二季"中国诗词大会",2017年1月29日—2月7日在中央电视台综合频道和科教频道连续播出,累计收看观众11.63亿人次,受到中央领导的高度肯定和社会各界广泛好评。继续办好"第十九届齐越艺术节暨全国大学生朗诵大会",全国159所高校共1001部作品参与。做好中华经典资源库宣传、推广工作。截至2017年底,资源库一至四期项目建设已成功完成并向社会发布,总时长超过8000分钟。相关内容已正式出版并免费向基层语言文字工作系统和学校赠送,主要内容已在中央电视台、中国教育电视台等媒体播放,同时在教育部官网、人教网、中国教育在线、"微言教育"微信公众号等陆续上线播放,并正式开通"中华经典资源库"微信公众号,供国内外受众免费观看。资源库以其权威性、丰富性、科学性和公益性得到中央领导同志的肯定,同时赢得师生、朗诵爱好者等社会各方的广泛关注和支持。支持相关高校和单位开展古典诗词吟诵研究及活动,研究制定以普通话语音为基础的《中华通韵》规范标准。

**提升中华文化传承传播能力。**继续推进中华思想文化术语传播工程,出版《中华思想文化术语》第四、五辑,建设中华思想文化术语网,举办"中华思想文化术语国际传播"论坛,在阿布扎比国际书展组织"对流与互鉴——阿中传统文化中的思想智慧及其当代价值"对话,举办"中华思想文化术语推广暨青少年传统文化传播峰会",已开展12个"一带一路"沿线国家的版权推荐和输出工作。经国务院批准,教育部、国家语委牵头组织开展甲骨文研究与应用专项工作。10月30日,甲骨文成功入选联合国教科文组织"世界记忆名录"。12月26日,教育部、国家语委、国家文物局、国家档案局、故宫博物院、中国联合国教科文组织全委会在故宫博物院共同主办甲骨文成功入选"世界记忆名录"发布会。作为发布系列活动,故宫研究院古文献研究所主办"甲骨收藏与绝学振兴"高峰论坛,国家语委专门委托中国集邮总公司制作发行了纪念封。

## 四 语言生活监测引导与服务

**加强语言文字服务。**发布《中国语言文字事业发展报告(2017)》(白皮书)、《中国语言生活状况报告(2017)》(绿皮书)、《中国语言政策研究报告(2016)》(蓝皮书)、《世界语言生活状况报告(2016)》(黄皮书),标志着国家语委皮书系列正式形成。启动《北京冬奥会语言服务行动计划》,组织协调有关部门、高校、科研机构、企业和社会力量,为北京冬奥会的举办创造良好的语言环境,提供优质语言服务。举办"汉语盘点2017"等文化品牌活动,分批次发布年度十大流行语、十大新词语、十大网络用语、年度字词,引导社会的语言文字使用。

**做好语言文字应用的规范和管理。**协同做好"微语言"传播治理,营造风清气正的网络空间。开展全国100种报纸语言文字使用情况监测、"一带一路"旅游系统AAAAA级景区语言文字使用情况调研、全国医疗系统语言文字使用情况调研、我国商标广告语言文字使用情况调研,为旅游、新闻出版、卫生、工商系统语言文字工作提供数据支撑和政策依据。

## 五 语言文字科学研究

**开展科研立项。**落实《国家语委"十三五"科研规划》,充分发挥科研支撑作用,围绕语言文字规范标准、语言文字信息技术与应用、"一带一路"语言战略、少数民族语言文字等研究方向设立科研项目68项,其中重大项目3项,重点项目24项。梳理汇总"十一五""十二五"科研项目成果,出版《整合创新 开启未来》优秀科研成果论文选编。

**加强科研机构建设。**充分发挥国家语委科研机构的支撑作用,聚焦国家发展需求,稳步推进机构建设,进一步完善体系布局,和新疆大学共建成立"新疆多语种信息技术研究中心"。完成了国家语言资源监测与研究少数民族语言中心、中国语言文字规范标准研究中心的续建工作,对中国文字整理与规范研究中心、中国文字字体设计与研究中心、国家语言资源监测与研究有声媒体中心、汉语辞书研究中心4个科研中心进行续建考察。继续在上海、武汉两地开展国家语言文字智库试点。

强化科研机构管理,召开国家语委科研机构工作会,规划各机构发展方向。

**强化人才队伍建设。**与国家留学基金委联合设立的"语言文字中青年学者出国研修项目"首期顺利实施,国家语言文字事业人才队伍建设"走出去"计划取得突破性进展。举办首届语言文字应用研究优秀中青年学者论坛,丰富人才培养形式,加大培养力度。国家民委和教育部联合举办第 3 期全国民族语文应用研究中青年学者研修班。支持中青年学者协同创新联盟开展学术交流活动,发挥其团结中青年学者、构建交流平台、推动协同创新、服务国家发展的作用。

## 六　语言文字交流与合作

**加强港澳地区语言文字交流。**举办港澳中小学教师普通话能力提升培训班,来自香港和澳门的 115 位中小学教师参加培训。组织内地大学生赴港澳开展优秀朗诵作品展演交流,增进内地与港澳学生之间的交流互动和感情融和,促进港澳青少年增强中华文化认同感和自豪感。

**推进两岸语言文字交流合作。**召开"两岸语言文字交流与合作协调小组"工作会议。继续编写两岸"中华语文大词典"、两岸"科技名词大词典",改版两岸"中华语文知识库"网站。举办"第二届两岸语言文字调查研究与语文生活研讨会"和"第十届海峡两岸现代汉语问题学术研讨会"等学术会议。举办 2017 两岸大学生汉字文化创意工作坊暨诵读书法交流夏令营,引导两岸大学生将汉字文化创意巧思转化成主题文创产品,学习和交流经典诵读和汉字书法艺术,共同弘扬传承中华优秀文化,两岸 10 所高校百名学生参与。

**强化语言文字国际交流合作。**以"语言让世界更和谐,文明更精彩"为主题,举办首届中国北京国际语言文化博览会及"语言科技与人类福祉"国际语言文化论坛、"一带一路"语言文化高峰论坛等配套论坛,填补世界华语区的空白,构建中外语言文化交流互鉴的新平台。在美国设立海外普通话培训测试中心,推广普通话,开展中外语言文化交流,促进文明交流互鉴,心灵沟通。继续组织实施语言文字国际高端专家来华交流项目,10 余位国际知名专家受邀来华讲学交流。出版《中国语言生活状况报告》日文版第一卷和韩文版第二卷,加强中国语言学术和语言政策理念的对外传播。固化第三届中法语言政策与规划国际研讨会成果,出版《中法语言政策研究》(第三辑)。

(容　宏、易　军、周道娟、王　奇)

# 少数民族语言文字工作

## 一 正式印发少数民族语言文字工作规划

2017年3月17日正式印发《国家民委"十三五"少数民族语言文字工作规划》(民委发〔2017〕第36号),并同步刊发了解读文章。《国家民委"十三五"少数民族语言文字工作规划》包括指导思想、基本原则、发展目标、主要任务、重点项目、组织实施和保障措施等,明确了大力推进少数民族语言文字法治化建设、加强少数民族语言文字的基本情况调查与科研工作等7项主要任务,同时提出了12个重点实施项目。《国家民委"十三五"少数民族语言文字工作规划》出台后,在全国民族语文工作领域引起较大反响,一致认为是国家民委近年来探索加强民族语文工作的重要举措,为全国民族语文工作领域统一思想认识,凝聚合力,共同推进民族语文工作发展提供了基本蓝图。

## 二 国家民委、教育部扎实推进全国双语和谐乡村(社区)示范点建设

国家民委联合教育部全面总结验收首批全国双语和谐乡村(社区)试点工作,2015年启动建设的7个试点全部通过验收,由国家民委、教育部予以正式命名。首批示范点建设,按照"以政府为主导,以群众为主体,以双语为抓手,以文化为载体"的工作思路,通过双语教育、双语服务、双语活动等各种形式,很好地调动了基层群众自觉学习双语的积极性,提高了乡村(社区)服务质量,推动了不同民族间互相学习优秀文化,服务了经济社会发展,促进了民族团结、社会和谐和中华民族共同体意识的增强。

历经各地申报、专家评审、部门审核、实地考察、网站公示等程序,国家民委、教育部确定了第二批全国双语和谐乡村(社区)示范点建设单位名单并正式启动建设。第二批共建设9个示范点,囊括12种语言,覆盖了镇、乡、行政村和社区

等四种类型,具有较强的代表性。2017年12月,《国家民委 教育部 国家语委关于开展全国双语和谐乡村(社区)示范点建设工作的指导意见》(民委发〔2017〕第139号)印发,进一步把示范点建设工作切实引导上规范化、常态化和科学化的发展轨道。

## 三　国家民委民族语文工作专家咨询委员会完成换届

经商请各有关地方和单位推荐候选人员名单,并经过资格审核、名单酝酿、司务会研究、委领导审批等环节,组成了国家民委第二届民族语文工作专家咨询委员会。各专家委员均为各有关领域的代表性人物,覆盖了蒙、藏、维、哈、朝鲜、彝、壮等语种,以及民族语文理论政策、民族语文应用研究等领域,增加了语言规划、政治学、法律学、历史学、管理学等方面的权威专家,民族成分共有11个,年龄结构做到了老中青结合。于2017年12月29日召开第二届专家咨询委员会第一次会议,国家民委副主任、国家民委民族语文工作专家咨询委员会主任委员陈改户同志出席会议并讲话。

## 四　国家民委牵头启动首次国家层面双语人才队伍建设专题调研

国家民委牵头,联合中共中央组织部、国家发改委、教育部、财政部、工业和信息化部、国家公务员局,启动七部委双语人才队伍建设专题调研工作。书面调研覆盖12个民族语文工作重点省区和新疆生产建设兵团,以及最高人民法院、最高人民检察院、教育部、公安部、国家安全部、国家新闻出版广电总局等6个重点部门。实地调研于2017年11月下旬至12月上旬全面开展,覆盖6个重点省区和新疆生产建设兵团。该调研是中华人民共和国成立以来第一次国家层面组织开展的双语人才队伍建设专题调研,为全面掌握底数、探索加强双语人才队伍建设提供重要决策依据。

## 五　国家民委牵头启动民汉双语公共服务志愿者队伍建设

国家民委认真贯彻落实党的十九大"完善公共服务体系,保障群众基本生活,不断满足人民日益增长的美好生活需要"重要精神,立足城乡居民民汉双语学习公共服务需求。国家民委牵头,联合中共中央宣传部、中共中央文明办、共青团中央、教育部,启动了民汉双语公共服务志愿者队伍建设工作。按照方案,从2018年至2020年,在国家层面建立10支左右大学生民汉双语志愿服务团。民汉双语公共服务志愿者队伍建设工作是近年来民族语文工作的重要创新,将进一步充实有关地区和领域干部群众民汉双语学习的支撑力量,为促进双语和谐、民族团结起到重要作用。

## 六 举办两个研修班,持续推进人才队伍建设

国家民委联合教育部举办了第3期全国民族语文应用研究中青年学者研修班(2017年4月9日至15日),17个民族的72名学员参训。重点研修了民族理论政策、民族语文工作实践、中国语言资源保护工程建设及民族语言文字信息处理等方面课程,同时就国家语言文字政策、语言生活现状及民族语文应用研究热点、重点、难点问题进行了深入研讨,提出了有针对性和建设性的意见建议。国家民委联合人力资源社会保障部举办第10期全国民族语文翻译工作业务骨干高级研修班(2017年9月17日至23日),研修班以蒙古语文为主要方向,73名学员参训,实现了"高站位、大格局""专业性、针对性""新理念、新知识""受益多、成果多"等四个方面的突破,得到国家民委副主任陈改户同志充分肯定。

## 七 加强对各有关地方和单位的指导和帮助

国家民委指导贵州省民族宗教事务委员会、云南省民族宗教事务委员会、内蒙古自治区民族事务委员会、中国民族语文翻译局、云南民族大学、中国少数民族双语教学研究会等地方和单位举办各类民族语文工作相关培训班、研讨会。指导广西壮族自治区研究草拟《少数民族语言文字工作条例》,支持中央民族大学成立中国民族语文应用研究院,支持北京语言大学积极推进中国民族语文应用研究中心建设与发展,配合教育部部署推进中国语言资源保护工程2017年度少数民族语言调查等有关工作。

(审稿人:田联刚

撰稿人:王学荣、杨 静、朴美仙、朱艳华)

第三部分

# 领 域 篇

# 脱贫攻坚需要语言文字助力

国家脱贫攻坚的大方略正在实施,作为精准扶贫的一个重要切入口,语言扶贫攻坚战已经打响。2017年6月23日,习近平总书记在深度贫困地区脱贫攻坚座谈会上指出,"社会发育滞后,社会文明程度低"是导致深度贫困的主要原因之一,"有的民族地区,尽管解放后实现了社会制度跨越,但社会文明程度依然很低……很多人不学汉语、不识汉字、不懂普通话"。这段话道出了语言文字与扶贫之间的重要联系,为语言扶贫指明了方向。

## 一 特困地区语言现状

《中国农村扶贫开发纲要(2011—2020年)》在全国范围内遴选出了14个集中连片特困地区作为扶贫-脱贫工作的重点。它们基本都属于老(革命老区)少(少数民族地区)边(边疆地区)穷(瘠苦地区)地区,贫困程度较深,生态环境脆弱,普通话普及率不高、水平较低。

这14个特困地区中,有11个地区涵盖着少数民族居住区。[①] 具体说来,按照少数民族人口比例依次是:[②](1)新疆南疆三地州少数民族人口占93%以上,[③]境内主要有维吾尔族、塔吉克族、回族、哈萨克族、柯尔克孜族、满族、蒙古族、藏族、土家族、乌孜别克族、锡伯族、塔塔尔族等20多个少数民族;[④](2)西藏少数民族人口占到90%以上,主要是藏族,以及回族、纳西族、怒族、门巴族、珞巴族等少数民族;(3)四省藏区的少数民族人口占到了73%左右,[⑤]主要包括藏族、蒙古族、羌族、彝族、回族、苗族、傈僳族等少数民族;(4)滇桂黔石漠化区少数民族人

---

① 不涉及或基本不涉及少数民族居住区的3个区是:吕梁山区、大别山区、罗霄山区。
② 中国扶贫在线,http://f.china.com.cn/node_7237046.htm。
③ 中新网,http://www.chinanews.com/gn/news/2008/03-11/1188761.shtml。
④ 综合三地州政府网站中的信息,http://www.xjkz.gov.cn/9fdeede3-ef2b-40a8-b73b-61fc4ba318c7_1.html;http://www.xjht.gov.cn/article/show.php?itemid=54808;http://www.kashi.gov.cn/Item/41122.aspx。
⑤ 这个数字是四省藏区所辖12个州/市的平均数。

口2129.3万人(62.1%),有壮族、苗族、布依族、瑶族、侗族等14个世居少数民族;(5)武陵山区少数民族1100多万人(47.8%),有土家族、苗族、侗族、白族、回族和仡佬族等30多个少数民族;(6)滇西边境山区少数民族人口831.5万人(47.5%),有汉族、彝族、傣族、白族、景颇族、傈僳族、拉祜族、佤族、纳西族、怒族、独龙族等26个世居民族,其中有15个云南独有少数民族、8个人口较少民族;(7)乌蒙山区少数民族人口占总人口20.5%,片区内居住着彝族、回族、苗族等少数民族,是我国主要的彝族聚集区;(8)大兴安岭南麓山区少数民族人口111.4万人(13.3%),有蒙古族、满族等6个世居少数民族,其中有达斡尔族、锡伯族、柯尔克孜族等3个人口较少民族;(9)燕山-太行山区少数民族人口146万人(13.3%),有满族、蒙古族、回族等3个世居少数民族;(10)六盘山区少数民族人口390.1万人(16.6%),有回族、东乡族、土族、撒拉族等少数民族;(11)秦巴山区有羌族等少数民族人口56.3万人(1.5%)。

14个特困地区都涉及汉族居住区,这些特困地区:(1)基本上覆盖了北方、吴、湘、赣、客家、闽、粤等几大方言区及其内部一些次方言;(2)有好几个处于两大或几大方言区交界的地区,方言使用情形也就更为复杂,比如燕山-太行山区、吕梁山区、六盘山区、秦巴山区、大别山区、乌蒙山区、罗霄山区、武陵山区、滇桂黔石漠化区、滇西边境山区等。

从上述分析可以看出,14个连片特困地区基本上都呈现出了语言或方言较为复杂的状态。

## 二 政策中的语言扶贫

我国的大规模、系统式扶贫应该可以追溯到1986年国务院贫困地区经济开发领导小组①的成立。2011年的《中国农村扶贫开发纲要(2011—2020年)》首次提到了语言因素,即"在民族地区全面推广国家通用语言文字";到了2016年的《"十三五"脱贫攻坚规划》,与语言因素相关的政策表述多次出现,从而将语言因素在扶贫方略中的作用提高到了一个新的高度。具体的政策比如"建立健全双语教学体系""加大双语教师培养力度,加强国家通用语言文字教学""加强民族聚居地区少数民族特困群体国家通用语言文字培训"等。

---

① 1993年12月改名为"国务院扶贫开发领导小组"。

2017年11月20日,中共中央办公厅、国务院办公厅印发的《关于加强贫困村驻村工作队选派管理工作的指导意见》,将"积极推广普及普通话,帮助提高国家通用语言文字应用能力"明确为驻村工作队的主要任务之一。

除了上述扶贫-脱贫政策中的表述,在2016年8月教育部、国家语委发布的《国家语言文字事业"十三五"发展规划》中指出:"结合国家实施的精准扶贫、精准脱贫方略,以提升教师、基层干部和青壮年农牧民语言文字应用能力为重点,加快提高民族地区国家通用语言文字普及率。""与国家扶贫攻坚等工程相衔接,在农村和民族地区开展国家通用语言文字普及攻坚。"

2017年4月教育部、国家语委又发布了《国家通用语言文字普及攻坚工程实施方案》,指出:"虽然我国的普通话平均普及率已超过70%,但东西部之间、城乡之间发展很不平衡,西部与东部有20个百分点的差距;大城市的普及率超过90%,而很多农村地区只有40%左右,有些民族地区则更低。中西部地区还有很多青壮年农民、牧民无法用普通话进行基本的沟通交流,这已经成为阻碍个人脱贫致富、影响地方经济社会发展、制约国家全面建成小康社会,甚至影响民族团结和谐的重要因素。扶贫首要扶智,扶智应先通语。""要结合国家精准扶贫、精准脱贫基本方略……制定普通话普及攻坚具体实施方案,大力提高普通话的普及率,为经济发展提供新动力,为文化建设提供强助力,为打赢全面小康攻坚战奠定良好基础。"

2018年1月,教育部、国务院扶贫办、国家语委三部委联合制定了《推普脱贫攻坚行动计划(2018—2020年)》。计划的制定宗旨就是要充分发挥普通话在提高劳动力基本素质、促进职业技能提升、增强就业能力等方面的重要作用,采取更加集中的支持、更加精准的举措、更加有力的工作,为打赢脱贫攻坚战、全面建成小康社会奠定良好基础。计划提出了一个"目标定位"、四个"基本原则"和九大"具体措施"。

显然,提升贫困的农村和民族地区群众的普通话能力和水平是实现知识学习和其他技能提升的核心要素之一,在此基础上贫困群众才有可能实现真正的脱贫。上述文件和政策,必将为国家脱贫攻坚方略的实施提供切实的语言层面的保障。

## 三 扶贫扶智要通语

增强贫困地区的普通话推广力度、提升贫困地区人们的普通话水平,对于脱贫攻坚方略的实现具有重要作用。①

目前我国还有30%即4亿多人口不能用普通话交流,尤其是在农村、边远地区和民族地区。② 2016年10月,国务院扶贫办党组书记、主任刘永富在接受采访谈到贫困地区脱贫的难点之时就指出:"一些少数民族地区的人不会说普通话,他如果出来打工,或者是到内地做一些什么事情,交流有难度。"③显然这一论断也是适用于汉语方言区等其他贫困地区的。

大量研究表明:(1)语言上的差异往往会阻碍劳动力在市场中的流动;(2)在一国内部,会说通用语者比只会说本族语者收入要高;(3)双语教育与经济收入之间基本呈正相关的关系。

研究就表明:中外学者普遍认为中国少数民族社会经济地位的滞后是因为其教育水平的滞后,但是文章学者通过《中国劳动力动态调查》等大量第一手数据证明:少数民族(特别是维吾尔族、藏族)与汉族的教育水平相差无几,而影响少数民族就业和收入的更重要原因是普通话能力的薄弱。因此,改善民族平等的先决条件之一是普通话在少数民族群体中的推广与普及。为了促进少数民族地区的经济和社会发展,应当强化汉语教学。④

有学者指出,"重视民族语文,抓好双语教育,在社会扫盲、普及文化、提高普及义务教育效果方面十分显著。"⑤双语教学在提高民族地区的文化水平、促进民族地区经济文化的发展等方面,具有重要意义。⑥ 况且,用普通话扶贫,用扶贫推广普通话,不仅具有重要的经济意义,而且具有深远的政治意义。⑦ 因此,对于少数民族贫困地区来说,提高普通话的普及率,提升当地人们的普通话水平,实施语言文字精准扶贫的策略,将非常有助于当地扶贫工作的开展以及扶贫目标的实现。

对于汉语方言区的特困地区来说,加大普通话推广力度,提升当地人的普通话水平同样具有基础性作用。因为方言差异会阻碍劳动力的市场流动,只会说方

---

① 当然,扶贫干部如果会说所扶贫地区的语言或方言,肯定会有助于他们更好地融入贫困地区、走进贫困群众的生活,从而有利于相关工作的开展。
② 人民网,http://politics.people.com.cn/n/2013/0905/c1001-22821948.html。
③ 国务院扶贫开发领导小组办公室,http://www.cpad.gov.cn/art/2016/10/18/art_82_54533.html。
④ Tang, Wenfang; Hu, Yue and Jin, Shuai. Affirmative inaction: Education, language proficiency, and socio-economic attainment among China's Uyghur minority. *Chinese Sociological Review* 48(4):346-366. 2016.
⑤ 戴庆厦、董艳《中国国情与双语教育》,《民族研究》1996年第1期。
⑥ 李宇明《关于中小学"双语教学"的思考》,《语言文字应用》2003增刊号。
⑦ 朱维群《把推广普通话纳入扶贫攻坚战》,《环球时报》2017年8月26日。

言者的经济收入也往往比会说通用语者要低。比如一项研究就指出:在不同方言大区之间,方言距离每增大1个层级,劳动力跨市流动的概率会降低3%左右。①

习近平总书记多次强调要注重扶贫同扶志、扶智相结合。扶志就是从思想观念、信心毅力和志气勇气方面帮助被帮扶者;扶智就是从文化水平、知识素养、智慧能力方面帮助被帮扶者。从这个意义上来说,《国家通用语言文字普及攻坚工程实施方案》中提出的"强国必先强语,强语助力强国""扶贫首要扶智,扶智应先通语"的方针策略是必要而恰当的。

## 四 语言扶贫在路上

在实际扶贫工作中,一些地方政府已经将掌握普通话作为一个重要的扶贫手段,应用到了实际工作中。

### (一)云南泸西县白水镇②

泸西县地处云南红河哈尼族彝族自治州,属于滇桂黔集中连片特困区。2016年,泸西县有少数民族6.82万人,占总人口15.48%,世居彝族、回族、傣族、壮族、苗族等,白水镇少数民族人口1.5万余人,占总人口的30%左右。

2016年8月,泸西县白水镇2016年少数民族普通话培训班走进彝族村寨——小直邑村,80余名村民饶有兴趣地参加了学习。小直邑村是一个边远少数民族村寨,有146户人家,建档立卡贫困人口35户,贫困人口占总人口的22.41%。白水镇在脱贫攻坚工作中把小直邑村列为易地扶贫搬迁安置点,以白彝民族文化为依托、以休闲旅游为发展主线,加大其第三产业发展力度。"随着小直邑民族文化村建设的逐步推进,大家免不了要与外界交流,妇女们还有可能做导游,为游客介绍我们的生产生活、人文风情,会听、会说普通话才能把我们的民族文化传播出去。"直邑村党总支书记、主任王树光耐心地向村民们讲述少数民族学习普通话的重要性。一面是该村大好的发展前景,一面则是村民普通话能力有限,村里年纪大一些的老人连汉语都说不清楚,日常交流中都讲彝语,语言成为制约该村经济社会发展的一大瓶颈。

---

① 刘毓芸、徐现祥、肖泽凯《劳动力跨方言流动的倒U型模式》,《经济研究》2015年第10期。
② 人民网,http://yn.people.com.cn/news/yunnan/n2/2016/0812/c368196-28826579.html。

白水镇党委书记张兴勇介绍说,全镇已经把少数民族地区普通话培训列为精准扶贫的一大举措,为畅通语言交流搭建平台,由专业教师长期担任教学和辅导工作,开展各种培训学习,通过"走出去,请进来"的方式,让普通话在少数民族村寨推广开来,消除少数民族语言交流障碍,实现与外界语言、文化、思想的融合,促进当地经济发展,以精准教育助力脱贫攻坚。

### (二)四川喜德县冕山镇①

2016年9月,凉山州喜德县冕山镇小山村易地扶贫搬迁新房建设工地上,"说普通话"成了村民吉木尔地莫的新习惯。这在当地可不寻常。以前的大凉山交通落后、信息闭塞,村民们与外界交流很有限,他们不仅不会说普通话,甚至听不懂普通话。

喜德县隶属于四川省凉山彝族自治州,有彝族、藏族、羌族、苗族、回族、蒙古族、土家族、傈僳族、满族、瑶族、侗族、纳西族、布依族、白族、壮族、傣族等。其中彝族人口占总人口89.5%,是现代彝语标准语音所在地,冕山镇就是彝族聚居区之一。喜德县是乌蒙山连片特困区的贫困县之一。

随着四川省打响脱贫攻坚战,以"两不愁三保障"为首要目标,更着力让贫困群众"住上好房子、过上好日子、养成好习惯、形成好风气"。喜德县已启动小相岭景区新一轮开发,作为进景区必经之地,小山村是规划中重要一环。游客来自四面八方,开始让村民们意识到普通话的重要性和必要性。一些如吉木尔地莫一般的村民开始跟着驻村帮扶干部学普通话,也利用"村民夜校"学。

吉木尔地莫的普通话,是她打开幸福生活之门的金钥匙。不断拓宽贫困群众的视野、提升他们的能力,才能使他们真正把命运掌握在自己手中,通过奋斗实现脱贫致富。无论是教会普通话,还是培训技能,其目的都是帮助贫困群众增长见识、增加知识,掌握脱贫致富的方法与技巧。由此可见,脱贫攻坚的关键,不仅仅是依靠简单的经济救助解一时之困,而是要"授人以渔"、提升能力,彻底拔掉穷根;不仅仅是通过帮扶解决迫在眉睫的基础性问题,还要通过立志与增智,解决长远发展的根本性问题。而普通话就是立志与增智的"渔"之一。

### (三)甘肃省教育厅②

"十三五"时期,甘肃省教育厅提出了"一抓两促三支撑"的工作思路。

---

① 四川省人民政府网,http://www.sc.gov.cn/10462/10778/10876/2016/9/19/10396190.shtml。
② 新华网,http://news.xinhuanet.com/politics/2016-09/19/c_129287324.htm。

一抓，就是要抓好国家通用语言文字普及。以语言文字精准扶贫为重点，提升农村地区普通话水平，加快民族地区国家通用语言文字普及；以"千所省级语言文字规范化示范校"创建发挥引领示范功能，开展中小学生普通话水平评价，深化学校语言文字教育；以城市语言文字评估加强语言文字规范化建设，提升全社会语言文字水平；以宣传教育为手段持续开展"推普周"活动，营造规范使用语言文字的社会环境。

两促，一是促进语言文字基础建设。实施"中国语言资源保护工程甘肃项目"，建设好相关语言资源库。推进语言文字信息化建设，打造面向"互联网+"的语言文字信息化平台，着力提升藏区双语教学现代化水平。二是促进语言文字服务能力的提升。以"一带一路"汉语普通话推广培训基地（西北中心）为中心，开辟多层次语言文化交流渠道，培养和储备一批关键语种复合型外语人才。服务特殊人群语言文字需求，加大对特殊教育学校的支持力度，加快手语、盲文学科建设和人才培养。

三支撑，就是要提升语言文字工作的支撑保障能力。一是创新语言文字工作机制。进一步加强语言文字工作组织领导，抓紧研究制订《甘肃省语言文字事业"十三五"规划》。进一步完善"政府主导、语委统筹、部门支持、社会参与"的管理体制。创新督导评估机制，积极引入"第三方"依法开展语言文字工作督导评估。二是加强语言文字工作队伍建设。推动形成较为稳定的语言文字人才培养机制，加强教师队伍语言文字专业化培训，加大语言学科带头人、中青年专家的培养扶持力度。三是加强语言文字科学研究。重点建设"一带一路"汉语普通话推广培训基地（西北中心），将其打造为服务国家丝绸之路经济带、文化带建设的语言战略、语言规划高端智库。支持有关高校、科研院所围绕经济社会发展需求，广泛开展战略性、前瞻性和对策性研究。

上述三个实例，无疑将会为其他地区的语言文字精准扶贫提供参考和借鉴。

脱贫攻坚需要语言文字助力。切实发挥语言文字的基础性作用，加大深度贫困地区教育脱贫攻坚力度，避免因语言不通而无法脱贫的情况发生，是语言文字工作的使命。应统筹各方力量，采取更加集中的支持、更加精准的举措、更加有力的工作，全面打赢脱贫攻坚战。

（王春辉）

# 全民阅读步入新时代[*]

2017年4月19日,在迎来第22个"世界读书日"之时,"2017书香中国"全民阅读系列活动启动仪式在湖南卫视举行。以"书香润泽心灵,阅读放飞梦想"为宣传口号的2017全民阅读月正式拉开帷幕,全民阅读活动也随之开启,各种读书会、报告会、书展纷纷亮相,广大民众走入各种读书场所,经典作品的朗诵会成为阅读活动的压轴大戏。

## 一 全民阅读渐成新常态

2006年"世界读书日"(每年的4月23日,始于1995年)前夕,由中宣部、原新闻出版总署、文化部、教育部等11个部委联合发出《关于开展全民阅读活动的倡议书》,在全国范围内举办"爱读书,读好书"的全民阅读活动,冀此在民众中普及阅读理念,让读书成为每个人日常生活不可或缺的一部分。转眼间,我国的全民阅读活动,已经走过了十余个年头。

2017年4月18日中国出版研究院发布《第十四次全国国民阅读报告》,向全社会展示我国民众的阅读成果:在2016年"世界读书日"期间,全国有31个省(区、市)开展了全省范围的全民阅读活动,有200多个地市和1000多个区县开展了群众性阅读活动。[①] 数据显示,数字化阅读方式的接触率上升显著,图书阅读量上升幅度较小;2016年我国成年国民各媒介综合阅读率为79.9%,较2015年的79.6%略有提升;数字化阅读方式的接触率为68.2%,较2015年的64.0%上升了4.2个百分点;图书阅读率为58.8%,较2015年的58.4%上升了0.4个百分

---

[*] 国家社科基金重大项目"青少年网络语言生活方式及其引导策略研究"(14ZDB158)阶段性成果。
[①] 《2017年全民阅读工作会议召开,在"大力推动"上下功夫见实效》,中国全民阅读网,http://www.gapp.gov.cn/ztzzd/rdztl/2017worldbook/contents/10307/327523.shtml。

点。① 创始于1993年的"南国书香节"、创办于2000年的"深圳读书月"与发起于2011年的"北京阅读季"形成南北呼应,成为全民阅读活动的标志性品牌。

图 3-1　2008—2016年全国国民图书阅读率指标②　图 3-2　全民阅读网与各地全民阅读活动链接截图③

经过十余年的持续发展与推进,全民综合阅读率明显上升,这也得益于近年来国家层面的高度重视,着力建设一个学习型、读书型的社会与国家。

2011年10月18日,十七届六中全会审议通过《中共中央关于深化文化体制改革推动社会主义文化大发展大繁荣若干重大问题的决定》,"深入开展全民阅读活动"被明确写入其中,这是中央文件中首次出现"全民阅读"的提法;一年后的2012年11月8日,"开展全民阅读活动"又被历史性地写入党的十八大报告中。自2014年以来,李克强总理所做的国务院政府工作报告中连续四年提出要"倡导全民阅读""大力推动全民阅读";2016年3月16日全国人大十二届第四次会议批准的《中华人民共和国国民经济和社会发展第十三个五年规划纲要》将"推动全民阅读"作为"提升国民文明素质"重要手段纳入国家发展规划,也将全民阅读提升到国家发展战略的高度。

目前,从国家领导人到普通百姓,阅读逐渐成为一种习惯、一种生活方式,成为中国人精神生活的新常态。

## 二　声光影中的新阅读

在2017年的电视荧屏、互联网上,《朗读者》《见字如面》《阅读·阅美》等一

---

① 《全方位解读"第十四次全国国民阅读调查报告"》,搜狐网,http://www.sohu.com/a/134750121_178249。

② 《全方位解读"第十四次全国国民阅读调查报告"》,搜狐网,http://www.sohu.com/a/134750121_178249。

③ 中国全民阅读网,http://www.gapp.gov.cn/ztzzd/rdztl/2017worldbook/。

批全新的节目,以其独特的有声阅读的方式助燃全民阅读的热情。

在2017年新春佳节的余韵中,2月18日,由董卿首次担当制作人并主持的大型文化情感类节目《朗读者》在央视综合频道和综艺频道的黄金时段正式开播,它似一股清流缓缓地注入人们的心田,"一个人,一段文",让人间美好的情感,随着嘉宾的朗读,用或专业或平常的声音,滋养着每一位倾听者。

汇成这股清流的不仅仅有央视大制作的《朗读者》,在2017年即将到来之际,一档以明星读信为主要形式的文化节目《见字如面》先后在腾讯视频和黑龙江卫视正式播出,它由成功执导《中国汉字听写大会》《中国成语大会》的关正文任导演,也是国内首档全民大型读信节目,与《朗读者》形成叠加的播出效应。

当《朗读者》《见字如面》以较高的收视率、良好的社会评价完成播出且余韵未尽之时,又一档以朗读见长、直接打出"阅读"大旗的节目《阅读·阅美》2017年8月26日起每周六晚上在江苏卫视开播,与9月12日再度开播的《见字如面》第二季形成了南北呼应。

在现实生活中、在电视屏幕上、在无线电波里,我们不乏赏心悦目、余音绕梁的朗诵节目,大多是一台晚会、一期节目,而《朗读者》《见字如面》《阅读·阅美》这三档节目改变了以往个人手持一本书、杂志或阅读器默读,或者是集体聆听读书报告会的阅读场景,在光和影所营造的庄重的阅读氛围中,将凝固的语言有声化,通过美的声音和美的作品的朗读,陶冶性情,净化心灵,弘扬正能量;从年头至年尾,如长江后浪推前浪,给当下生活在快节奏之中的人们带来一波又一波舒缓的视听享受与直击心灵的精神洗礼,成为2017年一道独特的文化风景线,也以一种全新的方式引领全民阅读。

作为有声阅读节目,《朗读者》《见字如面》《阅读·阅美》都在以自己的方式演绎"读什么""怎么读",有限的现场观众以及众多的网友充分领略佳作所展现的多彩人生画卷,尽情感受有声阅读的语言魅力,这也正是节目得以成功的关键。

### (一)读什么

经历过书信时代的人,对"见字如面"并不陌生:看到字就如同见面,见到我的信就像看到我本人一样。这四个字往往用于我国传统书信的开头,表示亲切与问候,也是一种书写套路。在"烽火连三月,家书抵万金"的年代,书信是一种极为重要的日常人际沟通方式,纸短情长,传递着信息,也承载着情感;而在当下

的移动互联时代,书信似乎成为一种正在消亡的形式。

于是乎,我们就不难猜出《见字如面》要读给观众的是什么,那就是书信,"让我们一起用书信打开历史"。节目所选择的书信,有生活在公元前的伟大史学家司马迁写给友人的《报任安书》,有清末为革除暴政建立共和的革命英烈林觉民的《与妻书》,有抗战为国捐躯的左权将军写给妻子刘志兰的最后一封家书,也有眼下华南农大身患白血病的研究生李真写给母亲的一封没有发出的信,跨越了两千余年的时空。写信者身份虽迥异,语言或华美或朴素,但信中都富含真挚、深沉的情感。

相比之下,《朗读者》的篇目体裁和题材更为多样,既有观众耳熟能详的经典诗篇,李白的《静夜思》、苏轼《念奴娇·赤壁怀古》、毛泽东的《沁园春·雪》、泰戈尔的《生如夏花》、高尔基的《海燕》等,又有世界文学史上的鸿篇巨制,曹雪芹的《红楼梦》、塞万提斯的《堂吉诃德》、罗曼·罗兰的《约翰·克利斯朵夫》,也有短小但却令人回味的佳作,朱自清的《背影》、方志敏的《可爱的中国》,还有贾平凹的《写给母亲》、柳传志《写给儿子的信》、麦家《致叛逆儿子的一封信》,古今中外尽在其中,观众仿佛被一次次带入有声的世界文学之旅。

如果说这两档节目把选材更多地投向了浩瀚的历史长河中那些流传的经典,《阅读·阅美》则把目光投向了当下,投向自媒体时代记录普通人、身边事的美文。正如主持人李响的开场白所言:……我们希望透过时代滚滚向前的车轮所卷起的尘埃,能够撷取那些如珍珠般宝贵的文字。虽然它们不是来自大家手笔,没有飞扬的文采,但是它们一定是来自最真实的内心,一定有直击心灵的讲述。[①]

嘉宾们所推荐、阅读的,有南京姑娘吴玥写给素未谋面的桂林"放牛小弟"的永远寄不出去的信,因为她的双肺正是来自他的爱心捐赠,她承诺《带你去看更好的世界》;也有北京初二小女生张咏言写给未来自己的一封信《愿你》,写下满满的青春寄语;还有四位年逾85岁的中国老人,远渡重洋征战田径赛场,所谱写的《353岁的世界纪录》;有13岁就远离家乡、在台湾生活了70年的高秉涵老人记录乡愁与思念的《来自故乡的泥土》。几十位名不见经传的作者,几十篇体裁、题材有异的作品,特别是当一位位真实的作者和主人公步入阅读现场,观众见

---

① 《阅读·阅美》,江苏卫视,http://v.youku.com/v_show/id_XMjk5MjMzNzMyOA==.html。

文、见人、见故事,享受一场"不可错过的美文全民阅读活动"①。

**(二)怎么读**

这三档节目在整体设计上都采用了近乎相同的呈现方式,主持人(董卿、徐涛和翟毓红、李响)用诗一般的语言开场,介绍阅读嘉宾和作品背景;嘉宾倾情朗读;读罢,有第二现场的主持人与"拆信人"、粉丝的评信和分享,也有阅读现场倾听嘉宾与阅读者、作者的互动与点评。而嘉宾的朗读无疑是整台节目中最重要的环节,那么"谁来读",谁是朗读者呢?

《见字如面》从一开始推出,就力主打造首个"明星读信"节目,众多明星、配音艺术家、主持人,如归亚蕾、何冰、张国立、张涵予、徐涛、林更新、张腾岳等,先后担任读信嘉宾,以精湛的专业技艺,将每一位写信人、每一封信中所蕴含的丰富情感,声情并茂地呈现出来,使观众近距离地领略人生故事、感受语言魅力。第二季中,又有一批为观众所喜爱的表演艺术家、实力派演员加入读信的行列,如李立群、赵立新、张丰毅、杨立新、吴刚、佟大为、周迅、姚晨等,阵容更加强大,为《见字如面》献声助力。

同样几乎是全明星阵容的,还有《阅读·阅美》,每篇美文的推荐人及朗读者都是知名的演艺界人士,如影视演员李诚儒、翟天临、梁植、王姬、梁丹妮、岳红、王丽云、娟子、张光北、许亚军、侯勇,以及有"民谣歌后"之称的叶蓓等。军事专家徐光裕少将倾情推荐了85岁的网红老兵尹吉先的《两块布条》,文章是由青年演员赵荀朗读的,他用男性厚重并富有磁性的声音,在声光影所营造的战场氛围中,将尹吉先所亲历的抗美援朝战争的惨烈与悲壮,生动地展现在观众面前,既让在场观众深为震撼,也深深打动了朗读者自己。

《朗读者》对朗读者的选择与安排,则别具匠心,收放自如:既有演艺明星、业界大腕,如濮存昕、蒋雯丽、乔榛、斯琴高娃、汪明荃、李立群等;有吾口读吾手的著名作家,如王蒙、郑渊洁、刘震云、梁晓声、余光中、曹文轩、毕飞宇等,也有身残志坚的女诗人余秀华;有社会各界的成功人士,如柳传志、许渊冲、潘际銮、叶嘉莹、杨利伟、朗平和她的队员们等。这既能给现场观众带来专业水准的阅读、声情并茂的艺术享受,又能营造非专业阅读所带来的常人的亲近感,从而缩小朗读者与听众之间的阅读距离,让阅读成为每个人都可以实现的生活,让阅读成为我

---

① 选自《阅读·阅美》主持人李响的开场白。

们每个人生活的一部分。

随着《朗读者》节目的录制与播出，由栏目专门设置的"朗读亭"现身北京、上海、广州等十三个城市的街头，有三万多名朗读者走进朗读亭，完成一段文字的阅读和内心真实情感的抒发。他们中间有白发苍苍的老者献给年轻的自己，有中年人读给去世的母亲，有上海的闺蜜献给彼此的《往昔的时光》……阅读，以有声朗读的方式从演播厅真正走入民众的日常生活。

创新的播出形式也极大地扩展了有声阅读节目的辐射人群，《见字如面》就是采用了"先网后台"的投放形式，先期由腾讯视频独家播出，吸引了大批演播厅之外的网民的关注，网友以网络传播平台特有的方式表达对嘉宾朗读、对节目、对阅读的各种看法，实现了网络内外的良性互动。全部节目全网点击量超过2.4亿，合集单期最高点击量超过6100万，单曲最高点击量超过4000万，连续十次登录微博热门话题榜综艺榜首，话题传播阅读量已经超过3亿；受众有75%是29岁以下的年轻人，42%的受众年龄在24岁以下。①《朗读者》自开播后，相关微信公众号"10万+"文章累计312篇，关键词登上新浪微博热搜榜近30次，音频连续12周蝉联"喜马拉雅FM"经典必听总榜第一，总收听次数超过4.25亿；因其精良的制作，2017年12月《朗读者》获得"2017中国综艺峰会匠心盛典"年度匠心制片人奖和盛典作品奖。②《阅读·阅美》第一季也在3个月的播出时间里，节目收视率一路攀升，稳居同时段前三名；在"喜马拉雅FM"App上的收听率也已经突破56万次，聆听音频版美文成为很多网友必做的"睡前功课"。③ 有声阅读，借助网络平台给公众带来全新的阅读享受。

## 三　立法助建书香社会

以立法手段来保障和推动全民阅读，是一些发达国家的通行做法，美国、日本、韩国和俄罗斯等国家就曾先后出台了《卓越阅读法》（1998）、《少年儿童读书活动推进法》（2001）、《阅读文化振兴法》（2009）、《民族阅读大纲》（2012）等法律

---

① 《〈见字如面〉研讨会召开，专家学者把脉综艺"大时代"》，黑龙江网络广播电视台，http://www.hljtv.com/folder6/folder34/2017-04-17/56751.shtml。

② 《〈朗读者〉收官获好评》，搜狐网，http://www.sohu.com/a/145250228_120809。

③ 《〈阅读·阅美〉圆满收官：感动与能量贯穿始终》，网易娱乐，http://ent.163.com/17/1029/09/D1TGK5P100037VVV.html。

法规①,效果明显,为我们提供了借鉴。

2015年新年伊始,全民阅读活动传来好消息,全民阅读立法工作首先在地方实现突破。江苏省十二届人大常委会第十三次会议通过的《江苏省人民代表大会常务委员会关于促进全民阅读的决定》,于2015年1月1日正式施行,其目的是更好地引领全民阅读风尚、营造全民阅读氛围、开发全民阅读公共资源、构建全民阅读保障机制,以此加快推进"书香江苏"建设的战略目标。这个决定共有十八条,是我国首部有关促进全民阅读的地方性法规。

仅仅两个月后,旨在打造"书香荆楚、文化湖北",提高人民群众整体素质的《湖北省全民阅读促进办法》也于2015年3月1日起正式实施。2015年3月31日和12月24日,辽宁省和深圳市分别通过了《辽宁省人民代表大会常务委员会关于促进全民阅读的决定》和《深圳经济特区全民阅读促进条例》。全民阅读的地方立法,再次走在了前头。

我国首个全民阅读国家级规划《全民阅读"十三五"时期发展规划》经过三年多的编制、修改完善,2016年12月26日由国家新闻出版广电总局对外发布。该规划从阅读推广的角度,从阅读活动、阅读内容、阅读设施、阅读保障、阅读氛围等方面对全民阅读工作进行界定,提出9项重点任务并据此列出了10个专栏、确定了28个全民阅读重点工程和项目,以进一步推动全民阅读工作常态化、规范化,共同建设书香社会。

我们也在2017年迎来了国家层面的《全民阅读促进条例》。2017年4月3日,国务院法制办正式就《全民阅读促进条例(征求意见稿)》公开征求意见,这标志着全民阅读立法工作取得重大进展;2017年6月国务院法制办办务会议审议并原则通过了《全民阅读促进条例(草案)》,条例有六章,为总则、全民阅读服务、重点群体阅读保障、促进措施、法律责任、附则,用三十七条加以明确。条例从2017年6月起实施,至此,全民阅读有了国家立法的保障。

书籍是人类进步的阶梯。图书是人类获取知识、交融情感的重要媒介,在人类文明与文化的传播与传承过程中,图书馆自然担负着重要的职能。2017年11月4日《中华人民共和国公共图书馆法》经十二届全国人大常委会第三十次会议表决通过,2018年1月1日施行。图书馆法是我国国家层面公共文化领域的第

---

① 《专家谈"阅读立法":会推动社会的文明和进步》,中国新闻网,http://www.chinanews.com/cul/2013/08-06/5129646.shtml。

一部专门法律,有六章五十五条,从设立、运行、服务、法律责任等层面对"公共图书馆"进行了明确的界定与阐释。其中,第三条、第三十六条分别明确了公共图书馆在全民阅读中的作用,即"应当将推动、引导、服务全民阅读作为重要任务""应当通过开展阅读指导、读书交流、演讲诵读、图书互换共享等活动,推广全民阅读"[①]。这无疑将为全民阅读活动的有效推进、保障人民基本文化权益、提高国民素质和社会文明程度、满足人民日益增长的美好生活需要提供坚实的法治保障。

(汪 磊)

---

[①] 《中华人民共和国公共图书馆法》,中国人大网,http://www.npc.gov.cn/npc/xinwen/2017-11/04/content_2031427.htm。

# 我国中小学统一使用"部编本"语文教材

2017年8月28日,教育部召开新闻发布会,宣布自2017年9月1日秋季学期开学起,全国中小学起始年级使用教育部统一组织编写、人民教育出版社出版的义务教育《道德与法治》《语文》《历史》教材,简称"部编本"教材。

## 一 "部编本"语文教材的研发

中共中央、国务院历来重视中小学教材建设,中共十八大以来,习近平总书记多次就教材问题做出重要指示和批示。教育部在颁布了义务教育新课标(2011年版)后,着手组织《道德与法治》《语文》《历史》这三科教科书的编写工作。2011年,教育部在全国范围内组织三科教材的编写申报,通过评审、推荐、遴选,报中央批准,组建了三科教材的编写团队。义务教育"部编本"教科书语文教材由北京大学中文系温儒敏教授担任总主编、历史教材由史学家齐世荣先生担任总主编、道德与法治教材由南京师范大学德育研究所名誉所长鲁洁教授和原中央教育科学研究所所长朱小蔓教授担任总主编,三科教材的主编都由教育部基础教育课程教材专家工作委员会推荐、经报中央宣传思想工作领导小组同意决定。

"部编本"语文教材的编写从2012年3月8日正式启动,编写组主要由三部分人员组成,一是学科专家,包括一些作家、诗人;二是优秀的教研员和一线教师;三是以人民教育出版社中语室和小语室为主的编辑。几年来,教材编写从编写大纲、样张,征求意见,大纲送审,到进入编写,广泛征求意见,确定选文,反复讨论和调整体例框架,编写导语、习题,先后集中全组讨论十多次,分头开会研讨的次数更多。初稿出来先后经过多轮评审,包括学科评审(内容的科学性、适切性)、综合评审(相关学科配合及各学段衔接)、专题评审(重点请外交、测绘等部门审查有关主权、边疆海域问题,以及请相关部门审查重大事件、重要人物)和终审(全面落实价值观的情况)四个环节。并送给100名基层的特级教师提意见,最后提交给教育部，并于2014年8月直接向中央汇报，又经过一年的修改和试教，在2016年6月底的中央宣传思想工作领导小组会上通过，批准投入使用。2017年8月28日，教育部召开新闻发布会，宣布《道德与法治》《语文》《历史》教材已经完成编审工作，将于2017年9月1日秋季学期开学在全国中小学起始年级投入使用。

2017年5月21日—24日教育部在成都组织了国家统编义务教育语文教材培训活动。这是为了推进义务教育小学语文国家统编教材的使用，使每位教研员、教师准确把握新教材的政治方向和价值导向，充分理解教材的编写原则、结构体系与风格特色，促进全面落实立德树人根本任务，培育和践行社会主义核心价值观，提升教书育人的能力和水平而召开的。

2017年6月26日，教育部办公厅印发了《关于2017年义务教育道德与法治、语文、历史和小学科学教学用书有关事项的通知》，意味着"一纲多本"的时代正式终结。

## 二 "部编本"语文教材的编写理念和特色

"部编本"语文教材采取"语文素养"和"人文精神"两条线索相结合的方式编排教材内容，以发挥语文学科独特的育人价值，以文化人。注重"语文素养"与"人文精神"的结合成为"部编本"语文教材编纂最主要的指导思想。教材出版后，教材主编及有关编写单位对教材做过系统阐发，诠释了教材的宗旨和特色。

### (一) 体现核心价值观，做到"整体规划，有机渗透"

教育的本质是立德树人。"德"包括了政治但远不止政治，还有道德、理想、情操等诸多方面的"德"。其中最主要的就是社会主义核心价值观，特别是中华优秀传统文化和革命传统教育，这也是语文教材人文精神的最根本的内涵。具体的措施就是"整体规划，有机渗透"。"整体规划"就是"立德"融入了教材的文章选篇、内容安排、导语和习题的设计等诸多方面，融入语文教育所包含的语言教育、情感教育、审美教育等。"有机渗透"就是要使社会主义核心价值观化为语文的"血肉"，尽量避免"表面文章""穿靴戴帽"，避免"说教"，努力做到"润物无声"。

### （二）总结得失，承优革弊，对教学弊病进行纠偏

编纂组对十多年来的课程改革及课程标准的实施情况进行了调查，对"以人为本""自主性学习"等好的教学理念与做法做了继承，对一些不足则做了有针对性的改革。如特别注意改进"精读精讲多""反复操练多""学生读书少"的"二多一少"，以做到精讲少讲、多读广读，把语文课往课外阅读延伸，往学生的语文生活延伸，形成了"教读""自读""课外导读"三位一体的教学体系。

### （三）加强了教材编写的科学性

学习和继承以往教材编写的好的经验，借鉴国外先进的经验，实行"编研结合"，使教材编写有科学性，符合语文教育规律，也更有利于提升教学效果。如加强对现行各个版本语文教材的普查和专题研究，对民国国文教科书的编写经验做认真的梳理总结。重视有关语文认知规律的研究成果，加以选择、吸收和转化。使得"部编本"教材具有新的格局、新的气象。

### （四）贴近当代学生生活，体现时代性

"部编本"语文教材在课文的选取、习题的设计、教学活动的安排等方面，努力切入当代中小学生的语文生活，适应社会转型和时代需求，体现时代性。如增加了如何正确地认识和使用新媒体，如何过滤信息等新内容。教材还在编写语言、习题的题型变化、插图和装帧设计上，都力图有所创新，以贴近当下生活的变化。

## 三 "部编本"语文教材的主要创新点

### （一）选文具有经典性、时代性，文质兼美、适宜教学

"部编本"语文教材注重弘扬中华优秀传统文化，表现在具体课文篇目选取时注重收录那些经过长期的历史检验、过滤的传统名篇，具有"经典""守正""文质兼美"的特点。许多传统名篇曾经一度退出了教材，现在又回归了，尚未经过沉淀的"时文"减少了。小学 6 个年级 12 册共选用古诗文 124 篇，占所有选篇的 30%，比原有人教版增加 55 篇，增幅达 80%。初中古诗文选篇也是 124 篇，占所

有选篇的51.7%,比原来的人教版也有提高。体裁更加多样,从《诗经》到清代的诗文,从古风、民歌、律诗、绝句到词曲,从诸子散文到历史散文,从两汉论文到唐宋古文、明清小品,均有收录。增设专题栏目,安排了楹联、成语、谚语、歇后语、蒙学读物等传统文化内容,使学生在积累语言的同时,受到中华优秀传统文化的熏陶。革命传统教育的篇目也占有较大的比重,小学选了40篇,初中29篇。如《纪念白求恩》《为人民服务》《清贫》《吃水不忘挖井人》《朱德的扁担》《狼牙山五壮士》《开国大典》《黄河颂》《我爱这土地》等文章。

**(二)单元结构体例灵活**

教材采用了"双线组织单元结构",一条是按照"内容主题"(如"修身正己""至爱亲情""文明的印迹""人生之舟"等)组织单元,课文大致都能体现相关的主题,形成一条贯穿全套教材的、显性的线索;另一条线索是"语文素养"的各种基本因素,包括基本的语文知识、必需的语文能力、适当的学习策略和学习习惯,以及写作、口语训练,等等,分成若干个知识或能力训练的"点",由浅入深,由易及难,分布并体现在各个单元的课文导引或习题设计之中。"双线组织单元结构",既适当保留人文主题,又不完全是以人文主题来组织单元。具体教学中可以将人文主题与语文知识和能力两条线结合起来安排。

**(三)重视语文核心素养,重建语文知识体系**

在现今的语文教学中,过于强调"随文学习",知识体系被弱化,结果教学梯度被打乱,必要的语文知识学习和能力训练得不到落实。"部编本"语文教材注重将人文教育、自主教育与语文核心教育结合起来,重建了语文知识体系,注意把能力培养与知识的学习、方法的掌握结合起来,让课程内容目标体现的线索清晰,各个学段、年级、单元的教学要点清晰。有些必要的语法修辞知识,则配合课文教学,以补白形式出现。努力做到"一课一得"。新教材努力重建中小学的语文核心素养的体系,这是"隐在"的体系,不是"显在"的,不刻意强调体系化,也要防止过度的操练。语文知识要有体系,而不追求"体系化"。

**(四)阅读教学实施"三位一体",区分不同课型**

"部编本"语文教材强调精读和略读两种课型的区别,在初中教材中将"精读"改为"教读",将"略读"改为"自读",再加上课外阅读延伸,建构起了"教读-自读-课外阅读"的"三位一体"的教学结构。新教材特别重视阅读教学。以往语文教学重于精读,现则特别强调默读、浏览、跳读、猜读、比较阅读、整书阅读的教学。精读课主要由老师教,一般要求讲得比较细,比较精。而略读课主要让学生自己读,把精读课学到的方法运用到略读课中,自己去试验、体会。课型不同,功能也不同。教读的重点是教阅读的方法,同时也适时教一些写作方法。

### (五)把课外阅读纳入教材体系

加强阅读教学最集中的一个体现就是把课外阅读纳入了教材体系。如小学一年级就设置了"和大人一起读"板块,意在和学前教育衔接。小学中高年级几乎每一单元都有课外阅读。初中则有"名著选读",注重"一书一法",阅读原著,激发兴趣,传授方法,努力做到课标所要求的"多读书,读好书,好读书,读整本的书"。语文课的成功,就是一定要延伸到课外阅读。扩大阅读量,这是改革的方向。现在语文教学最大的弊病就是少读书,不读书。"部编本"语文教材比起以往教材,更加注意往课外阅读延伸了,鼓励"海量阅读",鼓励读一些"闲书",即不和考试甚至不和写作"挂钩"的书。提倡"1+X"的办法,即讲一篇课文,附加若干篇泛读或者课外阅读的文章。增加阅读量,改变全是精读精讲而且处处指向写作的教学习惯。

### (六)识字写字教学更加讲究科学性

新教材重视低年级识字写字教学,强调一年级要重视300基本字表的学习。将汉语拼音教学推迟了一个月,安排在识字单元之后,改变了以往入学即学拼音的方式,降低了拼音学习的难度,增加了学习趣味性。安排有音节词的拼读和儿歌诵读的结合,既可巩固所学的音节知识,也使拼音教学与韵文诵读结合,激发兴趣。目的是要帮助孩子们建立对汉字原初的感觉,一上学第一印象就是汉字。第一篇识字课文,就是"天、地、人、你、我、他",六个大的楷体字扑面而来,会给刚上学的孩子留下深的印象,以更好地培养孩子们对语文课的兴趣。

### (七)提高写作教学的效果

新教材在突出综合能力的前提下,注重基本写作方法的引导,写作方法和技

能训练的设计、编排照顾到教学顺序。写作课训练努力做到中心突出,简明扼要,有可操作性。如初一两个学期一共12次写作课,每个单元1次。学会热爱生活,热爱写作,学会记事,写人要抓住特点,思路要清晰,如何突出中心,发挥联想与想象,写出人物精神,学习抒情,抓住细节,怎样选材,文从字顺,语言简明。每次都突出一点,给予方法,又照顾全盘。

## 四　教材建设机制新布局

为贯彻落实《关于加强和改进新形势下大中小学教材建设的意见》,进一步做好教材管理有关工作,教育部成立教材局,国务院成立国家教材委员会。

### (一)教育部成立教材局

2017年3月30日,教育部办公厅发文,成立教育部教材局,内设课程教材规划处、中小学教材编写处、马工程教材编写处、教材审查管理处、综合协调处,承担国家教材委员会办公室工作,拟订全国教材建设规划和年度工作计划,负责组织专家研制课程设置方案和课程标准,制定完善教材建设基本制度规范,指导管理教材建设,加强教材管理信息化建设。

### (二)国务院成立国家教材委员会

2017年7月,国务院办公厅发布《国务院办公厅关于成立国家教材委员会的通知》(国办发〔2017〕第61号),决定成立国家教材委员会,主任由中共中央政治局委员、国务院副总理刘延东担任。国家教材委员会是中华人民共和国成立以来首次成立,主要职责为指导和统筹全国教材工作,贯彻党和国家关于教材工作的重大方针政策,研究审议教材建设规划和年度工作计划,研究解决教材建设中的重大问题,指导、组织、协调各地区各部门有关教材工作,审查国家课程设置和课程标准制定,审查意识形态属性较强的国家规划教材。国家教材委员会第一次全体会议于7月5日在北京召开,中共中央政治局委员、国务院副总理、国家教材委员会主任刘延东在出席会议时强调,要落实党中央、国务院决策部署,坚持社会主义办学方向,推进大中小学教材建设,服务学生德智体美全面发展,为培养中国特色社会主义事业合格建设者和可靠接班人提供有力保障。教材建设是事关未来的战略工程、基础工程,教材体现国家意志。要坚持党的教育方针,把握正确方向和价值导向,加强社会主义核心价值观和优秀传统文化、民族精神教育,帮助学生扣好人生第一粒扣子。要尊重教育规律和学生成长规律,提升教材的思想性、科学性、时代性,逐步形成适应中国特色社会主义发展要求、立足国际学术前沿、门类齐全、学段衔接的教材体系。要深化改革创新,加强完善教材各环节管理,使教材建设规范有序。

(苏新春、赵树元)

# 首届中国北京国际语言文化博览会

首届中国北京国际语言文化博览会（以下简称"语博会"）于2017年9月11日—13日在北京中国国际展览中心举办。首届语博会融入第12届中国北京国际文化创意产业博览会，得到国家语言文字工作委员会、中国联合国教科文组织全国委员会支持，由北京市语言文字工作委员会、中国国际贸易促进委员会北京市分会、北京语言大学、北京外国语大学等单位承办。

## 一　语博会举办背景及意义

习近平总书记指出，"语言是了解一个国家最好的钥匙"，要"着力打造融通中外的新概念新范畴新表述，讲述好中国故事，传播好中国声音"。语博会的举办是贯彻这一指示的实际行动和得力举措。

中央《关于实施中华优秀传统文化传承发展工程的意见》要求：推动中外文化交流互鉴。加强对外文化交流合作，创新人文交流方式，丰富文化交流内容，不断提高文化交流水平。充分运用海外中国文化中心、孔子学院，文化节展、文物展览、博览会、书展、电影节、体育活动、旅游推介和各类品牌活动，助推中华优秀传统文化的国际传播。讲述好中国故事、传播好中国声音、阐释好中国特色、展示好中国形象。国务院发布的我国第一部文化产业专项规划《文化产业振兴规划》提出了八个方面的重点任务，涉及一系列与语言产业密切相关的内容，要求积极发展新兴文化业态，支持文化会展，扩大对外文化贸易。

（一）促进语言产业发展、培育新的经济增长点。语言产业是一种新型的文化业态，近年来在发达国家逐步兴起且迅猛发展，已成为其产业发展的重要推力。日内瓦大学教授弗朗索瓦·格林的研究团队得出结论：语言的多样性为瑞士国内生产总值起到了添砖加瓦的作用，"每年瑞士国内生产总值的10%受益于语言的多样性"。美国、加拿大、德国、法国、英国、西班牙等国均将语言视为重要的出口产品。

**(二)促进中华文化国际传播、争取国际话语权。**上述国家都将举办语言文化博览会作为促进语言产业发展、获取文化话语权的重要手段。截至2016年,英国伦敦作为英语中心区,其伦敦国际语言展已举办30届;德国柏林作为德语中心区,其柏林国际语言文化展已举办31届;法国巴黎作为法语中心区,其巴黎国际语言博览会已举办36届。这些国家围绕语博会构建各自的母语产业圈,通过吸引世界各地展商及观众在短时间内的大量交易、交流与集聚,既形成文化向心力、凝聚力,又形成文化交流力、传播力。基本理念在于,一个国家文化的传播、商品的输出以及价值观的宣传,无不首先依赖于语言的传播和先行。

**(三)填补世界华语区语言文化主题博览会空白、提升文化软实力。**我国是语言资源大国、语言消费大国,但还不是语言产业强国。作为汉语区(世界华语)中心的北京,还没有像伦敦、柏林、巴黎那样的国际语言展会或博览会。我国的语言产业目前还处在分散的、自发的状态,语言产业发展程度与世界第二大经济体的地位不相称。语言企业由分散逐步走向联合,语言资源开发由自发走向自觉,语言产业集群和产业链条形成,都亟须打造一个促进信息交流、产业联合、技术协作、产品展示、贸易推动的平台。

从汉语及汉语文化圈的地位看,汉语作为世界上使用人口最多的语言及联合国工作语言之一,在北京举办首届语博会,能够极大地促进语言文化的国际交流,对于传播弘扬中华文化、增强国家软实力、提升北京国际影响力具有重要而深远的意义,对增强文化自觉与文化自信,吸引先进语言产业企业、人才、技术集聚北京,在全国范围内率先建设成为语言产业发展中心有着极大的推动作用。

从世界历史的发展看,一个国家的国力强盛与文化传播能力紧密相连。与西方发达国家相比,我们的文化软实力、在世界文化市场上的竞争力还有相当的距离,在世界文化交流中的话语权仍然有限。语言产业是具有自我增值能力的低碳环保生态新型产业形态。语言产业的大发展能有效地增强中华文化的国际传播力,提高中国的国际话语权和文化安全系数,提升中华民族在全球多元文化中的位态。语言强国是文化繁荣的重要标志。"强国的语言"和"语言的强国"具有高度的内在关联。"一带一路",需要语言铺路。

## 二　语博会的内容及盛况

首届语博会以"语言让世界更和谐，文明更精彩"为主题，包括展会板块和论坛板块。

**(一)展会板块**

展会设于北京中国国际展览中心，分为成就展示区、企业展示区和展演互动区。

成就展示区重点展示了中国语言文化建设成就、语言类非物质文化遗产、语言文化科技产品，呈现世界语言文化交流互鉴。成就展以"语言铺路 文化架桥"为主题，设"书同文 语同音 人同心""信息科技 智慧语言""一带一路 语言铺路""留下乡音 记住乡情"四个展区，充分体现"一带一路"背景下我国自党的十八大以来，尤其是"十三五"期间的语言文化建设成就，献礼十九大。

企业展汇聚了中译语通、科大讯飞、声望听力、商务印书馆、外语教学与研究出版社、全球说、中文在线、北大方正等十余家语言行业精英顶尖企业，集中展示语言文化科技产品。

展演互动区汇聚中外语言文化精品节目和展品：中国部分有女书、水书、泥咕咕、沙画、书法、折纸、民族蜡染等；国外部分有孟加拉海娜手绘互动、泰国水灯互动、肯尼亚传统技艺互动、尼泊尔唐卡绘制体验等；展演节目纷呈，包括中国戏曲联唱、女歌表演、老北京商业叫卖等，及泰国、尼泊尔、巴基斯坦、斯里兰卡等国留学生歌舞，展现了文化交流互鉴的盛景。

**(二)论坛板块**

以"语言科技与人类福祉"为主题的国际语言文化论坛于9月12日在北京外国语大学举行。主论坛之外，设四个分论坛，聚焦语言政策与语言教育、语言智能与产业发展、工具书与文化传承、语言康复与人类健康等议题，吸引了来自20余个国家和地区的200余位学者参与交流研讨，其中42位中外专家在主论坛和分论坛发表主旨演讲。另外，还设有北京语言大学分会场和朝阳区分会场。北京语言大学于9月13日举办以"东渐西传 文明互鉴"为主题的"一带一路"语言文化高峰论坛，设人文交流、语言互通、文明互鉴、文化传承、智慧生活、非物质文化遗产保护等议题,期间还举行了"新汉学"博士论坛、"一带一路"语言文化成果发布会等活动。朝阳区语委于9月12日举办麦子店街道社区语言文化教育成果展,紧紧围绕"语言"对个人心灵的启迪、对民族精神的传承以及对国际交流的作用等方面展开,内容主要有学生活动、街道国际交流活动、社区老年教育活动。

9月12日上午,教育部副部长、国家语委主任杜占元,北京市副市长、市语委主任王宁,联合国教科文组织执行局局长迈克尔·沃博思莅临主论坛和展会并致辞,与19位驻华使节共同见证了来自64个"一带一路"沿线国家的留学生代表发出的《"一带一路"语言文化交流合作倡议》。

### 1. 主论坛

主论坛于9月12日上午在北京外国语大学举办。由国家语委主办,北京外国语大学承办,北京市语委、外语教学与研究出版社、商务印书馆、科大讯飞股份有限公司、中国辞书协会协办。教育部语用司、语信司司长田立新主持开幕式,教育部副部长杜占元、北京市副市长王宁、联合国教科文组织执行局局长迈克尔·沃博思、北京外国语大学校长彭龙致辞。9位中外专家发表主旨报告,分别是:(德国)路德维希·艾辛格《关于人文学科的数据:数字时代的语言学》,(中国)于洋《人工智能时代的语言科技创新》,(中国)周庆生《"一带一路"建设中的语言》,(美国)吴伟克《用外语构建意义》,(中国)王卓《人工智能助力语言产业发展》,(英国)吴莎娜《中国品牌辞书的海外传播》,(中国)陆俭明《以科研引航是高质量辞书的根本保证》,(美国)辛西娅·汤普森《失语症与老龄化》,(中国)高立群《语言健康与健康中国》。

### 2. 语言政策与语言教育分论坛

语言政策与语言教育分论坛于9月12日下午由北京外国语大学国家语言能力发展研究中心、中国外语与教育研究中心承办。在全球经济一体化、文化多元化的当今时代,语言政策和语言教育攸关国家、民族、社会和个人的发展,同时也直接关乎世界的和平、人类的团结和文明的推进。本分论坛宏观与微观相结合,个案研究与实践操作研究相结合,在展示国际化的同时,体现了讲好中国故事、传播中国声音的办会宗旨。本论坛11位中外专家发表主旨报告,分别是:(马来西亚)阿旺·宾·沙利岩《语言政策与语言规划对教育制度的影响》,(捷克)伊凡娜·波斯捷霍娃《欧盟成员国——捷克共和国的语言教育政策》,(中国)黄行《中国语言资源多样性及其创新与保护规划》,(埃及)高思澜《书面语言的普遍法则》,(中国)郭熙《中国语言教学的多样性问题》,(南非)瑞菲维·莫荣娃·拉马荷许《南非1994年以后塞茨瓦纳语教学的障碍》,(中国)戴曼纯《论国家语言能力建设的多语能力发展》,(塞尔维亚)维拉·尼西奇《波斯尼亚和黑塞哥维那的三语现象:变项和不变项》,(波兰)海莱娜·布瓦金斯卡《哈尔滨的波兰人(1898—1949)》,(尼日利亚)萨里苏·阿哈迈德·亚卡瑟《记载豪萨诗歌中"牛"的价值》,(中国)章思英《中华思想文化术语翻译与传播工程》。

### 3. 语言智能与产业发展分论坛

语言智能与产业发展分论坛于9月12日下午在北京外国语大学举办,由科大讯飞股份有限公司承办。语言智能是人工智能的重要内容。语言智能的持续突破将会推动整个人工智能体系的进步,实现更多应用场景的落地,进而推动整个社会经济和产业的不断发展。本论坛探讨了语言智能领域的新发展和新技术,向社会公众和专家学者介绍语言与智能及产业应用的发展趋势和创新成果。9位中外专家发表主旨报告,分别是:(日本)扬达《机器人型多媒体通信终端与语言智能开发》,(中国)韩宝成《现代科技在语言测试中的应用:回顾与前瞻》,(中国)朱靖波《面向语言服务的机器翻译应用及挑战》,(中国)李佩泽《从测试到评估——汉语水平考试HSK的理论、方法与应用》,(中国)顾曰国《汉语与华夏文明知识本体构建》,(中国)朱青春《关于计算机辅助普通话水平测试的社会评估报告》,(中国)彭恒利《人工智能技术在中国少数民族汉语水平考试中的应用》,(中国)张宇《智能问答关键技术及展望》,(中国)付瑞吉《智能阅卷技术研究及应用》。

### 4. 工具书与文化传承分论坛

工具书与文化传承分论坛于9月12日下午在北京外国语大学举办,由中国辞书学会、商务印书馆承办,商务印书馆总编辑周洪波主持。工具书是人类文明智慧的结晶,是国家民族文化传承的重要载体,也是人民群众学习文化知识的重要途径。工具书与文化传承的历史使命、与社会大众日益高涨的迫切需要密切相关。4位中外专家发表主旨报告,围绕4个主旨报告,20位中外学者以访谈形式进行了交流对话。4个报告及访谈专家分别是:江蓝生《传播中华文化,引导语文规范的双璧——致敬〈新华字典〉与〈现代汉语词典〉》,访谈专家:苏新春、秦志华、余桂林、巴特玛(蒙古)、吴莎娜(英国);王宁《〈辞源〉——通向传统文化的桥梁》,访谈专家:苏宝荣、顾青、李尔钢、赵世举、魏明德(法国);(中国台湾)曾泰元《〈牛津英语词典〉与文化传承》,访谈专家:魏向清、徐建中、马静、王慧敏、梅皓

(美国);(法国)魏明德《〈利氏汉法词典〉与文化传承》,访谈专家:章宜华、姚虹、谢仁友、郭可、大卫·道森(澳大利亚)。

### 5.语言康复与人类健康分论坛

语言康复与人类健康分论坛于9月11日下午在中国职工之家举办,由声望听力集团、北京语言大学语言康复学院承办,北京市语委办公室主任贺宏志研究员、北京语言大学语言康复学院院长高立群教授主持。此论坛旨在聚集尖端科研机构及著名企业的资源,分享语言康复及听力健康领域最先进的研究成果,探讨该领域科学研究及临床应用的成功案例,展望该领域的产学研需求和发展方向,将论坛作为各方共同为语言康复及听力健康贡献力量的一个有效平台。9位中外专家发表主旨报告,分别是:(荷兰)弗兰克·维恁《语言发展的基本过程及其病理》,(中国香港)张显达《关注特定型语言障碍儿童》,(日本)罗志伟《用于评估失语症人类受试者认知功能的虚拟现实技术》,(荷兰)艾伦·格里兹《语言障碍儿童:早期发现的重要性》,(加拿大)田岚《现代助听器有助于重塑大脑的听觉言语语言认知通路》,(美国)郝建萍《自闭症早期筛查与儿童健康》,(中国)姜孟《双语经验对老年痴呆症的预防及延缓作用》,(中国台湾)盛华《嗓音障碍与康复成效》,(中国)马文《话语与健康:会话分析的视角》。

## 三 语博会的社会关注

首届语博会成功举办,赢得了参与各方和社会舆论的高度评价。"语言让世界更和谐,文明更精彩",主题简明而有力,理念深刻而朴实;填补了世界华语文化圈语言文化主题博览会的空白;实现了我们许多语言文化工作者打造国际语言文化综合盛会的夙愿;较大程度地提高了语言文字工作部门的社会认知度和工作影响力;将有力推动语言产业自觉发展聚合发展;将有力促进语言文化建设、语言经济、语言产业、语言服务相关应用学科的建立与发展;将有利于加强语言类非物质文化遗产的保护传承和语言资源的开发利用;将有利于加强国家语言能力建设和语言文化知识的社会普及;构建了中外语言文化交流互鉴的新平台大格局。刘延东副总理对此做出重要批示:首届语博会成功举办,对语言文化交流互鉴,增强我国话语权、影响力具有重要意义,并希望继续围绕国家需求,加强语言文字事业,深化"一带一路"各国人文交流,为提升国家软实力,促进世界各国民心相通做出贡献。

对于首届语博会的举办，北京地区主流媒体聚焦报道。中央电视台2频道、4频道、13频道及阿拉伯语频道分别以"人工智能助力语言信息产业发展""首届中国语言博览会举行""首届国际语言文化博览会 交流互鉴领略语言文化魅力""首届中国北京国际语言文化博览会开幕"为题采访报道。中国教育电视台分别以"首届中国北京国际语言文化博览会开幕""首届国际语言文化论坛：推动语言与科技融合 深化语言文化交流合作""首届中国'语言康复'与人类健康论坛在京举办""首届'一带一路'语言文化高峰论坛在京举办"为题4次采访报道。中国新闻网络电视、新华网络电视、河北卫视分别以"首届国际语言文博会在京举办 智能技术助力语言文化交流""首届语博会北京举行""首届语博会：展示我国语言文字信息化建设成就"为题采访报道。新华通讯社发稿报道，新华网、人民网、中国网、中华网、环球网、中国新闻网、中国报道网、中国经济网、中国文化观察网、新浪网、搜狐网等网络媒体高度关注，《人民日报》《人民日报（海外版）》《中国教育报》《中国青年报》《北京日报》等平面媒体密集报道。商务印书馆《语言战略研究》9月刊开辟"语言产业研究"专栏配合首届语博会的举办。

（贺宏志）

# 甲骨文入选"世界记忆名录"

2017年10月30日从联合国教科文组织传来消息,2016年中国提交的甲骨文申报"亚洲太平洋地区世界记忆名录"(Asia/Pacific Memory of the World Register)与"国际世界记忆名录"(International Memory of the World Register),获得入选。

"世界记忆名录",是联合国教科文组织的旗舰项目之一,创建于1997年,旨在呼应联合国教科文组织保护世界文献遗产,长期持续关注利用情况,改变国家、政府、社区和个人重视、保护有关文献遗产的方式。"世界记忆名录"设国际名录和地区名录两级,每两年评审一次,大致是双年份提名,单年份通过最终评审结果。入选任一级名录都意味着公开地肯定该文献遗产的世界意义,肯定其对文化和社会历史产生的深远影响。入选后可获得联合国教科文组织的证书,有权使用世界记忆的标志,以证明得到联合国教科文组织的承认。入选"世界记忆名录"是一份骄傲和荣誉,具备了与世界其他被列入名录的文献遗产同等的地位。

## 一 期盼已久的入选

甲骨文申报"世界记忆名录",学界期盼已久。早在2006年8月河南安阳"庆祝殷墟申遗成功及YH127坑发现79周年国际学术研讨会"上,专家学者就吁请国家立项,启动甲骨文申报世界文化遗产。2010年5月21日,全国古籍保护中心办公室应学界呼声,专门召开了甲骨文申报世界记忆遗产名录专家座谈会,正式确定国家档案局为申报归口管理单位,适时启动申报程序。同年8月底,台湾史语所主办了"甲骨文与文化记忆论坛"。国家图书馆则组织专家学者多次研讨申报甲骨文列入"国家珍贵古籍名录"以及有关标准制定和实施办法。

经过酝酿筹划,2013年7月国家档案局协同国家文物局郑重委托中国社会科学院甲骨学殷商史研究中心,负责起草"甲骨文申报亚洲太平洋地区世界记忆名录"与"甲骨文申报国际世界记忆名录"两个中文/英文申请文本,要求依据联合国教科文组织的《世界记忆名录指南》及《文献遗产保护总方针》,对甲骨文申报"世界记忆名录"申请表的各项准则做出深入、透彻的分析,形成明确的对应规则,论证甲骨文申报"世界记忆名录"的必要性和重要性,为确保珍贵的甲骨文遗产和档案资料得到保护和传播,提交明确真实而权威的申报理由,并为国家档案局准备提交申报纸本与数字化文本及所需配套资料。期间国家文物局还组织召集全国11家甲骨文收藏单位负责人一起商谈如何配合申报工作。同年11月,中国社会科学院甲骨学殷商史研究中心完成了中央部门的这一交办任务。随着国家全局性"世界记忆名录"各项申报项目审核落实与有序提交,2016年又增补了申报图文材料。

在教育部等相关部委的积极推动下,2017年甲骨文申报"世界记忆名录"通过联合国教科文组织世界记忆工程国际咨询委员会的咨询、一系列实地考察、初审终审,最终入选。

## 二　独特可贵的史料

甲骨文出土于中国河南省安阳殷墟遗址,与敦煌南北朝至唐宋时期纸质写本文书、西域汉晋简牍、清内阁大库明清档案,被誉为中国近代学术史上的四大新发现,影响广泛而深远。甲骨文属于公元前14至公元前11世纪殷商王都内王室及贵族的占卜刻辞与记事刻辞,也是中国最早的成文古文字文献遗产,刻辞载体主要是牛肩胛骨和龟甲,也包括其他动物的骨骼。甲骨文堪与西亚两河流域发现的距今5500年左右苏美尔人发明及后为巴比伦王国继承的泥版楔形文字、北非尼罗河口发现的距今5000年前古埃及碑铭体圣书文字及后来衍变出的纸草僧侣草体文字、公元前2000年前后的古印度印章文字、美洲民族公元初期发明的玛雅文字等交相辉映,是世界人类社会发展进程中的五大古典文字,共同构成世界古代文明宝库中的瑰宝。甲骨文是寻绎中国思想之渊薮,考察中国传统文化的由来、特质、品格与演绎渊源的最真实的素材。

甲骨文自1899年发现,近120年来先后出土约15万片以上,流散为世界近百处藏家收藏。其中中国大陆约10万片,中国台湾地区3万多片。此外日、加、英、美、德、俄、瑞典、瑞士、法、韩等14个国家约2万多片。甲骨文引起国际国内学术界的极大关注与深入探索,120年间各种语种有关甲骨文的文章总计16 000

多种,甲骨文与甲骨学研究早已成为国际性显学。

甲骨文出自殷商王朝特殊人群之手,包括商王、贵妇、王室成员、卜官、各方巫师、地方要员等。这些人群以特有的占卜文例形式(通称甲骨卜辞)或记事文例形式(通称记事刻辞),在龟甲兽骨上刻下贯以他们的思维方式、行为方式、信仰追求的居常生活事象,记下了真实存在的商王室谱系,记下了大量的神名、先王先妣名、贵显人物名、诸侯方国君长名、部落族长名、外交使者名与神话传说人物等,揭示出王位继承法与婚姻亲属制的特点,王事与臣属活动的政治景观,重大事件中的人物思想情感表现,商王与诸侯方国的关系,官僚机构与职官的职掌,社会生活中权贵与平民、奴仆的阶级结构,经济产业的管理者与手工业劳动者的等级关系,不同族群的宗教意识观念,军事战争中的武官与军队组织,丧葬祭祀中人殉人祭者的身份、社会地位及其与墓主的关系,使商代成为有出土古文字记载可资考察的信史时代,填补了史书的缺载。

甲骨文的内容,涉及三千年前商代的自然生态、天象侵异、气候灾害、王室组成、宗法与宗庙制、王权与神权关系、卜官与占卜制度、土地所有制、社会经济构成、立邑任官、交通出行、外交征伐以及商王都内权贵阶层的日常生活状况,如衣食住行、生老病死、婚姻嫁娶、养老教子、梦幻思维、情感追求、宗教信仰、祀神祭祖、饮食宴飨等,为研究中国源远流长的灿烂文明史和早期国家与人文社会传承形态,提供了独特而真实可贵的第一手史料。

甲骨文是汉字的鼻祖,是研究汉字原初构形与汉语语法最早形态的重要素材。甲骨文的字体构形和文辞体式,与当今的汉字及现代汉语语法结构一脉相承。甲骨文的单字量约 4400 个,可识可读可隶定的约 2400 个,其中约 1400 个见于现代汉语字典,其余 2000 个已经不可释读,多为消逝的人名、地名和某种祭祀名,但其词性词义大都可据文例语境而基本得知。甲骨文语言是汉语的母语,可知早在 3000 多年前已经有比较健全成熟的一个自成体系的语言系统,现代汉语语法中的名词、代词、动词、介词、数词、某些量词、副词、连词、助词、形容词、语气词、疑问词、副词等,在甲骨文中已经基本具备。甲骨文内部有一个比较统一的语音系统,它构成中国秦汉以后汉藏语系的重要源头。由于甲骨文的发现,使汉语言学的原初形态和汉语语法的早期特点已经由很难讲清,变得可资精细研讨。

甲骨文书体造型与行文走向具有的高起点、合规度、具变宜的书学要素,先声正源而导流后世书艺,其刀笔、结体、章法三大要素,显出早熟性的特色,直接

或间接影响着晚后书学的流变,成为中国书法艺术的滥觞,体现出中华民族的美学原则和共同心理,即平和稳重的审美观,强弱均衡、节奏有序的心理意识,对中国社会和中国文化发展有深刻影响。

## 三　全面专业的整理

20世纪80年代,著名甲骨学家胡厚宣教授在《八十五年来甲骨文材料之再统计》(《史学月刊》1984年第5期)一文中,统计出1899年甲骨文发现以来,出土总数约计15万片。20世纪中晚叶《甲骨文合集》与《甲骨文合集补编》等集大成著录集的出版,是具有里程碑意义的,为推动甲骨文和甲骨学研究创造了良好条件。但由于不可周知的原因,仍有不少遗漏和疏略等不尽人意之处。一批国内收藏大宗甲骨文的单位,往往只是部分被著录。而散落民间私家的甲骨文藏品,数量也相当可观,许多都没有机会得到专业性整理和公布。故有计划将各家甲骨藏品尽可能进行搜集整理,辨其真伪、别其组类、分期断代、残片缀合、释读文字、缕析文例、诠解史实、著录公布,必可嘉惠学林,这方面的工作任重道远。

进入新世纪,甲骨文材料的全面保护、整理、研究与著录,也进入一个新阶段,开展海内外甲骨藏品家底清查、启动甲骨文申报世界记忆文化遗产、构建电子数字化甲骨文字形库、2016年度国家社科基金重大委托项目"大资料、云平台主持下的甲骨文字考释研究"立项等。近10多年来,随着一个个大工程项目的相继开展,殷墟甲骨文正进入全面整理和研究新时期。

2014年,故宫博物院与山东博物馆藏大宗殷墟甲骨文的全面整理研究,被同时批准为国家社科基金重大项目。中国社会科学院考古研究所藏科学发掘出土甲骨文的整理墨拓工作也正在有条不紊地进行中。2016年,国家图书馆、天津博物馆藏殷墟甲骨文整理研究的国家社科基金大课题也相机启动。为了把握甲骨文研究新阶段的发展动向,拓展学术研究新契机,凝聚共识、激励创新,2015年12月,中国社会科学院历史研究所、中国社会科学院考古研究所、故宫博物院、中国国家图书馆、山东博物馆、天津博物馆、旅顺博物馆等华北地区七家大宗甲骨文藏品单位(七家合起来有甲骨文藏品81 200多片,约占海内外所藏殷墟出土甲骨文总数的一半以上)的专家学者,在山东博物馆召开了"全国首届甲骨文整理研究学术研讨会",2016年12月,山东博物馆又组织召开了"第二届甲骨文整理研究学术研讨会",专就甲骨文全面保护整理展开研讨。

甲骨文申报"世界记忆名录",以中国社会科学院历史所、中国社会科学院考古所、国家博物馆、故宫博物院、北京大学、清华大学、上海博物馆、南京博物院、山东博物馆、旅顺博物馆、天津博物馆等11家珍藏的约93 000片甲骨文为申报主体,甲骨来源与递藏经过清楚,入藏程序规范,档案登记明确可查,且经专家真伪鉴定,有其级别划分,具备文物、文献遗产及学术史意义的多重标准。

## 四 文化自信的力量

2014年5月30日,习近平总书记在北京视察工作中就指出:"中国字是中国文化传承的标志,殷墟甲骨文距离现在3000多年,3000多年来汉字结构没有变,这种传承是真正的中华基因。"2016年5月17日,习近平总书记在哲学社会科学工作座谈会上的讲话中强调,"要重视发展具有重要文化价值和传承意义的'绝学'、冷门学科",如甲骨文等古文字研究等,要重视这些学科,确保有人做、有传承。2017年10月18日,习近平总书记在党的十九大报告中提出:"没有高度的文化自信,没有文化的繁荣兴盛,就没有中华民族伟大复兴。"三次重要讲话,都是甲骨学科之幸。

如今,甲骨文入选"世界记忆名录"不是目的,而是开始,任重道远,更显其重要战略价值,对负责甲骨文物的安全、保管和保护的机构具有正面的促动意义与监督作用。随着新世纪以来甲骨文材料全面整理研究的相继进行,有关甲骨藏品抢救性保护措施得到国家的高度重视,甲骨文研究呈专题化、系统化、规模化和精准化,甲骨文与甲骨学研究面临的种种新老问题有望在发展中得到解决,中华优秀传统文化传承体系的构建和甲骨学科人才培养有望得到落实,中华典籍整理工程建设有望增添助力。

甲骨文入选"世界记忆名录",将使甲骨文研究"低迷"的情势有所改观,甲骨文与甲骨学知识在公众层面的认知度将因之扩大,有助于凝聚国民的自豪感与文化的自信心,有助于弘扬中华古老文明的影响力和国家的文化软实力。

(宋镇豪)

# 语言智能那些事儿

2017年,阿法狗3比0完胜人类顶级围棋选手,旅客开始刷脸进站,无人驾驶车在高速公路上奔驰……人工智能已经大步走进了人们的生活。比尔·盖茨曾说"语言理解是人工智能皇冠上的明珠",语言智能是人工智能的核心,是机器最高的认知智能活动。2017年的语言智能可圈可点,从中我们可以体会人工智能前进的脚步。

## 答题机器人亮相

《一站到底》是江苏卫视的一档比拼知识储备以及快速应变力的答题节目。2017年2月6日,问答机器人汪仔首次在《一站到底》上亮相,便击败了人类选手。

"世界上海拔最高的死火山阿空加瓜山属于哪个山脉?""安第斯山脉。"

"以'拦、拿、扎'为基本动作,有'百兵之王'称号的是哪种兵器?""长枪。"

汪仔答题快速、准确,令对手叹服、观众惊呼。

汪仔是搜狗公司开发的。它完成答题,要具备语音识别(听题)、语言分析(识别问题)、对海量知识的搜索(找答案)、语音合成(回答)的能力。汪仔参赛的所有场次,没有答错过题;偶尔失分,是因为比人类选手回答慢零点几秒。高精准的语音识别和高效的海量知识搜索技术是汪仔获胜的关键。

## 高考机器人应试

2017年的高考,有两位机器人参加了数学考试。数学科目的满分是150分,考试时长为2个小时。6月7日下午,名叫AI-MATHS的机器人在切断外部网络的环境中分别挑战了北京卷文科数学以及全国二卷文科数学的考试,分别用时 22 分钟和 10 分钟,得分为 105 分和 100 分。①

2017 年 6 月 8 日晚上,名叫 Aidam 的机器人与六名高考状元同场作答 2017 年高考数学题,Aidam 用时 9 分 47 秒,成绩为 134 分,6 名状元的平均分为 135 分。②

高考机器人是国家 863"超脑计划"正在研发的一个项目,其难点是要让机器准确理解人类语言,首先是读懂题目。AI-MATHS 所犯错误的题目都有一个共同点:语言文字太多。AI-MATHS 的开发者说:"直接用数学语言表述的应用题它可以轻松解答,但它最大的弱项是不能理解考题里场景式的描述语言,它会读不懂题目。"参与阅卷的老师说,AI-MATHS 要考好数学,还得先学好语文。

2017 年 1 月 2 日,中科院院士梅红在央视《对话》节目中报告了高考机器人的测试成绩:数学 110 分;语文 90 分,其中作文 40 分;文综 40 分。按照高考机器人的研制计划,预计 2020 年达到考上一本的目标。

## 机器人写诗对联

《机智过人》是央视聚焦智能科技的科学挑战节目。2017 年,诗词、楹联机器人纷纷出场《机智过人》,挑战人类高手。比赛的方式采用图灵测试:机器人与人类同场竞技,如果连续两轮比赛无法区分出机器人与人类的作品,则机器人通过技能测试。

### (一) 现代诗机器人小冰

2017 年 9 月 8 日,小冰与"诗人联盟"同台竞技,诗人联盟由三位实力不凡的青年诗人组成:来自牛津大学的戴潍娜、曾任北京大学未名诗社社长的李天意、曾任复旦大学诗社社长的王子瓜。小冰与诗人联盟同场看图作诗,小冰顺利通过两轮测试。

第一轮是想象力测试。图③ 3-3 左侧是嘉宾随机给出的图片,右侧是选手诗作。

---

① http://edu.163.com/17/0608/10/CMDEGOQT002990BP.html.
② https://baike.baidu.com/tashuo/browse/content?id=46cc373d41a2810a7bae711e&lemmaId=&fromLemmaModule=pcBottom.
③ 本节所有图片均截自央视网《机智过人》视频,http://tv.cctv.com/lm/jzgr/index.shtml。

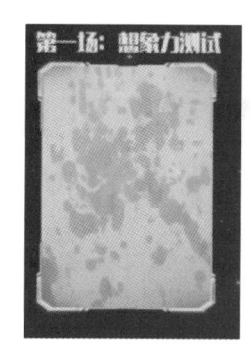

图 3-3　想象力测试结果

第二轮是感染力测试。图 3-4 左侧是给出的图片,右侧为选手诗作,其中第一首诗(票数 16)为小冰所作。

图 3-4　感染力测试结果

小冰是微软以自然语言处理为基础开发的机器人,具有聊天、作曲等功能。2017 年小冰学习了 519 位现代诗人的作品,学会"看图创作现代诗",7 月推出了原创诗集《阳光失了玻璃窗》(由湛庐文化出版),这是人类历史上第一部 100% 由人工智能创造的诗集。小冰将 1 亿用户教会它的人类情感譬如寂寞、悲伤、期待、喜悦等,用诗词的语言展现在 10 个章节里。[①]

**(二)楹联机器人小薇**

2017 年 11 月 10 日,小薇挑战人类楹联翘楚:中国对联创作奖金奖获得者贾雪梅、对联中国电视高手楹联大赛冠军赵继杰、中国楹联莲华奖金奖得主金锐。小薇与楹联高手同场创作对联。在技巧联"无情对"比赛中,上联为"明天下雨",

---

① http://media.people.com.cn/n1/2017/0707/c40606-29388857.html.

参赛选手给出的对联见图3-5左侧。小薇顺利晋级。

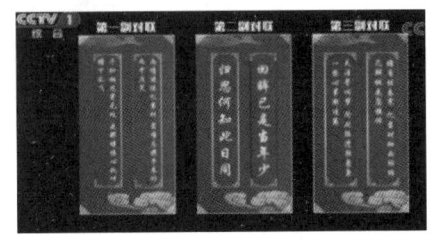

图3-5 技巧联、意境联测试结果

在意境联的比赛中,题目是:描写"最美不是下雨天,而是曾与你躲过雨的屋檐"意境。小薇与其他两位人类高手给出的对联如图3-5右侧。这次小薇技不如人,所创作的第二副对联被绝大多数测评团成员猜中。

小薇是中科汇联公司开发的,利用深度学习技术学习了上万首诗词对联。

**(三)古诗机器人九歌**

2017年12月15日,"九歌"作诗机器人登场,挑战曾获得《中华好诗词》节目冠军的武汉大学国学院学子李四维、曾获得《中国诗词大会》亚军的北京大学机器人专业方向博士陈更、七步成诗的清华大学核能博士齐妙。九歌顺利通过了两轮测试。

第一轮测评集句诗,嘉宾给出的题目是:以"心有灵犀一点通"为首句作集句诗。图3-6左侧是选手的作品。第二轮比赛,题目是以"静夜思"创作五言绝句。九歌作品如图3-6右侧。

图3-6 集句诗、五言绝句比赛

"九歌"[①]是清华大学计算机系自然语言处理实验室开发的,可以创作的诗

---

① http://jiuge.thunlp.org.

歌类型包括集句诗、绝句、藏头诗，体裁可以是五言、七言，可以根据指定的情景、主题，几秒钟写出一首诗，展现出机器学习中国传统诗词的超强能力。它用两年时间学习了从初唐到晚清的30万首诗篇，从庞大的诗词数据中学会了用词和韵律规律。

## 机器阅读理解力提高

让机器通过阅读文本来回答问题，是测试机器阅读理解能力的一种方式。2016年，斯坦福大学开发出评测机器阅读理解的数据集SQuAD，该集合以维基百科的文本为基础，收集了针对文本内容用户提出的10万个真实问题，问题的答案是文本中的一个片段。阅读理解的评价采用业界公认的指标——精确率、模糊匹配率（总体回答情况的一个平均值）两个指标。SQuAD是业界公认的机器阅读理解标准水平测试，测试成绩会定时更新。2016年公布数据集时，同时给出了人类的测试结果：精准率为82.30%。

测试数据集公布后，世界各地研究团队都在此数据集上开展测试。2017年7月，科大讯飞与哈工大联合实验室研制的模型模糊匹配率获得第一，这是中国本土研究机构首次在比赛中占据榜首。

2018年1月，阿里巴巴数据科学与技术研究院的"SLQA模型"与微软亚洲研究院的"R-NET模型"先后实现机器阅读理解精确匹配，达到82.44%和82.65%，略优于人类2016年的成绩。[①]

## 答题神器助力冲顶

2017年7月，百度搜索开发"简单搜索"（searchcraft）手机应用程序（App）上线。它集文字、语音、图像多种搜索模式于一体，能够快速准确地识你所见、搜你所言，强大的功能、简单的互动操作吸引了大量用户。

2018年初，一种依靠互联网在线答题赢奖金的直播答题活动火爆，引发了简单搜索的火热应用。用户只需下载安装这款App，在答题时打开它，对准主持人读题，即可在App页面中看到题干和软件搜索出的参考答案。对于只有10秒

---

[①] http://www.sohu.com/a/216446752_473283.

钟答题时间的直播答题模式,简单搜索可实现秒级答案展示,帮助用户取得好成绩。同时,搜狗在手机搜索应用程序内推出了一个叫"汪仔答题助手"的页面,答题时,"汪仔答题助手"会自动搜索并同步显示出题目以及答案。

这两款应用程序,以快速精准的搜索技术和语音识别、实时字符识别、问答技术等自然语言处理技术帮助答题网民冲顶,如此,直播答题已不是网民的知识竞赛,倒成了语言智能和搜索技术应用的比拼。

## 人工智能改卷神速

2017年12月,"阿里AI"系统批改了浙江外国语学院11名外国留学生的中文试卷,精确地圈出了作文中的多词、缺词、错词和词序错误等位置。"阿里AI"系统从数十万的汉语语料中学习,获得汉语句法分析的能力,从而识别出句子结构上的错误。判卷过程大概只需5秒。[1]

## 共享WiFi翻译机上市

2017年11月,百度共享WiFi翻译机正式亮相。该翻译机针对出境游中的跨语言交流与网络通信需求开发。可以帮助用户进行便捷的多语言实时语音翻译,并且自带全球超过80个国家的移动数据流量,可以为手机、电脑等设备提供上网服务。

这款翻译机以语音识别与合成、神经网络翻译等人工智能技术为基础,支持中英日等多种语言。对话时,用户只需要选定互译语言种类(如中英模式),按住翻译键,翻译机就会智能识别输入语言的语种,并自动输出对应语种的翻译结果。

百度副总裁、人工智能技术平台体系总负责人王海峰在发布会上说,目前已有携程旅游、同程旅游、马蜂窝、中青旅、春秋航空等企业成为百度共享WiFi翻译机租赁和分销渠道的合作伙伴。[2] 媒体称,一些欧洲顶级游轮,针对中国游客

---

[1] http://tech.ifeng.com/a/20171207/44794397_0.shtml.
[2] https://baike.baidu.com/item/%E7%99%BE%E5%BA%A6%E5%85%B1%E4%BA%ABWiFi%E7%BF%BB%E8%AF%91%E6%9C%BA/22313628?fr=aladdin.

的需求采购了百度共享 WiFi 翻译机,在日本吸引了 Booking 等企业寻求合作。[1]

## 案情分析启用"智脑"

2017 年 3 月,媒体[2]报道,神州泰岳与北京市公安局刑事侦查总队正式签署合作协议,将在人工智能语义分析应用研究领域展开深入合作。此前神州泰岳开发的"智脑"公安案情分析系统,在北京市公安局的若干分局试用,"智脑"针对 2016 年 22 000 多起入室盗窃案件的相关记录材料,自动获得案件信息,提高了案件分析效率。这是自然语言处理技术在特定领域的应用。

## 唇语识别走向应用

2017 年 12 月 14 日,搜狗推出新一代人机交互新技术——"唇语识别"。在非特定人开放口语测试集上,该系统达到 60% 以上的准确率,超过谷歌发布的英文唇语系统 50% 以上的准确率。在垂直场景如车载、智能家居等场景下甚至已经达到 90% 的准确率。

唇语识别需要利用机器视觉技术获得说话者口形规律,利用自然语言处理技术形成文本。

## 智能音箱打造智能家居新生态

智能音箱是用语音上网的一个工具,比如点播歌曲、上网购物,或是了解天气预报,它也可以对智能家居设备进行控制,比如打开窗帘、设置冰箱温度、提前让热水器升温等。

国内智能音箱市场在 2017 年迎来了疯狂增长的一年,阿里、京东、小米、百度等都在这一年推出了智能音箱产品,大家的目标基本一致:抢占智能音箱流量入口,打造智能家居新生态。仅 2017 年 8 月,智能音箱市场就达到了同比 178% 的增长率;"双十一"当天,阿里的天猫精灵智能音箱售出超过 100 万台。[3]

---

[1] http://www.chinaz.com/news/2017/1116/828755.shtml.
[2] http://www.sohu.com/a/128426214_371533.
[3] https://m.zol.com.cn/article/6747831.html.

智能音箱的核心是语音交互,准确的唤醒率和流畅的交互体验是智能音箱必备的属性。

## 国务院发布《新一代人工智能发展规划》

2017年7月20日,国务院发布了《新一代人工智能发展规划》,指出目前我国"语音识别、视觉识别技术世界领先,自适应自主学习、直觉感知、综合推理、混合智能和群体智能等初步具备跨越发展的能力,中文信息处理、智能监控、生物特征识别、工业机器人、服务机器人、无人驾驶逐步进入实际应用,人工智能创新创业日益活跃"。下一步的重点任务是:"重点突破自然语言的语法逻辑、字符概念表征和深度语义分析的核心技术,推进人类与机器的有效沟通和自由交互,实现多风格多语言多领域的自然语言智能理解和自动生成。""建立数据驱动、以自然语言理解为核心的认知计算模型,形成从大数据到知识、从知识到决策的能力。""研究短文本的计算与分析技术,跨语言文本挖掘技术和面向机器认知智能的语义理解技术,多媒体信息理解的人机对话系统。"

(杨尔弘、刘鹏远、韩林涛、饶高琦)

# 司法判例中的语言证据

语言证据是司法领域语言生活研究的重要内容之一,相关研究必须依据大量真实的案例,裁判文书大数据为此提供了极佳的平台。裁判文书上网是司法改革的重要环节,根据最高人民法院的要求,除依照规定不予公开的情形外,法院做出的所有裁判文书都要在网上公布。2014年1月,"中国裁判文书网"正式开通,截至2017年12月底,各级人民法院已经上传4000多万份司法文书,成为全球最大的司法文书数据库。本文所用案例均源自"中国裁判文书网"。

## 一 语言文字材料可作为司法证据

语言文字类材料要成为语言证据,必须通过相关的司法鉴定。下面是几个通过技术分析将语言文字材料作为司法判决依据的典型案例。

### (一)手机对话录音的声纹鉴定

案由:被告吉某某多次给被害人吕某某打电话,对其实施言语性威胁,明确索取钱财。庭审中,被害人家属提交了双方的手机通话录音资料,但被告拒不承认录音资料为自己的语音。为此,人民法院申请了声纹检验鉴定。

裁决依据:

司法鉴定机构通过听辨鉴别分析、声纹波形图谱分析、声纹语谱图及频谱图分析,发现该录音与被告人样本音频文件中的语音所反映出的说话人个人言语速率、节奏、语言清晰度、方言口音、言语习惯等语言学特征符合同一说话人的语言特征。检材音频中要求检验的说话人语言与样本音频中吉某某的语言倾向认定为同一人语言。【山西省晋城市中级人民法院刑事判决书;案号:(2014)闻刑初字第88号】

裁决结果:法院依据该语言证据,认为公诉机关指控的犯罪事实清楚,判定被告吉某某犯敲诈勒索罪。

### （二）笔迹鉴定

案由：原告以借条为证据，提出被告的父亲刘某曾向其借款，现在刘某虽然已因病死亡，但被告作为法定遗产继承人，应该对刘某生前所负债务承担偿还责任。庭审中，被告抗辩借条签名并非其父亲刘某本人所写，申请对借据做笔迹鉴定，并提供了刘某生前签字的票据请领单3份、刘某生前学习笔记1本。法院还依法调取了刘某生前所在单位文件签字样本材料1份，并委托司法物证技术鉴定中心进行笔迹鉴定。

裁决依据：

甘肃中科司法物证技术鉴定中心于同月28日做出甘中科（2014）司鉴字第2008号刘某某文书司法鉴定意见书。鉴定结论为"武威市中级人民法院送检的两份检材不是刘某某本人所写"……本院认为，当事人对自己提出的主张，有责任提供证据予以证明。没有证据或证据不足以证明其事实主张的，由负有举证责任的当事人承担不利后果。【甘肃省武威市中级人民法院民事判决书；案号：（2014）武中民终字第73号】

裁决结果：法院依据该语言证据，裁定借条不是死者本人生前所写，借条为无效证据，驳回原告的诉讼请求。

### （三）函件的语义分析

案由：上海某门窗有限公司为某房地产公司定制塑钢门窗，价款人民币约45.1万元。后来双方约定由威辰投资咨询有限公司代为偿还欠款。为此，门窗公司致函该房地产公司称："贵司在曹杨开发的新贵都新苑所用的塑钢门窗材料尚欠货款约人民币45.1万元。目前该货款已由威辰投资咨询有限公司代为结算并承担支付，待所有塑钢门窗货款结清时本司将出具发票给贵司。"后来由于门窗公司多次索取欠款未果，故诉诸法庭。庭审中，威辰投资咨询有限公司认为该函证明他们已经代为结算并承担支付，并声称，公司当时将刚刚收到他人交来的现金马上交给了门窗公司，故没有内部财务领款凭证，门窗公司也未出具收到现金收据。但门窗公司对收到现金予以否认，并指出，函件的目的是"确认货款将由威辰代偿而非已由威辰代偿"。

裁决依据：

根据函件中"目前该货款已由威辰投资咨询有限公司代为结算并承担

支付,待所有塑钢门窗货款结清时本司将出具发票给贵司"的内容出具的对象及语义分析:门窗公司是在向房地产公司表达债务人更替已完成,而非付款已完成,同时鉴于更替债务人的情形存在而发票仍出具给房地产公司的意思,函件中的"已由"并非向房地产公司确认已收到付款。发票本身并不是已付款凭证,威辰投资咨询有限公司至今未提供其已支付欠款的凭证。现仅凭函件行文中语词可能产生的歧义支持其主张,本院实难采信,相关请求不予支持。【上海市第二中级人民法院民事判决书;案号:(2004)沪二中民四(商)终字第91号】

裁决结果:法院通过对函件进行语义分析,获得相关语言证据,并据此否定了威辰已支付欠款的主张。

## 二 语言类工具书可成为判案参考

根据目前的检索结果,"中国裁判文书网"依据的语言类工具书多达三十多种,如《现代汉语词典》《新华字典》《辞海》《辞源》,以及各类方言词典、各行业的专业类词典等。下面是三个典型案例。

### (一)《现代汉语词典》

案由:原告认为,出品与摄制、制片并非同一法律概念,被告仅仅作为"出品单位",不能获得电影作品的著作权,因为根据著作权法的规定,只有制片者才能享有电影作品的著作权。但是被告声称,自己作为"出品人",就是"制片者",因为该作品没有标明"制片者",而仅仅只有"出品人"。

裁决依据:

根据商务印书馆1994年出版的《现代汉语词典》对"出品"的解释为:制造出来产品;对"摄制"的解释为:拍摄并制作电影。根据《中华人民共和国著作权法》第十条第一款第(十三)项规定,摄制权即以摄制电影或者以类似摄制电影的方法将作品固定在载体上的权利。可见,出品为上位概念,摄制和制片为下位概念。本案中,出品、摄制、制片应为同一含义,即拍摄并制作电影作品。【四川省成都市中级人民法院民事判决书;案号:(2006)成民初字第224号】

裁决结果:法院依据词典释义,裁定"出品单位"就是"制片者",因而享有在中国大陆地区的著作权。

### (二)《辞源》

案由:2003年4月,"富春茶社"发现"富春饭店"将"富春"作为其个人独资企业的字号和服务商标使用,认为其侵犯"富春"商标专用权,遂于2003年12月1日诉至法院。

裁决依据:

《辞源》对"富春"一词解释为:(1)水名。浙江在富阳、桐庐县境内的一段叫富春江,是著名的风景区。(2)山名。在浙江桐庐县西……辞书对"富春"词条的解释系江名、山名和古地名,注册商标专用权人无权禁止他人正当使用。因此,注册使用"富春饭店"字号不构成对"富春茶社"商标专用权的侵犯。【江苏省高级人民法院民事判决书;案号:(2004)苏民三终字第069号】

裁决结果:法院依据《辞源》释义,认定"富春"二字不享有商标专用权,判决驳回富春茶社的诉讼请求。

### (三)《上海话大辞典》

案由:原告沈甲认为自己作为被抚养人,有权继承抚养人沈某某的遗产。但是被告认为,沈甲仅仅是"寄女"而不是"养女",没有继承权。《收养法》规定,抚养人与被抚养人存在抚养和赡养的关系,也存在遗产继承关系。但是,收养和寄养属于两种不同的法律关系,寄养只发生抚养形式的变化,不产生父母子女间权利义务关系的转移或者变更。法院审理时发现,沈甲的户籍信息虽曾最初登记在沈某某为"家长"的户籍资料内,但其身份一直登记为"寄女"。

裁决依据:

根据《上海话大辞典》释义:"寄爹、寄父,攀亲而无继嗣关系。寄娘、寄母,攀亲而无继嗣关系。"1978年版《现代汉语词典》关于"寄"字的解释,以证明"寄女"是认的亲属关系;《现代汉语词典》中关于"寄"的解释,恰好印证了《上海话大辞典》中的相关解释,即攀亲而无继嗣关系。【上海市第一中级人民法院民事判决书;案号:(2015)沪一中民一(民)终字第808号】

裁决结果:法院将辞书中"寄"的释义作为裁决依据,认为"寄女"身份不适用依收养而形成的养女身份,因此判定收养关系不成立,否决了沈甲的继承权申诉。

## 三 语言文字法律规范标准可作为判案依据

"中国裁判文书网"依据的语言文字方面的法规和标准包括《中华人民共和国国家通用语言文字法》(2000年)等20余种。下面是三个典型案例。

### (一)《中华人民共和国国家通用语言文字法》

案由:原告于2015年12月28日在被告经营的食品店购买进口婴儿奶粉10罐,共支付了2478元。后来发现,产品的中文标签、中文说明书使用的是繁体字,而不是简体字,不符合食品安全国家标准。遂诉诸法院,要求被告退还购买商品的价款及支付价款十倍的赔偿金。

裁决依据:

依据《中华人民共和国国家通用语言文字法》第十四条第五项:"下列情形,应当以国家通用语言文字为基本的用语用字:(五)在境内销售的商品的包装、说明"的规定,上述中文标签、说明书所适用的文字应为国家通用语言文字。涉案的食品外包装虽有繁体中文,但并非国家通用的规范汉字,且没有载明食品的境内代理商的名称、地址、联系方式。因此,案涉的进口食品外包装标签记载的内容不符合《中华人民共和国食品安全法》第六十六条的相关规定,属于法律规定不得进口的食品。【广东省佛山市禅城区人民法院民事判决书;案号:(2016)粤0604民初345号】

裁决结果:法院认定没有简体中文标签和说明书的进口婴儿奶粉为不合格商品,最终判决被告承担退货退款并支付赔偿金的责任,支持原告诉求的"支付价款十倍赔偿金"的要求。

### (二)《校对符号及其用法》

案由:被告买方曾向原告卖方出具欠条一份,写明"欠电池押金20 880元"。但被告在书写该条时,在"押金"二字上画了一个圈,将"押金"二字括在圆圈内。庭审中,原告称画圈的作用是删除,该条实质为欠电池货款条,请求判令被告立即偿还所欠货款及利息损失。被告则称画圈不是删除,而是起强调作用,该条就是一张质量押金条,卖方必须在质保期内做好质保工作,质保期过后,被告才能退还此款。

裁决依据:

关于该条的性质,依据书写习惯,删除某字应直接把该字划掉;另参照《校对符号及其用法》(中华人民共和国国家标准 GB/T14706-93)的规定,删除符号为"～"。本案中,被告书写欠条时对"押金"二字未采取上述写法,对被告主张的画圈不起删除作用,本院应予采信。因此,该条应认定为质保押金欠条。【河南省驻马店市驿城区人民法院;案号:(2013)驿民初字第 1289 号】

裁决结果:法院审理后认为,对押金条上的文字画圈不能起删除作用,因此该条不是一张货款欠条,而是质保押金条。由于质保期尚未到期,法院驳回了原告的诉讼请求。

### (三)《标点符号用法》

案由:浙人社发(2011)221 号文件对浙江省职工基本养老保险的参保人员做了如下规定:"具有我省城镇户籍、未参加我省职工基本养老保险的下列人员,经审核确认后,按规定一次性补缴基本养老保险费,纳入职工基本养老保险。(一)曾与我省各类企业建立劳动关系或形成事实劳动关系的人员;(二)曾在我省国家机关、事业单位、社会团体等单位工作过的人员。"上诉人认为该条款中"顿号"前后为并列成分,自己虽然不满足顿号前的"城镇户籍"条件,但属于顿号后面的"下列人员"之一:即与事业单位有劳动关系。因此,单位不让其参保的做法是违反规定的。

裁决依据:

《标点符号用法》对顿号定义是表示语段中并列词语之间的停顿,即顿号前后并列关系的是词语。"未参加……纳入职工基本养老保险"不是词语结构形式,不能与顿号之前的词语"具有我省城镇户籍"形成并列关系。因此,该条款中"具有我省城镇户籍"与"未参加我省职工基本养老保险"才是并列关系,作为共同定语修饰"下列人员",即"下列人员"必须是我省城镇户籍。【浙江省台州市中级人民法院行政判决书;案号:(2015)浙台行终字第 268 号】

裁决结果:法院认为上诉人对顿号的使用理解错误,裁决驳回其诉求。

## 四 启示与建议

通过对"中国裁判文书网"典型案例的分析,我们可以得到以下几点启示。

第一,语言证据是一种技术性证据。

技术性证据具有严谨的科学性、高度的专业性和明确的指向性,为其他证据所不可替代。在司法实践中,纸质文书、电子文件、视听资料、证人证言、当事人的陈述和辩解等,均可作为司法判决的直接或间接证据,一些学者将这些语言文字材料统称为语言证据。其实,在我国,语言证据并不是一个独立的证据类型。只有基于语言知识、语言标准和语言技术,对这些语言文字材料进行分析、检测和鉴定,它们才能成为语言证据。因此,语言证据不是一种静态的语言材料,而是一种动态的、体现在司法实践过程中的技术性证据。

第二,语言证据是一种辅助性的证据。

从上面的案例中我们可以发现,语言证据在司法判案中大多只是辅助性证据材料,为案件判定提供参考。语言分析得出的结论具有一定的局限性,是否能被法院采信,还需要看语言证据能否与其他证据形成关联,相互参照,以证明其有效性。但是语言证据在司法实践中确实具有其特殊的实用价值,特别是在其他证据匮乏的情况下。因此,为了使语言证据更好地服务于法庭审判,使语言证据研究在司法实践中发挥出应有的作用,需要深化语言证据研究,弄清语言证据的类型、特点、价值、获取方式、运用效果,以及有效性(客观性和合法性)和局限性,等等。

在此,我们提出以下两点建议。

第一,发挥语言学家的作用,宣传语言证据在司法判案中的作用,推动司法公正。

在英美法系国家,语言证据属于专家证言的范畴,语言学家是语言证据的提供者。据报道,国外语言学家作为专家证人出庭作证的次数持续增长,采用语言证据的国家也越来越多。然而在我国,语言学家的分析意见还不能作为证据。为了使语言证据在司法实践中发挥应有的作用,语言学家除了应该加强对语言证据的学术研究,还应该在社会上积极呼吁,并积极参与各类涉及语言证据司法实践过程。

第二,加强语言证据研究,推进法律语言学的发展。

近年来,法律语言学在我国得到了迅速发展,学科地位基本确立,但语言证据研究还是一个薄弱环节。通过对"中国裁判文书网"中各类涉及语言证据的判决案例进行梳理分析,可以大大拓展语言证据的研究内容,促进"语言证据学"这一交叉学科的发展。庭审正是语言和证据的交锋,因此语言和证据的交互关系引人注目。应当把哲学、法学、证据学、语言学的诸多环节打通,通过考察司法实践中的语言证据应用,为法律语言学提供实证材料,实质性地推动学科向纵深发展。

(方小兵)

# 省级政府门户网站多语服务调查*

2017年,全球互联网用户已达34亿。我国《"十三五"国家信息化规划》首次提出通过信息化"推进国际传播、少数民族语种传播"[①]。近年来我国各级地方政府将门户网站作为对外宣传、对接世界的重要平台,大力推进政务信息化建设,更好地服务大众。

本调查主要关注省级政府门户网站,从语言文字的选择、外文板块的设置和内容更新情况三个方面调查地方政府语言服务状况。统计范围限定在中国内地31个省级政府的官方网站,包括22个省、5个自治区和4个直辖市,[②]相关信息收集截止于2017年12月31日。

## 一 语言文字选用

本调查从外文、中文(简体、繁体)[③]和少数民族文字三个维度展开,其中中文简体版本的网站各省级政府均有,不具备标记性特征,在统计和分析中不予考虑。根据统计,上述三个维度的情况可以总结如下:

**1. 外文网站。**各省级政府网站所用外文基本为世界主要经济强国或周边邻国语言,包括英文、法文、日文、德文、俄文和朝鲜文等。[④] 其中英文是使用范围最广的语言,有18个省级政府制作了英文版网站,占58%,且有25个省级政府

---

\* 本文是国家语委"十三五"科研规划项目(YB135-52)的阶段性成果,也得到江苏高校大学生创新创业项目(201711117065Y)和扬州大学学术科技创新基金项目(X20171101)的支持。

① 《"十三五"国家信息化规划》(国务院),http://www.gov.cn/zhengce/content/2016 -12/27/content_5153411.htm。

② 因港澳台地区的经济社会状况、语言状况和语言管理机制均迥异于内地,本调查未将其纳入考察范围。

③ 本文中的"简体中文"实指规范汉字,为行文中便于与繁体字应用情况进行比较,采取"简体中文"与"繁体中文"的说法。

④ 从实际功能角度看,朝鲜文和俄文网站可以同时服务国外和境内少数民族访客,我们认为可以既算入外文网站,也算作民语网站。

网站首页有英文出现。[1]

各省级政府网站外文的选用可以分为三种情况,即不使用外文、仅用英文和使用多种外文:(1)未设置任何外文版本网站的有云南、辽宁、黑龙江、山东、西藏、天津、山西、河南、广东、广西、江苏、内蒙古、青海等13省、自治区和直辖市,约占总数的三分之一。作为政府门户网站,使用国家通用语言文字而不使用外文自然无可厚非,但在全球化背景下这种做法却是放弃了互联网这一最为便捷的对外交流平台,既不利于向国际社会宣传我国社会主义建设的成就,也不利于引入国外的信息和投资,略显遗憾。(2)仅设置英文一种外文版本的有北京、上海、河北、福建、江西、海南、四川、陕西、甘肃、宁夏、安徽、贵州和新疆等13省、自治区和直辖市,占总数近一半。鉴于英语已成为全球使用范围最广的语言,这种做法可以在成本与收益之间达到最佳平衡,可以在成本较低的前提下最大范围地与世界各国的访客交流。(3)设置多种外文版本的有重庆、浙江、吉林和湖北等4省和直辖市,涉及法文、日文、德文、俄文和朝鲜文。在国际交往中使用对象国的语言体现了对交流对象的尊重和友好,可以达到最好的沟通效果。

**2. 繁体中文网站**。共有18个省级政府网站制作了繁体中文页面,与英文持平。天津、山西、河南、广东和广西等5省、自治区和直辖市除简体和繁体中文版本外,未制作其他文字版本;不过甘肃于近期取消了繁体中文版本。考虑到我国实际利用的境外直接投资中有70.3%来自港澳台地区,特别是香港地区(占68.4%),[2]各省级政府网站如此广泛地使用繁体中文是可以理解的,而部分省、自治区和直辖市在没有设置任何外文网站的情况下提供了繁体中文版,更是体现了对港澳台胞和海外侨胞的重视。

**3. 少数民族语言文字网站**。内蒙古、新疆、广西和西藏4个民族自治区中,只有新疆和内蒙古分别制作了维吾尔文和蒙古文网站。其他省级政府中,青海建有藏文网站,吉林建有朝鲜文和俄文网站。我国境内居住着大量少数民族人群,使用少数民族语言文字制作网站可以极大地便利他们的语言沟通和语言生活,享受民族语言文字的使用权利。

---

[1] 江苏省在本调查进行期间因网站改版未提供英文版,因此其英文版未纳入本调查。
[2] 数据来自国家统计局2015年数据,http://data.stats.gov.cn/easyquery.htm?cn=C01&zb=A060A&sj=2015。

## 二 外文板块设置

省级政府外文网站的板块设置可以反映其对外交往中语言服务的功能意识。考虑到英文是使用范围最广的外文,各地英文人才也比较充裕,因此本调查以英文版网站为例,梳理了各省级政府外文网站的内容板块设置。共有18个省、自治区和直辖市制作了英文网站,板块数量为5—10个,一般为6—7个,常见板块如下:

表3-1 英文网站板块设置情况

| 板块类别 | 省份数量 | 常用标题 | 内容概述 |
| --- | --- | --- | --- |
| 新闻 | 17 | 新闻(News) | 介绍省内要闻,在内容上与中文新闻有较大差异,偏重于国际交流活动。 |
| 投资 | 16 | 商务(Business),投资(Investment) | 介绍本省的投资环境和投资机会。 |
| 旅游 | 16 | 旅游(Tourism),旅行(Travel) | 介绍本省风景名胜等旅游资源,以及相关的旅游服务。 |
| 政府信息 | 12 | 政府(Government) | 介绍省政府的主要领导、主要部门、所辖主要行政区和重要法律法规等。 |
| 省情 | 12 | 关于(About ××) | 介绍本省的地理、人口、主要资源等,也有在本部分介绍下辖县市情况的。 |
| 生活 | 9 | 生活(Living) | 面向定居于本省的外国公民或游客介绍公共设施和服务。 |
| 教育 | 6 | 学习(Study),教育(Education) | 面向在本省留学或有意前来求学的学生介绍本省高等教育资源。 |
| 服务 | 5 | 服务(Service) | 向外国访客提供各类咨询服务,如签证、交通、医疗、常用号码等。 |
| 文化 | 3 | 文化(Culture) | 展现本省特有的文化风貌。 |

从功能设计的角度看,各省级政府网站板块的设置具有如下几个特点:

1.**板块主题聚焦经济功能**。几乎所有的省、自治区和直辖市都设立了投资和旅游板块,即使是那些板块总数较少的地区,如宁夏和福建(均为5个)也设置了投资板块,可见各地制作外文网站的一个重要目的就是为了吸引外国投资者和游客。鉴于我国自2014年起已超过美国成为全球吸收外资第一大国,2016年入境游客人次高达1.38亿人次,①这种设置体现了非常明确的服务对象意识,同时也说明各地极为重视提升地方经济发展。

**2.内容涵盖服务功能。** 有11个省级政府网站设置了"生活""教育"或"服务"等提供具体服务内容的板块,如果将"旅游"也视为一种常规服务需求的话则数量更多。可见部分地方政府在网站设计之初就考虑了访客的多种需求,并非只考虑了以自我为中心的宣传功能,表现了较强的服务意识。

## 三 内容更新

多种文字版本网站的更新速度体现了省级政府在语言服务方面的质量意识,考虑到"新闻"是各语言版本网站中最为常见的板块,本调查对各省、自治区和直辖市多语网站的新闻更新速度进行了比较,试图以此反映各地对多种网站的维护利用情况。

### (一)英文网站更新情况

本调查选取2017年6月至12月这一较近时间段各省、自治区和直辖市英文版网站的新闻数量和更新次数作为比较内容。在18个省级政府的英文版网站中,宁夏未设新闻板块,浙江未能打开,重庆未标记更新时间,因此未纳入统计,其余15个省、自治区和直辖市的更新情况如下:

表3-2 英文版本网站的新闻更新情况

|  | 新闻总数 | 更新次数 | 更新频率(天) |
| --- | --- | --- | --- |
| 北京 | 4280 | 214 | 1.0 |
| 上海 | 1712 | 212 | 1.0 |
| 贵州 | 312 | 212 | 1.0 |
| 湖南 | 425 | 156 | 1.4 |
| 安徽 | 355 | 139 | 1.5 |
| 湖北 | 274 | 134 | 1.6 |
| 江西 | 270 | 126 | 1.7 |
| 四川 | 126 | 126 | 1.7 |
| 吉林 | 483 | 118 | 1.8 |
| 河北 | 231 | 105 | 2.0 |

---

① 2016年中国旅游业统计公报,中国国家旅游局,http://www.cnta.gov.cn/zwgk/lysj/201711/t20171108_846343.shtml。

（续表）

| | | | |
|---|---|---|---|
| 陕西 | 113 | 76 | 2.8 |
| 海南 | 81 | 51 | 4.2 |
| 福建 | 30 | 25 | 8.6 |
| 甘肃 | 7 | 6 | 35.7 |
| 新疆 | 0 | 0 | 214.0 |

由上表可见绝大部分省级政府英文版网站能做到经常更新。北京、上海和贵州3省、直辖市维持了每日更新；其他地区则基本能够做到2—3天一更新，一般不超过1周；甘肃则较为滞后，半年共更新了6次，每次更新1篇；新疆则从未更新，全年只有5篇新闻。新闻总数基本与更新频率相一致，北京最高，上海次之，其他地区大都平均每天1—2篇报道，海南、福建、甘肃和新疆4地的新闻板块则内容较少。与简体中文网站的新闻几乎每日更新相比，各地对于外文版本网站的维护力度稍弱。

### (二) 繁体中文网站更新情况

繁体中文版网站能与简体中文版保持同步。由于各省、自治区和直辖市基本都采用了在线简繁字转换系统，因此网站更新的维护成本较低，繁体字版网站无论是在新闻或其他板块都能在内容和更新速度上与简体字版同步。

### (三) 少数民族语言文字网站更新情况

少数民族语言文字网站保持了较高的更新频率。藏文和蒙古文网站的新闻均保持在1—2天的更新频率，且更新内容较为丰富，每次更新均超过1篇。维吾尔文新闻也保持了一定程度的更新速度，不过略低于藏文和蒙古文。吉林省的朝鲜文和俄文网站的新闻板块更新情况也比较好，基本做到了每日更新，而且由于这两种文字的网站既面向境内少数民族，也同时面向外国访客，相关内容也较为丰富。

一般而言，政府网站所使用的语言文字越丰富，信息传达的范围就越广，也更能体现一种自信开放的态度，比如美国的纽约州和纽约市政府网站就提供了多达93种语言文字的翻译版本，相比之下，我国政府门户网站多语服务还有很大的提升空间。

（何山华）

# 网评低俗词语使用调查

## 一 缘起

网评指的是网站中的跟帖评论。当前,在新闻门户、微博、论坛、视频网站等各类媒体中的用户评论区,网络低俗词语泛滥,监管乏力,亟须做一次全面的摸底调查。2015年6月2日,人民网舆情监测室发布的《网络低俗语言调查报告》调查了25组低俗词语在微博中的使用状况。2017年3月16日《人民日报》刊登了《加强"微语言"治理刻不容缓》一文,指出不少"微语言"(微信、微博和社交平台使用的语言)呈现低俗化倾向,对人们尤其是少年儿童的语言学习带来负面影响。这一问题已引起党和国家领导人的高度重视。国家语言资源监测与研究有声媒体中心历时6个多月,投入师生20余人,采用大数据及语言信息处理技术,对国内影响力大的30个网站评论板块中2017年1月—10月之间的低俗词语使用状况展开了调查。

## 二 调查方法及结果

整个调查分为四个步骤。

首先,制定低俗词表。以社会公认和没有歧义为原则,参考中国记协禁用的低俗词表、人民网舆情监测室发布的低俗词表和中国传媒大学有声媒体中心搜集的低俗词语,制定出一份包括17组、共51个词语的调查用低俗词表。

其次,确定调查目标。选取调查目标的原则有三个:一是社会影响力大;二是该评论要处于公共空间,面向大众传播;三是该网站要有评论板块,且评论是用文字留存、可采集的。

确定调查目标的工作分三步进行：第一步，依据站长联盟根据百度权重、谷歌权重以及反链数等对网站做出的综合指数排名，选取影响力大的前300个网站。第二步，利用低俗词表，调用百度搜索引擎，对这300个网站进行垂直搜索，得到每个网站出现低俗词语的总数，然后将这些网站按低俗词语多少降序排列。第三步，根据第二步的结果，去掉没有设置评论板块以及评论过少、评论难以采集的网站，最后选定30个调查目标。

再次，采集语料。以各网站跟帖多的热点话题作为目标，采集其下面的评论，每个调查目标采集500万字。

最后，统计排序。用低俗词表对这30个网站的语料进行检索统计，得出每个网站使用低俗词语的总次数，然后按每10万字出现的低俗词语数量进行降序排列。在列表时，先将网站按不同类型划分，然后每一类型内部再按低俗词语使用多少降序排列，于是得到下表。

表3-3 网评低俗词语使用状况

| 序号 | 网站类型及数量 | 调查目标 | 每10万字低俗词语数 | 所属网站 | 调查目标域名 |
|---|---|---|---|---|---|
| 1 | 新闻类（5） | 网易新闻 | 269 | 网易网 | news.163.com |
| 2 | | 腾讯新闻 | 89 | 腾讯网 | news.qq.com |
| 3 | | 新浪新闻 | 49 | 新浪网 | news.sina.com |
| 4 | | 凤凰资讯 | 26 | 凤凰网 | news.ifeng.com |
| 5 | | 搜狐新闻 | 16 | 搜狐网 | news.sohu.com |
| 6 | 社区类（7） | 百度贴吧 | 89 | 百度 | tieba.baidu.com |
| 7 | | 天涯社区论坛 | 58 | 天涯社区 | bbs.tianya.cn |
| 8 | | 百度口碑 | 43 | 百度 | koubei.baidu.com |
| 9 | | 东方财富网股吧 | 30 | 东方财富网 | guba.eastmoney.com |
| 10 | | 铁血网论坛 | 17 | 铁血网 | bbs.tiexue.net |
| 11 | | 新华网发展论坛 | 2 | 新华网 | forum.home.news.cn |
| 12 | | 人民网强国论坛 | 1 | 人民网 | bbs1.people.com.cn |

(续表)

| | | | | | |
|---|---|---|---|---|---|
| 13 | 视频类<br>(7) | 爱奇艺 | 82 | 爱奇艺 | iqiyi.com |
| 14 | | 优酷网 | 81 | 优酷网 | youku.com |
| 15 | | 哔哩哔哩<br>弹幕网 | 78 | 哔哩哔哩<br>弹幕网 | bilibili.com |
| 16 | | 腾讯视频 | 56 | 腾讯网 | v.qq.com |
| 17 | | 豆瓣电影 | 36 | 豆瓣网 | movie.douban.com |
| 18 | | 搜狐视频 | 34 | 搜狐网 | film.sohu.com |
| 19 | | AcFun弹幕<br>视频网 | 18 | AcFun弹幕<br>视频网 | acfun.cn |
| 20 | 体育娱乐类<br>(3) | 网易娱乐 | 338 | 网易网 | ent.163.com |
| 21 | | 新浪体育 | 63 | 新浪网 | sports.sina.com.cn |
| 22 | | 虎扑体育 | 36 | 虎扑体育 | hupu.com |
| 23 | 读书类<br>(2) | 起点中文网 | 80 | 起点中文网 | qidian.com |
| 24 | | 晋江文学城 | 18 | 晋江文学城 | jjwxc.net |
| 25 | 问答类<br>(2) | 知乎 | 56 | 搜狗网 | zhihu.com |
| 26 | | 悟空问答 | 31 | 今日头条 | wukong.com |
| 27 | 游戏类(1) | 游民星空 | 57 | 游民星空 | gamersky.com |
| 28 | 影讯类(1) | Mtime时光网 | 54 | Mtime时光网 | mtime.com |
| 29 | 微博类(1) | 新浪微博 | 49 | 新浪网 | weibo.com |
| 30 | 音乐类(1) | 虾米 | 13 | 虾米 | xiami.com |

## 三 数据分析

对网站评论低俗词语使用状况进行分析，至少可以得出如下结论。

### （一）网评中低俗词语使用是一种普遍现象

从表中可以看出，低俗词语在国内具有影响的各大门户网站以及各种类型网站的评论中都或多或少出现，最多在10万字中出现了338次。如果按词统计，低俗词语使用率达到了0.8%，几乎每100个词中，就有一个低俗词，这个比例相当高，已经达到了重污染的程度，必须治理。

### （二）不同网站污染程度不同，特点也不同

使用低俗词语最多的是娱乐类网站，上述使用比例达到0.8%的就是网易娱乐，51个低俗词语大多都出现过，使用最多的是"傻逼"，有1.1万多次，回查语

料,大部分是对一些演员、歌手的辱骂和网友之间的互骂;其次是"尼玛"和"装逼",各有1000多次。有些新闻类网站使用低俗词语也较多。网易新闻评论中每10万字低俗词语数达到了269,使用次数最多的是"傻逼"和"装逼",其中大多是网友的互骂。腾讯新闻与百度贴吧并列第三位,每10万字低俗词语数是89。腾讯新闻使用最多的是"装逼"和"尼玛",主要是骂新闻消息中所涉人物。百度贴吧低俗词语用得最多的是"卧槽",主要用来表达情绪,值得注意的是其中有相当部分表达的并不是负面情绪。如:"卧槽,第一次看到这么正式的分析的""哎呀卧槽,这不是葫芦山小英雄嘛""卧槽,这帖火了""卧槽神帖""卧槽,也太快了""卧槽太神了""卧槽啊。太强大了"。俨然,"卧槽"这样一个詈语的变异形式已经泛化成一个表惊讶甚至惊喜的叹词了。

30个网站中使用低俗词语最少的是人民网强国论坛和新华网发展论坛。每10万字只分别出现了1个、2个低俗词。主要是一些传统的詈语,如"他妈的、尼玛、狗日的、我靠"等,各出现了几次到十几次。

### (三)低俗词语使用分布不均衡

51个低俗词语中,使用次数最多的是"傻逼",达26 294次;使用超过1万次的有"尼玛"和"装逼";超过5000的有"卧槽"和"他妈的"。也有的只出现几次,如"操你娘"出现4次,"日你妹"出现2次。

### (四)低俗词语使用量与监管力度和评论模式相关

从调查结果来看,同是社区类,百度贴吧每10万字低俗词语使用89个,人民网强国论坛只有1个,新华网发展论坛只有2个。人民网强国论坛和新华网发展论坛在30个网站中低俗词语使用量是最少的,原因可能是这两个网站分别由人民日报社和新华社主管,监管力度较强,用户群整体素质较高。

网易娱乐和网易新闻中的低俗词语使用明显偏高且用词集中,回查语料,原因可能与网站设置的评论模式有关,其评论中的重复引用(网民俗称"盖楼")比较多。

## 四 对策建议

1. 网络低俗词语治理是一项系统工程,要各部门协调合作,才能取得预期的效果。建议国家语委联合中宣部、中央网信办等部门,分工合作,共同监管,这不仅有利于防控舆论热炒,更有利于在执行层面取得实效。

2. 网络低俗词语治理又是一项长期的工作,不可能一蹴而就。因此,要做好打持久战的准备,要从技术层面上做好对低俗词语变异形式进行处理的准备。

3. 低俗词语中的詈语具有宣泄情绪的功能,民众情绪宜疏不宜堵。建议加强对低俗词语技术处理的研究,尽量做到既能让网民的情绪得到一定的宣泄,又不污染网络的公共空间,例如,仅屏蔽低俗词语,或低俗词语不进入公共空间,仅作者自己能看到等。

4. 有必要加强语言知识和语言意识的引导。从数据分析来看,低俗词语使用最多的是"傻逼、装逼、尼玛",对这些词,尤其是前两者的恶俗性,很多网友没有意识到,竟把它们当作一个普通词使用。这类词近几年不仅在网络上使用,也出现在一些报纸和广播电视中,很多青少年将其看成是时尚,用得更多。因此让大众特别是青少年认识到这类词的恶俗,避而不用,是语言生活管理者和语言工作者的任务。另外,在调查中还发现有些网友竟以这些低俗词语作为网名,如"尼玛又坑爹了、去尼玛态度、迎风装逼",对这种以丑为美的语言意识,也应该加强引导,甚至可以考虑在注册网名时进行必要的干预和监管。

5. 建议将低俗词语使用状况调查作为语言监测的专项任务,坚持做下去,每年向社会公布 1—2 次,不间断地督促网站加强监管,引导网民自觉规范自己的言论,使网络空间向着越来越和谐清朗的方向发展。

(程南昌、滕永林、侯　敏)

# 旅游景区的语言景观状况

2017年,中国旅游市场高速增长,旅游人数已达50亿人次,全年实现旅游总收入5.40万亿元。[①] 旅游已成为人民群众日常生活的重要组成部分,旅游业已成为拉动经济增长的重要产业之一。

随着旅游市场的蓬勃发展,我国旅游景区的语言景观发生了深刻的变化。作为语言景观的标识牌不断完善,呈现出从静态到动态、从单一功能到多重功能、从单一语言到多种语言的多样化形态。本文主要描述了旅游景区呈平面静态特征标识牌的标识语的语言景观。

## 一 类型

景区标识语是旅游景区内各种相关场所以标识牌为载体利用文字、图示、图形等手段引导游客游览参观以达到与游客交流信息、管理游客行为或增强游客环境保护意识等多种目的的一类解说方式。景区标识语类型可以从功能、解说对象、解说内容、信息要素、解说语体等多种角度加以划分,本文根据信息要素,将景区标识语分为综合信息类、指示标识类、行为提示类、景点说明类四类。

### (一)综合信息类

指景区各种相关管理设施标识语,如景区管理服务设施、导引设施、卫生安全设施、购物娱乐设施、交通设施等。见图3-7。

---

[①] 参见 http://whs.mof.gov.cn/pdlb/mtxx/201802/t20180224_2817498.html。

图 3-7 福建土楼(永定·南靖)旅游景区标识牌 　　图 3-8 嘉峪关文物景区标识牌

## (二)指示标识类

指示类主要是指路牌,除景区设施景点名称外,一般还带有各种形态指路箭头,有的还附有距离、图例等信息。见图 3-8。标识类主要是指景区各种相关设施、景点位置所在地点标识等。

## (三)行为提示类

指提示、警示、环境教育类等。见图 3-9。

图 3-9 南川金佛山-神龙峡风景区标识牌 　　图 3-10 嘉峪关文物景区标识牌

## (四)景点说明类

指景点概况、特定景点介绍等。见图 3-10。除了上述根据信息要素对标识语的划分外,还可以根据语体将景区标识语分为单一类语体标识语和混合类语体标识语。见图 3-11。

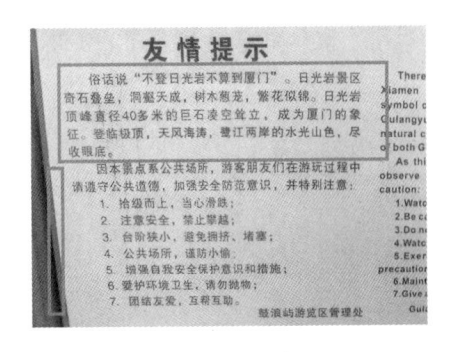

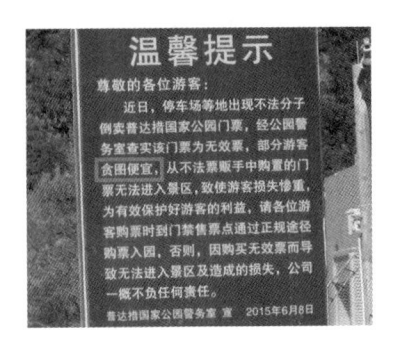

图 3-11　厦门鼓浪屿风景名胜区标识牌　　图 3-12　迪庆藏族自治州普达措国家公园标识牌

这类标识语由"景点介绍"和"提示"两部分组成。前一部分语体风格基本呈现出文艺语体特征,生动形象,情感浓烈,抒情优美,给人以情趣盎然的美感体验。后一部分属于公文事务语体,条分缕析,语言简洁,表意准确。这类旅游景区特有的标识语景观值得进一步深入研究。

## 二　表达

### (一) 角度

景区标识语是为游客服务的,制作者会从不同角度来选择标识语的表达方式。比如置放于草坪花丛场所的环境教育类标识语:

(1)①禁止践踏!

②请勿践踏!

③"文明自脚下起步 保护从你我做起""人类善待自然就是善待自己" "崇尚自然 敬畏生命"

(2)"小草对你笑一笑 请你把路绕一绕""小脚不乱跑 小草微微笑""草为德者绿 花为善者红""手边留情花似锦 脚下留情草成茵""爱世界 爱花草 这世界 更美好"。

第(1)类采用景区管理者表达角度。例①采用命令式警示语,若置放于景区高压变电器等高度危险场所会起到警示作用,不适合草坪花丛。例②采用请求式警示语,具有一定的柔和度。例③的表达侧重教育功能。例②③虽具有积极的场景化意义,但祈使、说教意味较浓厚。第(2)类从游客角度出发,其表达有一定的艺术性,且设身处地地把游客与景物直接联系起来,在潜移默化中起到陶冶

心灵和物我相融的效果。

如果标识语不重视表达角度，凌驾于游客之上，那么其标识语必然会产生负面影响。图3-12标识语中"部分游客贪图便宜……"的表达角度明显有"有错推定"的主观随意性，会产生负面影响。如果去掉"贪图便宜"，将主观臆测角度转换成客观事实表述角度，或许会收到更好的效果。

**(二) 风格**

景区标识语中出现频率最高的是公文事务语体，如注意事项、须知、规定、告示（提示）等。除政府发布的行政公文外，景区相关注意事项等标识语，多采用通俗易懂的语言风格，有利于与游客沟通。

图3-13　甘肃敦煌鸣沙山月牙泉风景区标识牌　　图3-14　大理崇圣寺三塔文化旅游区标识牌

上图中的"须知"，虽属于公文事务语体，但兼有口语谈话语体的亲切自然、服务语体的得体入微、社交语体的亲切礼貌、公文语体的明晰务实等多种特征。

此外，景区标识语中虽然较少使用口语语体，但也有少量的谈话体和独白体，使语言风格轻松愉快，生动活泼。见图3-14。

## 三　语种

我国旅游景区标识语呈现出多语并存的多样性特征。下面从语种数量和语种排序两方面加以考察。

## （一）数量

从外语语种数量看，有三种情况。

一是不同景区使用的外语语种数量不同。AAAAA、AAAA（我们在归纳景区词语类错误时将"4A""5A"归入缩略不当类错误）级旅游景区标识语中至少出现一种外语，绝大多数是英语。我们调查的43个AAAAA旅游景区100%使用了英语，其他AAAAA、AAAA级景区中也有第一外语为日语、韩语、俄语的现象。这些现象一方面与相关景区常接待的外国游客国籍有关，另一方面也显示出相关外语在这些景区的重要性。此外，景区标识语若出现多种外语，数量从两种到四种不等，大多是英语、日语、韩语、俄语、法语、德语、泰语、越南语等，如北京恭王府景区"游览须知"使用了英语+俄语+日语+韩语，苏州虎丘山风景名胜区中云岩塔的景点说明标识语使用了英语+德语+日语+法语。

二是同一景区使用的外语语种数量不尽相同。以丽江古城为例，同一景区语种数量（含汉语）出现三种情况：(1)汉语；(2)汉语+英语；(3)汉语+英语+日语+韩语。

三是同一景区同一处标识语中，外语语种数量也不尽一致。如有的标识牌上，同时出现"汉语+英语""汉语+英语+俄语+韩语"两种情况。见图3-15。

图3-15　海南省保亭县槟榔谷黎苗文化旅游区标识牌　　图3-16　恭王府景区介绍折页

## （二）排序

绝大多数旅游景区排在第一位的外语是英语。这种状况反映出英语的国际地位，也彰显出中国社会现代化国际化的程度。第二位的外语情况比较复杂，或日语，或韩语，或俄语，或法语，或德语，或泰语，或越南语等，情况不一。第三位、第四位情况更加复杂。

同一景区使用多种外语时,排列顺序也不尽一致。以北京恭王府景区为例,所有标识语都有四种外语——英、俄、日、韩,英文序位第一,但后三种顺序各异。如景区1号大门厅两侧"游客须知""恭王府组团系列游"等为俄语+日语+韩语;景区内所有的"恭王府全景图"为韩语+日语+俄语;景区内大部分设施名称标识、指引标识、警示标识则为日语+韩语+俄语。

## 四 规 范

从调查结果来看,大多数景区标识语的语言文字运用是规范的,这显示出景区能够很好地贯彻《国家通用语言文字法》和相关标准,也反映出我国国民文化教育水平的整体提升,但有些景区也还在汉字、汉语拼音、词语、语法、标点符号等方面存在着一些问题。

有学者认为语言景观研究关注的核心主要不是语言文字运用错误和规范问题,而是标识语所象征的身份、地位及权势关系等,重点在于通过挖掘标识语的象征功能,解释语言群体的权势和地位之间的关系,但是,在中国规范化问题是语言景观研究无法避开的一个内容。"规范化、标准化是现代社会语言的两大本质属性和基本要求,国际上的语言景观研究或许确实无须关注语言误用状况,但国内的语言景观研究根本无法避开语言规范使用问题。"[①]

《中华人民共和国国家通用语言文字法》第三条规定:"国家推广普通话,推行规范汉字"。第十三条规定:"提倡公共服务行业以普通话为服务用语"。作为"公共服务行业"的旅游行业,特别是旅游景区,在"以普通话为服务用语"进行旅游语言解说服务过程中,在普通话推广与普及方面具有接受推广和传播推广的双重身份。旅游景区语言景观的规范问题折射着国家语言政策的实施情况。若国家通用语言文字使用失范,必会带来较大的负面影响。通过调查语言景观失范情况,分析普通话推广与运用之间形成的落差,有助于探究如何将国家相关语言文字工作部门推广普通话的工作落到实处,至少是落到旅游景区语言文字规范工作实处。

其规范问题,主要表现在以下几个方面。

---

① 万永坤、原一川《国内语言景观研究进展述评》,《英语广场》2016年第5期。

1. 汉字。主要问题集中在繁体字滥用、错别字（别字居多）等方面。如滥用繁体字，见图3-16。

2. 汉语拼音。主要是违反汉语拼音拼写规则和受方言等影响的拼写错误。如将"殷承宗"拼写成"Yin，ChenZong"。

3. 词语。主要有名称不统一、词语误用、重复、生造词语及使用不当等问题。

图3-17中，同一景区内关于秦始皇帝陵博物馆的相关名称有"秦俑""秦陵博物院兵马俑""秦兵马俑""秦始皇陵博物院"等，应该统一。

图3-17 西安秦始皇兵马俑博物馆

4. 语法。主要有词性误用、搭配不当、成分残缺或赘余、语序不当等问题。

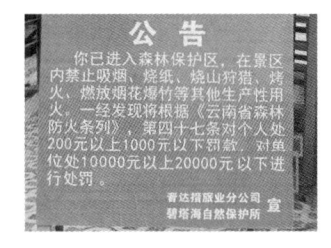

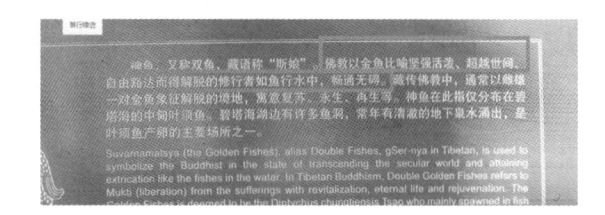

图 3-18　迪庆藏族自治州普达措国家公园标识牌

图 3-18 左图中,偏正词组"处 10 000 元以上 20 000 元以下罚款"与动宾词组"进行罚款"杂糅于一处。右图,主谓词组"佛教以金鱼比喻坚强活泼、超越世间、自由豁达而得解脱的修行者"与主谓词组"修行者如鱼行水中,畅通无碍"杂糅于一处。

5. 标点符号。主要有误用、残缺、赘余、错位等问题。见图 3-19。

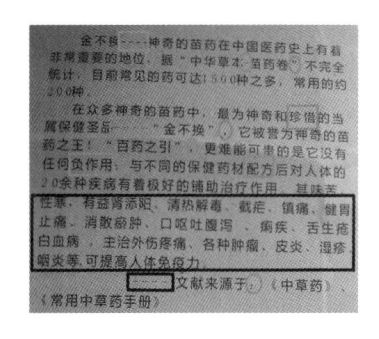

图 3-19　海南省保亭县槟榔谷　　图 3-20　泉州市清源山风景名胜区标识牌
　　　　　黎苗文化旅游区标识牌

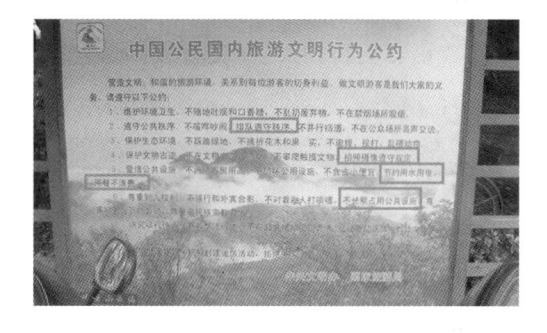

此外,还有一些逻辑方面的问题,如概念并列不当、互相矛盾等。

下面再以经常出现在各个景区中的《中国公民国内旅游文明公约》(以下简称《公约》)为例进行分析。见图 3-20。

首先,在多个景区出现的《公约》,内容完全相同,但名称不统一,落款不一致。其名称有《中国公民国内旅游文明公约》《中国公民国内旅游文明行为公约》《文明旅游公约》等。有的景区落款为"中央文明办国家旅游局",有的景区落款为特定景区相关管理部门,有的景区则没有落款。

其次,《公约》的表述主要有四个方面的问题。(1)顺序。就每一条公约而言,其顺序宜先正面提出要求,再反面提出制止。第 2、4、5、6 条正面要求与反面制止随意乱序安排。(2)归类。就第 5、6 条而言,"用餐不浪费"不属于"爱惜公共设施"范围,宜删掉;第 6 条"不长期占用公共设施"应属于第 5 条"爱惜公共设施"。(3)语义。第 2 条语义重复,表义混乱:先说"不喧哗吵闹",再说"不并行挡道",最后又说与"不喧哗吵闹"意义相近的"不在公共场所高声交谈"。(4)内容。"不对着别人打喷嚏"这样的内容列入《公约》欠妥当,建议删掉。

## 五　思考与建议

  国家旅游局在 AAAAA 级旅游景区评定中,有多使用一种外语就多一个加分项的规定。但未见可以出现哪些外国语言文字、怎样出现的指导性意见,所以相关景区无章可循。这就使得各景区在外国语言文字使用种类与排序方面显得有些混乱,需要国家有关部门尽快制定相关政策并实施。

  少数民族地区旅游景区的少数民族语言文字景观值得关注。有的景区中有少数民族语言文字,有的则没有。在少数民族地区的景区中,应该呈现哪些少数民族语言文字、怎样呈现等,也需要国家有关部门尽快制定相关政策并实施。

(韩荔华)

# 济南市商户叫卖语言使用调查

叫卖一直为街道商户广泛使用,是商户广告宣传、公共服务信息和城市语言传播的重要形式。2016年12月、2017年7月至10月,我们对济南市部分广场和街道进行了调查。

## 一 调查说明

本次调查范围为济南市区山师东路、文化东路、芙蓉街、长清大学城商业街、宽厚里商业街、火车站前广场、泉城广场、棋盘街、和谐广场、西市场、大观园小吃街以及泺口服装城周边街道等共15处街区。先后共录制了95条音频,并进行了文字转录。

调查分三轮进行。2015年下半年对济南市主要街道上出现的语言文字新现象进行了拉网式的全面搜集,其后又于2016年和2017年分两次重点对城市商户叫卖语言情况展开了调查,录制了近百段视频或音频。在之后一年多的时间里又对该语言现象展开了第二轮调查,同时又以济南当地或长期生活在济南的人群为调查对象,借助调查问卷和街头采访的形式了解大众对济南叫卖语言的认识和看法。下面我们主要以《中华人民共和国国家通用语言文字法》《语言文字规范标准手册》等相关语言文字法规、标准为据,对城市商户叫卖语言现象进行分析。

## 二 录音叫卖

在各种叫卖中,录音叫卖是近些年来异军突起的叫卖类型,具有鲜明的时代特点。

第一,长短不一,长而全的形式在数量上占优势。我们搜集到的录音叫卖从一句话到一大段话都有,长度从10到200多字不等,经常是部分或全部语句反复播放。短的往往只是介绍商品或服务项目的名称、价位或质量,长的则往往包括其中多个方面。长形式的叫卖在数量上要超过短形式,这与录音设备存储量大有直接关系,用户因此能够在录音叫卖中注入更为丰富的信息内容。例如:

(1)烤地瓜,烤地瓜,又香又甜的烤地瓜。(反复播放。西市场周边街道商铺)

(2)……所有真皮皮鞋全部降价,50元钱一双,厂家倒闭价,全部一律50元钱一双卖完,今天不买,下次再也没有,原价卖200多元、300多元的高档品牌真皮皮鞋,全部降到50元钱一双啦,50元的皮鞋保证真皮,我们是鞋厂倒闭,当铺再亏本给我们的皮鞋,鞋厂倒闭,当铺亏本。所有真皮皮鞋真正亏本,再次降价,只卖50元钱,50元一双的皮鞋,保证真皮。我们是鞋厂倒闭,当铺回笼资金,亏本,当铺回笼资金,亏本,所有真皮皮鞋真正亏本,再次降价,只卖50元。只卖最后几天啦,我们就要拆走啦。原价卖200多元、300多元的高档品牌真皮皮鞋亏本价50元钱一双啦,最后降价50元钱一双卖完。(共重复9次"50元一双"。文化东路)

第二,普通话叫卖占绝对优势,方言经常夹杂其中。根据调查结果,大多数录音叫卖使用的是普通话,许多商户甚至邀请专业的播音员录制叫卖音频,"播音腔"几乎成了正规商户录音叫卖的标配,纯方言形式的录音叫卖已经极为少见了,但经常出现普通话中夹杂方言成分的录音叫卖。例如:

(3)糖炒栗子,刚出锅的糖炒栗子,个个开口,好吃好剥。(剥:读 bā,山东方言。文化东路小吃店)

(4)好消息,好消息,周黑鸭进驻长清大学城,周黑鸭入口先甜,再嚼麻辣,后留余香,回味无穷,欢迎前来品尝。(嚼:读 jué,山东方言。长清大学城商业街商铺)

第三,形式灵活多样,风格常趋于风趣、亲切诙谐。单人讲话形式最常见,也有两人重复一段话的形式或是多人对话形式,并经常伴有背景音乐,音量偏大。例如:

(5)天天作业12点,眼累就戴宝视达抗疲劳眼镜,现抗疲劳眼镜正参加宝视达岁末大狂欢,低至五折,更有双十一、双十二线下狂欢节,不止五折,快来选购吧。(以上全部话语女声播放完,男声再播放一次。泉城路眼镜店)

(6)女:"吃什么呀?"

男:"嗯,准备吃烤地瓜呀。"

女:"这么香,这么特别的烤地瓜,在哪儿买的?"

男:"嗯,你还不知道呀,在泉城路买的呀,哎,给你普及一下现在最火爆的无皮烤红薯吧,泉城烤薯是国内首家都市式化烤薯品牌,已经陆续登陆我国各大省份啦,他们家烤红薯香甜软糯、干净卫生,最重要的是他们家能烤出七种口味的红薯。"

女:"这么神奇啊!快说说,都有什么口味儿的?"

男:"哎,有脆皮的、各种水果味儿的,还有更加诱人的熔岩烤地瓜,最重要,最重要的是他们家的红薯是自己研发种植的专门适合烤制地瓜,还是原生态的无公害的,吃起来更加健康更加放心哦。"

女:"这么神奇,这么香的烤地瓜,我得赶紧去尝尝。"(采用对话形式和背景音乐,音量偏大。芙蓉街商铺)

许多录音叫卖直接吸取了人工叫卖的语用风格,十分口语化,儿化、感叹词、语气词等口语性成分频繁使用,营造出生动幽默、诙谐搞笑的效果,充满喜感。例如:

(7)酸奶牛我们走,去找我们好朋友。吃刨冰、喝酸奶,太阳地里不怕晒。酸奶牛哞儿哞儿哞儿,喝它一口<u>爽 beir beir,爽 beir beir,爽 beir beir,哎呀妈呀味道真儿</u>。酸奶牛拉拉手,每天到晚来一口,喝完我们一起走,魅力人生好朋友。不抽筋儿、不喝酒,来杯酸奶全都有,美容减肥健康一天,大家都说<u>真可耐(可爱)</u>。五里路,一杯杯,酸奶牛,火怕火,没喝过的不要躲,2017继续努力,我们先挣它一个亿。(两男声交替播放,其中一个声音正常,一个声音做过处理,比较滑稽。采用儿歌的形式,节奏感强,多用儿化词,语言风趣幽默。宽厚里酸奶店)

第四,部分经营同类商品的商户叫卖录音常常趋同或趋近,具有明显借用或模仿的痕迹。如"糖炒栗子,现炒现卖,好吃好剥(bā)"的叫卖声遍布济南城的各个商区,具有高度的一致性。再如:

(8)……<u>辅佐24种名贵香料</u>,用独特老汤秘制,用料考究,制作独特,表面光滑,鲜嫩美味,<u>味道纯粹</u>,清香而不腻。小蹄大作至今累计卖出210万份儿,欢迎爱美的小伙伴前来解馋哦!(宽厚里美食店)

(9)……<u>辅佐36种名贵中草药材</u>调味,独家秘制酱料制作,用料考究,<u>制作独特</u>,色泽鲜亮,<u>味道纯正</u>,美味无极。世间万物,唯爱和烤串不可辜

负,欢迎爱吃的小伙伴前来品尝哦!(宽厚里美食店)

有的叫卖还因为时间的不同而有所变化,如部分全天营业的商户,白天和夜间的叫卖会有不同:白天的叫卖声经常音量较小且间隔时间长,晚上叫卖声音量有所提升且间隔缩短;晚上的叫卖内容有时要比白天丰富。例如:

(10)美女帅哥看一看,新店开业,第二份半价。(芙蓉街,白天)

(11)这边走,您了解一下,来,帅哥美女,红豆奶茶、椰果奶茶、布丁奶茶、珍珠奶茶,各种口味奶茶,暖心暖胃,6元一杯,第二份半价。(芙蓉街,傍晚)

录音叫卖在传播的过程中也出现了一些问题。如经常使用一些不规范的读音等。例如:

(12)口碑狂欢日,支付宝支付赢大奖,欢唱券、滑雪券,快来领哦!("券"误读为 juàn。泉城路商铺)

(13)爆肚儿,专业的爆肚儿,正宗的肚儿,好吃的爆肚儿,来吧,吃爆肚儿。("肚儿"误读为 dúr。山师东路商铺)

有时声音太大会影响市民的日常生活,扰乱公共秩序;反复播放,不顾及他人的感受,强制听众接受等;有些商业性的叫卖传播不实信息,过分夸大商品效果。例如:

(14)……进店即可享受58元面部深层排毒一次,皮肤出油、毛孔堵塞、皮肤粗糙通通能解决,黑头暗黄一扫而空……(夸大。和谐广场附近街道商铺)

## 三 人工叫卖

前面已经提到,由于录音叫卖的兴起,人工叫卖有式微的趋势,但它基本延续了过去的一些特点,如语形简短、内容精炼、多变等,如在济南商业街、小吃街等地,人工叫卖多是单句循环,用词精炼,主要说明卖品的名称、特点或价格,同时根据需要会随时改变叫卖内容;语用策略多样,语气亲切,常用反问句、语气词、叹词等,音量大、拖音长等。例如:

(15)刚上的大白菜,买点吧。(佛山街)

(16)美女,济南老酸奶不买吗?(芙蓉街)

近年来受到社会广泛关注的是传统人工方言叫卖,它承载着丰富的城市人文历史和地方文化因素,被认为是城市历史文化的活名片,因此许多地方将其列为非物质文化遗产,如北京的"老北京叫卖"、天津的"老天津卫叫卖"、四川的"遂宁叫卖调"等。老济南话叫卖声于 2017 年正式成为济南市非物质文化遗产项目,并受到了社会的广泛关注,本次调查也搜集到了这方面的材料。例如我们采集到了济南棋盘社区的一段传统叫卖,整个叫卖语调都采用纯粹的老济南腔调:

(17)酱油、醋,打甜酱、打辣椒酱、打豆瓣酱、辣椒、杂不拉、酱瓜、酱包瓜、酱黄瓜、酱皮拉、什锦丝、五香疙瘩、荷叶疙瘩咸菜。

我们在街头随机调查了济南市民对老济南叫卖声及其申遗的态度,大多数市民(占比 71.43%)认为这些体现老济南特色的叫卖声应得到重视,支持申遗,但也有少部分民众对叫卖声的申遗持不关心(占比 7.94%)甚至反对意见(占比 20.63%)。

叫卖语言的调查和研究由来已久,如陈章太[1]、曹炜等[2]分别于 20 世纪 80 年代和 21 世纪初就进行了调查。通过比较可以看到:叫卖语言使用范围在过去的基础上不断地延展。当前城市商户叫卖以录音为主,人工为辅,录音叫卖在 30 年前几乎不存在,10 年前也仅仅被当作一种新兴的、非主流的叫卖类型,而今天由于电子技术的提高,现代音视频设备的普及,以及便捷、经济和省力的特点,使它成为城市街道商户采用的主要叫卖方式;人工叫卖的特点基本没变,只是使用范围有减少的趋势,但其文化价值引起社会各界普遍关注。商户叫卖语言是地方传统文化的重要组成部分,有关部门在整治的同时要注意把握尺度,应当规范指导,而不是完全取缔。

(陈长书、李璐溪、张 树)

---

[1] 陈章太《叫卖语言初探》,《语言教学与研究》1985 年第 3 期。
[2] 曹炜、吴汉江《商品叫卖语言》,汉语大词典出版社,2006。曹炜《商品叫卖语言的构成、类型及发展演变》,《江苏大学学报》(社会科学版)2006 年第 2 期。

# 佤族"原始部落"翁丁的语言生活

翁丁是云南省的一个佤族村寨,地处中缅边境,保存着完好的原始群居村落,被《中国国家地理》誉为"中国最后一个原始部落"。佤族是一个从原始社会末期直接过渡到社会主义社会的"直过"民族,如今,佤族的社会经济形态已经基本实现由封闭单一的农耕经济形式向开放发展的市场经济形式转变。同其他地区的佤族同胞一样,翁丁佤族也实现了历史的跨越,但仍保留着原始的传统生活习俗、传统民居建筑风格和传统民俗风情。

图 3-21　翁丁村寨近景　　　　图 3-22　翁丁村寨口的牛头(郭熙摄)

2004 年,翁丁被云南省列为重点建设的 200 个旅游特色村及首批推进建设的 50 个村之一,并先后于 2006 年列入云南省非物质文化遗产保护单位,2007 年列入云南省历史文化名村,2011 年被评为国家 AAA 级景区,2013 年被评为云南省最具魅力村寨之一,实现了全面对外开放,成为一个在保存和发扬传统文化中经济得到快速发展的原始村落。

## 一　翁丁村——原生态环境下的母语保留地

"翁丁",当地佤语叫"om dein[ʔɔm tεn]"。om 意为"水",dein 意为"接","翁

丁"意为接连之水。该地有几条小河相互连接,村寨由此得名。村子位于云南沧源佤族自治县的中西部,隶属勐角傣族彝族拉祜族民族乡,距县城33公里。翁丁面积约23 823亩,全村辖新牙、翁丁大寨、翁丁下寨3个自然村6个村民小组,共有284户1201人。翁丁属山区半山区地貌,平均海拔1500米,亚热带气候,终年无霜,气候宜人。

图片来源:沧源县佤文化中心

图3-23 翁丁村寨全景图　　　　　　　　　图3-24 织布

人们所说的原始部落实际上是翁丁大寨,共有4个村民小组,134户,586人。寨子有近400年的历史,寨主职位由杨氏宗族世袭,因为寨子由杨氏家族首建。今以杨氏、肖氏、赵氏、田氏四大姓氏为主,各姓氏以氏族单位连片居住,形成了原始村落的布局。

翁丁大寨位于翁丁行政村的中心,建在一个半山坡上,四周环山。寨中干栏式传统民居建筑依山势布局,由低而高,形成了错落有致的原始群居氛围,不但保留了佤族传统民居古榕、寨桩、牛头桩、祭祀木雕、祭祀房、打歌场、撒拉房、木鼓房、神林、寨栅、寨门神林、墓地、梯田、旱地等的布局风格,还保存了脚碓、手碓、编织、印染、拉木鼓、打歌、剽牛、祭祀等佤族传统习俗和宗教信仰。(见图3-24)翁丁以其原始村落的独特方式传承着佤族千百年来独特的历史文化。现在寨子已经实现了水、电、路、电视、电话五通,成年人普遍使用移动电话等电子产品,拖拉机、摩托车等现代化的工具已经成为人们生产生活的主要组成部分,几乎家家都有电视。翁丁已经成为见证佤族从原始状态走向现代文明的历史遗迹,它是佤族传统文化的"缩影",是佤族传统历史文化的自然博物馆。

从地理环境和语言使用情况来看,翁丁是一个原生态环境下的母语保留地。翁丁原始部落的村民全部是佤族,母语是佤语,民族单一,语言也相对单一。虽然地区的开发开放,打破了翁丁宁静的原生态生活,但翁丁地理环境偏僻,交通不便,为佤族母语的保留提供了很好的语言生存环境。

## 二 翁丁佤族的语言生活特点

为了了解翁丁佤族的语言生活状况,我们多次进寨调查,对4个村民小组134户572人(5岁以上具有一定的语言能力者)从不同年龄段者母语的熟练程度、母语的代际传承情况、兼用语的使用比例等方面进行考察。通过访谈、语言生活场景实地观察等多种途径参与他们的语言生活,仔细观察他们使用佤语的每一个生活场景,体会他们对佤语的情感,从而获得了大量的第一手调查材料。

**(一)寨中佤族全民熟练使用佤语,佤语是族内唯一的交际语言**

每天,翁丁寨子里形形色色的游客来往穿梭,汉语不绝于耳,有不少翁丁人用汉语和游客打招呼、交流、做生意等。但佤语仍是翁丁佤族的族内唯一交际语,并保持着相当的活力。

口语熟练度是考察语言能力的重要指标。我们将572人分成5到19岁(115人)、20到39岁(199人)、40到59岁(181人)、60岁以上(77人)四个年龄段进行调查,发现各年龄段均能熟练使用母语。村寨中家里家外,他们只用佤语作为族内唯一的交际语言,邻里见面打招呼、日常生活聊天、集会、接打电话等场合交流时均只用佤语,家庭成员中即使有懂汉语的,也毫无例外地全部用佤语交流。

我们对杨艾那(82岁)、肖三改(37岁)、肖安娜(26岁)和肖叶嘎(10岁)4位不同年龄段的村民进行入户调查,看到他们与家人交流时,全部使用佤语,不受辈分、职业等制约。翁丁佤族选用交际语言时,发话人通常将听话人分为同族和外族两类,同族用佤语,外族用汉语;如果外族人会佤语,则首选佤语。

图3-25 笔者和寨主夫妇

4人中,杨艾那是翁丁村的寨主,他与妻子、子女都是用佤语交流,尽管他也会一点点汉语,但知道我们会佤语,他就用佤语和我们聊天。肖三改曾在昆明打工,儿子在乡镇上上学,父子俩都会讲汉语。去他们家时,他们都使用佤语相互交流,其间,肖三改接到在外的妻子及兄弟的电话,也是很自然地用佤语和他们电话交流。肖安娜在昆明上过大专,肖叶嘎则是三年级小学生,她们都会讲汉语,家人中父母和姐妹也都会讲汉语,然而彼此之间都本能地使用佤语交流。后来,我们随肖安娜到村里走访,一路上遇到同村人,他们都很自然地使用佤语互相打招呼、寒暄,并不因为有我们在一旁而觉得不自然。

为考核不同年龄段翁丁佤族的母语使用水平和母语使用的代际差异,我们用一个400词的词表,对不同年龄层的6个人进行测试。词表涉及日常高频词和不经常使用的低频词,包括天文地理、动植物、人体器官、动作、数量等多个类别。根据被测者对词语的熟练程度,分为A、B、C、D四个等级,A级代表能脱口而出的词,B级是想一想才能说出的词,C级是想了以后还不会说、经提示才能回忆起的词,D级是提示了也还是不会的词。测试结果按照母语词汇掌握的数量,把语言能力划分为"优秀""良好""一般"和"差"4个等级,A级词与B级词相加的总数350(含)个以上为"优秀",280—349个为"良好",240—279个为"一般",240个以下为"差"。测试结果如下所示:

表3-4　翁丁佤族母语不同年龄段400词的测试情况统计表

| 姓名 | 性别 | 年龄 | 文化程度 | 测试语言 | A | B | C | D | A+B | 测试结果 |
| --- | --- | --- | --- | --- | --- | --- | --- | --- | --- | --- |
| xjj | 男 | 12 | 小学 | 佤语 | 324 | 30 | 25 | 21 | 354 | 优秀 |
| xtq | 女 | 10 | 小学 | 佤语 | 307 | 43 | 10 | 40 | 350 | 优秀 |
| xjf | 女 | 26 | 大专 | 佤语 | 319 | 34 | 27 | 20 | 353 | 优秀 |
| zag | 男 | 34 | 初中 | 佤语 | 351 | 20 | 11 | 18 | 371 | 优秀 |
| xsl | 男 | 47 | 文盲 | 佤语 | 365 | 11 | 6 | 18 | 376 | 优秀 |
| lsr | 男 | 67 | 文盲 | 佤语 | 389 | 7 | 4 | 0 | 396 | 优秀 |

以上6人年龄、性别、文化程度不同,但测试成绩都是优秀。测试时,绝大多数词汇都能够脱口而出,但如"雪、冰、银河、地震"等天文地理方面的词,"白鹇、啄木鸟、孔雀、麻雀、乌鸦、松鼠、蜻蜓、菠菜、油菜、麻椒、芥蓝、魔芋"等动植物方面的词,"胸、肺、肚脐"等身体器官方面的词,他们没有说出来,主要因为他们现实生活中很少用到这些词。

翁丁人的佤语除日常口头交流外,还用于调子、民谚、俗语等民间口头文学。这些生动有趣的艺术形式是翁丁佤族部落、村寨生产生活的重要组成部分,很多时候是即兴的,表现出了他们对佤语的娴熟运用。比如,佤族的"开门调"是佤族传统民歌调子,往往因景即兴抒情,所以有很多不同的版本,老老少少都能即兴演唱。在翁丁寨子时,"开门调"不经意间会传入耳朵:"(佤语)baoh si viex,baoh si vīex，baoh si vīex ga kun di vhi！aŋ ex baoh，aŋ ex baoh aŋ ex baoh ga kun hlu hlia… [pauh si vɛʔ，pauh si vɛʔ，pauh si vɛʔ kaʔ khun ti vhi！aŋ ex pauh，aŋ ɤʔ pauh，aŋ ɤʔ pauh kaʔ khun lhu lhia…]"汉语意为："开门呀，开门呀，妹给串门的阿哥开门呀。不开不开，妹不开，妹不开给不正经的人……"

### （二）部分词由使用佤语的单语状态向兼用汉语的方向发展

"（佤语）dax yīex mīex geeing、bāox nyīex baox yaong、būx gei būx kang、bāox aig ga geeing、būx ou ga mīex，beix hmom！[taʔ jeʔ mɛʔ kɯiŋ，pau̯ʔ n̥ɣʔ pau̯ʔ jauŋ，pu̯ʔ ke pu̯ʔ khaŋ，pu̯ʔ ʔaik ka kɯiŋ，pu̯ʔ ʔo ka mɛʔ，peʔ mhɔm]"汉语意为："尊敬的各位朋友、各位来宾：你们好！"

这是翁丁佤族小姑娘玉载迎接外来游客参观翁丁的导游词中佤-汉双语的一段开场白。随玉载的导游词、村里村外的旅游景观标识牌闲游，我们已经深深感到翁丁原始部落的语言生活正由佤语单语状态向佤-汉双语的趋势发展。

图 3-26 笔者访谈翁丁村民肖尼若

自 2004 年旅游开发，每年成千上万的游客涌入翁丁，翁丁已经成为当地的一个旅游品牌。翁丁的开发促进了当地的经济发展，也催生了村里大量的旅游服务双语人员。村里有游客的地方必然有汉语的交流。表面上看，对于游走寨间的游客，翁丁人已经习以为常，你看你的原始部落，我过我的原始生活，似乎毫不相干；事实并非如此，游客的往来交流，电视、冰箱、洗衣机、电饭煲、手机等现代化设备逐渐成为村民生活的一部分。翁丁里里外外、方方面面、家家户户、老老少少都不同程度地受到外界的影响，语言生活也不同程度地发生着变化。现在翁丁青少年已普遍兼用汉语，成为佤-汉双语人，他们把佤语作为族内交际语言，把汉语作为族际交际语言，大都能够根据交际对象、交际场合、交际内容等自觉地进行语码转换。而大部分六七十岁及以上的老年人，少部分四五十岁的中年人及处于习得母语阶段的学龄前儿童是单语人，只会佤语不会汉语。少部分老年男性及部分中年人懂点汉语，但仅限于简单句和词汇形式的交流表达，有时即使是简单的表达也无法理解。

为反映翁丁佤族不同年龄段兼用汉语的情况，我们对三代或四代同堂的杨

艾那、肖萨姆来、肖尼若、肖金芳等 6 户人家共 38 人进行了调查。

表 3-5　翁丁佤族不同年龄段者兼用汉语情况表

| 年龄段（岁） | 人数 | 熟练 | | 略懂 | | 不懂 | | 兼用人数 | |
| --- | --- | --- | --- | --- | --- | --- | --- | --- | --- |
| | | 人数 | 比例（%） | 人数 | 比例（%） | 人数 | 比例（%） | 人数 | 比例（%） |
| 5—19 | 9 | 5 | 56 | 2 | 22 | 2 | 22 | 7 | 79 |
| 20—39 | 14 | 10 | 71 | 3 | 21 | 1 | 8 | 13 | 92 |
| 40—59 | 9 | 5 | 56 | 3 | 33 | 1 | 11 | 8 | 89 |
| 60 岁及以上 | 6 | 0 | 0 | 2 | 33 | 4 | 67 | 2 | 33 |
| 总计 | 38 | 20 | 52 | 10 | 26 | 8 | 21 | 30 | 79 |

上表显示，在被调查的 6 户人家 38 个佤族村民中，有 30 人能够兼用汉语，比例达到 79%。20—39 岁的兼用汉语人数最多，占该年龄段总人数的 92%；最低的是 60 岁及以上的老年人，6 人中仅有 2 人略懂汉语；5—19 岁这个年龄段中，5 岁的女孩肖玉块和男孩肖岩龙尚未入学，不会说汉语。青壮年中，不会说汉语的分别为安桃和安喜，有时还能听懂一点点，只是不会讲。可见，不同年龄段兼用汉语的情况存在明显的差异。

能够兼用汉语的 30 人中，可以熟练使用的有 20 人，占调查人数的一半以上。其中有 10 人在 20—39 岁这个年龄段，5—19 岁的孩子和 40—59 岁的中老年人中分别有 5 人，60 岁及以上没有人能够熟练使用汉语。可见，能够熟练使用双语的主要是中青年。

翁丁佤族作为一个"直过"民族，在步入社会主义现代化新生活的同时，仍保持着民族语言文化的活力，全寨佤族人熟练使用族内唯一的交际语佤语，这既得益于高度聚居的生活模式，更得益于党和国家的民族政策。村民们随意地使用自己的民族语言，同时也积极学习国家通用语言，学习科学文化知识，增进兄弟民族之间的交流，迎接更美好的生活。翁丁原始部落的语言生活正从使用佤语单语向兼用汉语的双语方向发展。打歌场上一曲《阿佤人民唱新歌》，洋溢着佤族人民对党和政府真诚的感激之情。佤汉两种语言文化在这里呈现出一派和谐共生、欣欣向荣的繁荣景象。

（王育弘、王育珊）

# 独龙江乡中小学生母语现状调查*

独龙族是怒江地区具有悠久历史的民族,也是我国人口较少又高度聚居的少数民族之一,目前总人口不到 7000 人。① 大部分聚居在独龙江乡,还有一部分散居在茨开镇、丙中洛镇、捧当乡、维西傈僳族自治县和西藏自治区察隅县的察瓦龙乡等地。独龙族因独龙江而得名,历史上独龙江被称为"俅江",独龙族也因此被称为"俅族""俅子""俅扒"等。② 中华人民共和国成立后,根据该民族居住的地域和民族意愿,正式定名为独龙族,所使用的语言称为独龙语,属汉藏语系藏缅语族。③ 独龙族曾经只有语言而无文字,靠结绳刻木记事。20 世纪 80 年代初,国家民语委在原"日旺文"的基础上,以独龙江方言为基础,以孔当村一带的话为标准音,创制了一套适合独龙族使用的拉丁文拼音方案。④

独龙江乡是独龙族唯一的聚居地,隶属于云南省怒江傈僳族自治州贡山独龙族怒族自治县,东邻贡山县丙中洛镇和茨开镇,西南与缅甸毗邻,北靠西藏自治区察隅县察瓦龙乡与印度相近。全乡辖 6 个村委会、26 个自然村落、41 个村民小组,共有 1308 户,总人口 4227 人。其中,独龙族 4174 人,占 98.75%;此外,傈僳族 29 人,汉族 7 人,怒族、藏族各 5 人,白族、傣族各 2 人,以及苗族、佤族、普米族各 1 人。⑤

独龙江乡现有九年一贯制学校 1 所(包含初中部和小学部)以及巴坡、龙元和马库 3 个小学,共有学生 552 人。其中,独龙族学生 540 人,男生 281 人,女生 259 人。

---

\* 本文为国家社科基金"中国和东盟国家的国家语言能力对比研究"(15XYY008)以及国家语委"十三五"科研规划 2016 年一般项目"突发公共事件语言应急服务的组织体系及预案研究"(YB135-21)的阶段性成果。

① 贡山独龙族怒族自治县地方志办公室《贡山年鉴》,云南大学出版社,2012。
② 张劲夫、罗波《独龙江文化史纲:俅人及其邻族的社会变迁研究》,中山大学出版社,2013。
③ 王文光《中国古代的民族识别》,云南大学出版社,1997。
④ 杨将领《中国独龙族》,宁夏人民出版社,2012。
⑤ 独龙江乡边防派出所 2016 年 12 月 26 日提供的数据。

表 3-6　独龙江乡的学校及学生人数（N=552）

| 学校 | 九年一贯制中心校 | | 巴坡小学 | | 龙元小学 | | 马库小学 | |
|---|---|---|---|---|---|---|---|---|
| 学生人数 | 初中 | 142 | 小学 | 37 | 小学 | 60 | 中国籍 | 5 |
| | 小学 | 279 | 学前 | 11 | 学前 | 6 | 缅甸籍 | 12 |

## 一　调查方法和对象

我们从 2016 年 12 月 14 日开始，以问卷调查①为主、访谈为辅的方式，对上述 4 所学校的独龙族学生的母语现状进行了为期 3 周的穷尽式调查。调查的内容包括基本信息、语言使用、语言习得、语言能力及语言态度五个部分。② 发放问卷③ 507 份，回收 501 份，占 98.82%；有效问卷 498 份④，占 99.40%。以独龙语为母语的学生问卷 491 份⑤，占 98.59%。其中小学生 355 名，中学生 136 名；男生 239 人，占 48.68%；女生 252 人，占 51.32%，男女生比例相差不大。

表 3-7　回收样本基本情况（N=491）

| 背景 | 性别 | | 受教程度 | | 年龄 | | | 民族 | | |
|---|---|---|---|---|---|---|---|---|---|---|
| | 男 | 女 | 小学 | 中学 | 7—12⑥ | 13—15 | 16—18 | 独龙族 | 怒族 | 傈僳族 |
| 人数 | 239 | 252 | 355 | 136 | 329 | 142 | 20 | 487 | 1 | 3 |
| 比例（%） | 48.68 | 51.32 | 72.30 | 27.70 | 67.01 | 28.92 | 4.07 | 99.19 | 0.20 | 0.61 |

由于父母的民族构成对孩子的母语能力有着重要影响，我们同步对独龙族学生的父母民族构成进行了调查。

从表 3-8 可以看出，独龙江乡主要实行族内通婚，父母都是独龙族的学生占了 95.52% 以上，这对学生母语能力的形成和发展具有重要影响。

---

① 问卷的设计参照中国语言文字使用情况调查领导小组办公室编写、语文出版社 2006 年版《中国语言文字使用情况调查资料》一书中的"中学生问卷"（265—276 页）；同时为了方便跟踪调查，我们要求学生以实名方式填写问卷。

② 本文主要就独龙族学生的母语现状进行探讨，其余相关研究将在后续系列论文中呈现。

③ 问卷填写全部在学生上课期间完成。小学一年级到三年级由老师统一念题、学生填写的方式进行，填写过程中如果学生听不懂，则由老师用独龙语进行解释；四年级以上的学生则采用自己填写的方式进行。

④ 有 3 份问卷关键信息缺失，没有填写完整，因而未计算在内。

⑤ 有 4 名学生自报是其他民族，但我们通过访谈得知其父母有一方是独龙族，他们最先学会的语言是独龙语，而且平时语言使用也以独龙语为主。他们之所以填写其他民族，是因为在落户时选择了非独龙族的父亲或母亲的民族。因此在统计时把他们也算作独龙族学生进行了统计。

⑥ 有 6 名小学生自报年龄是 1—6 岁，经后续追踪调查得知，这 6 名学生分别是孔春祥、孔秋香、林艳花、龙金花、木夏叶和想林有，但他们都属于 7—12 岁年龄段，因此归入 7—12 岁年龄设计。

表 3-8　父母的民族构成(N=491)

| 背景 | 母亲民族 | | | | 父亲民族 | | | | |
|---|---|---|---|---|---|---|---|---|---|
| | 独龙族 | 怒族 | 傈僳族 | 藏族 | 独龙族 | 怒族 | 傈僳族 | 汉族 | 苗族 |
| 人数 | 485 | 1 | 3 | 2 | 469 | 3 | 14 | 4 | 1 |
| 比例(%) | 98.78 | 0.20 | 0.61 | 0.41 | 95.52 | 0.61 | 2.85 | 0.81 | 0.21 |

## 二　调查结果与分析

### (一) 母语的使用

母语的使用调查包括中小学生在家庭、村寨、公共场合和学校等场合使用母语的情况。

表 3-9　母语的使用(N=491)

| 语言使用领域 | | 独龙语 | | 汉语方言 | | 普通话 | |
|---|---|---|---|---|---|---|---|
| | 变量 | 人数 | 比例(%) | 人数 | 比例(%) | 人数 | 比例(%) |
| 家庭 | 对父亲 | 463 | 94.30 | 18 | 3.67 | 10 | 2.03 |
| | 对母亲 | 480 | 97.76 | 2 | 0.41 | 9 | 1.83 |
| | 对爷爷奶奶 | 486 | 98.98 | 2 | 0.41 | 3 | 0.61 |
| | 对兄弟姐妹 | 350 | 71.28 | 30 | 6.11 | 111 | 22.61 |
| | 对客人 | 350 | 71.28 | 30 | 6.11 | 111 | 22.61 |
| 村寨 | 对本族人 | 446 | 90.84 | 14 | 2.85 | 31 | 6.31 |
| | 对陌生人 | 80 | 16.29 | 79 | 16.09 | 332 | 67.62 |
| 公共场合 | 在集市 | 234 | 47.66 | 48 | 9.78 | 209 | 42.56 |
| | 在超市、商场 | 51 | 10.39 | 91 | 18.53 | 349 | 71.08 |
| | 在政府、银行、邮局 | 89 | 18.13 | 72 | 14.66 | 330 | 67.21 |
| | 在医院 | 115 | 23.42 | 73 | 14.87 | 303 | 61.71 |
| 学校 | 课堂上和老师 | 9 | 1.83 | 23 | 4.68 | 459 | 93.49 |
| | 课后和同学 | 305 | 62.12 | 19 | 3.87 | 167 | 34.01 |
| | 课后和老师 | 9 | 1.83 | 45 | 9.16 | 437 | 89.01 |
| | 课堂发言 | 2 | 0.41 | 39 | 7.94 | 450 | 91.65 |

调查结果显示,独龙语是独龙族家庭内部主要的交流工具。与爷爷、奶奶交谈时,98.98%以上的学生都倾向使用独龙语。与父母交谈时,94.30%以上的学生都倾向使用独龙语。与兄弟姐妹或客人交谈时,71.28%以上的学生都倾向使用独龙语;而近 28.72% 的学生倾向使用普通话或汉语方言。在村寨中与同族人进行交谈时,90.84%的学生倾向使用独龙语;与陌生人交谈时,83.71%倾向使用普通话或者汉语方言,只有 16.29% 的学生使用独龙语。在学校和公共场合,学生使用普通话的比例都大大高于独龙语,言语交际以普通话为主,独龙语为辅。

由此可见，独龙族中小学生的母语和普通话在交际中形成了有机的互补，各种语言在不同领域发挥着各自的作用，学生能根据不同的交际对象和使用领域，选择使用不同的语言进行交际。在家庭内部和村寨中使用独龙语，而在学校、公共场合和与其他民族交往时使用汉语方言或普通话。此外，还有一个值得注意的现象，就是普通话和汉语方言已进入家庭和村寨，学生在和同辈、客人和陌生人进行交际时，使用普通话的比例不断增加。

调查中我们发现，独龙文字使用频率不高，使用范围极为有限，主要用于教堂。通过访谈①我们进一步了解到，独龙江教堂里的部分经书被译成了独龙文字，因此，人们在进行宗教活动时会使用独龙文字。此外，我们还了解到，学生在使用QQ、微信和手机短信进行交流时偶尔会使用独龙文字。

### （二）母语能力

对独龙族学生母语能力的调查包括"听""说""读""写"四个方面。其中"听"的能力是指能否听得懂独龙语；"说"的能力是指能否用独龙语进行言语交际；"读"的能力是指能否对独龙文字进行识读；"写"的能力则是指能否用独龙文字进行书面表达。

#### 1."听说"能力

对母语的"听说"能力调查由两个问题构成："您听得懂本民族话吗？"和"您能用本民族话与人交谈吗？"

表3-10 母语的听说能力（N=491）

| 您听得懂本民族话吗？ | | | 您能用本民族话与人交谈吗？ | | |
|---|---|---|---|---|---|
| 变量 | 人数 | 比例(%) | 变量 | 人数 | 比例(%) |
| 完全能听懂 | 303 | 61.71 | 能熟练交谈 | 249 | 50.71 |
| 基本能听懂 | 166 | 33.81 | 基本能交谈 | 219 | 44.60 |
| 能听懂日常用语 | 21 | 4.28 | 会说日常用语 | 21 | 4.28 |
| 基本听不懂 | 1② | 0.20 | 基本不会说 | 2③ | 0.41 |
| 合计 | 491 | 100.00 | 合计 | 491 | 100.00 |

---

① 我们通过对烧烤店老板的访谈得知，在独龙江识得独龙文字的人大多信教，学生跟着家长去教堂，因而学会了一些独龙文字；有些学生在家里跟父母学会了一些独龙文字。因此，这些学生有时会通过手机用独龙文字发送祝福等信息。

② 经过后续追踪调查得知，填写"基本听不懂"的学生叫张小芳，实际上她能听懂独龙语，这样填写是笔误所致。

③ 经过细查了解到，填写了"基本不会说独龙语"的学生为张小芳和孔春祥，但这两个人都能讲独龙语，这样填写是笔误所致。

调查结果显示,从表面看,独龙族中小学生具备较好的母语听说能力。就听力而言,95.52%的中小学生都能听懂独龙语;就言语交际能力而言,95.31%的小学生都能用独龙语与人交谈。

通过对数据的进一步分析发现,独龙族中小学生的母语听说能力似乎有下降的趋势:只有61.71%的中小学生完全能听懂母语,33.81%的中小学生基本能听懂母语,4.28%的中小学生只能听懂日常用语。就是否能熟练地使用母语与人交谈的能力而言,只有50.71%的中小学生能熟练使用母语与人交谈,44.60%的中小学生基本能使用母语与人交谈,4.28%的学生只能听懂日常用语,这在一定程度上说明了独龙族学生有母语交际能力弱化的现象。

2."读写"能力

对母语"读写"能力的调查涉及独龙族中小学生对独龙文字进行识读和书面表达的能力,由两个问题构成:"您会本民族文字吗?"及"您掌握本民族文字的程度怎么样?"

表3-11 母语的读写能力($N_1=491;N_2=190$[①])

| 您会本民族文字吗? | | | 您掌握本民族文字的程度怎么样? | | |
|---|---|---|---|---|---|
| 变量 | 频率 | 比例(%) | 变量 | 频率 | 比例(%) |
| 会 | 68 | 13.85 | 会读会写 | 74[②] | 38.94 |
| 会一点 | 122 | 24.85 | 会读不会写 | 108 | 56.85 |
| 不会 | 301 | 61.30 | 会写不会读 | 8 | 4.21 |
| 合计 | 491 | 100.00 | 合计 | 190 | 100.00 |

调查结果显示,独龙文字在独龙江乡没有得到推广和普及,只有13.85%的中小学生自报会独龙文字,24.85%的中小学生自报懂一点独龙文字,61.30%的中小学生自报不懂独龙文字。即使是自报会独龙文字的学生,水平也不高,只有38.94%的学生会读会写;61.30%的学生不具备读写能力。此外,通过访谈我们发现,独龙文字的读写能力似乎和独龙文字的习得方式密切相关,即受家人影响而习得独龙文字的学生,其母语读写能力要高于通过教堂习得独龙文字的学生。这些学生告诉我们,平时家人会教他们学习独龙文字,他们在使用QQ、微信和手机短信交流时偶尔会使用独龙文字。

---

① $N_1$是指总样本数,$N_2$是指掌握本民族文字的样本数。
② 与自报会独龙文字的学生数略有出入,可能是学生填写问卷时笔误所致。

### (三) 母语的习得

母语习得的调查包括母语习得顺序和习得方式两个方面。母语习得顺序的调查只涉及一个问题:"学说话时,最先学会的是什么话?"

表 3-12　母语的习得顺序(N=491)

| 学说话时,最先学会的是什么话? | | | | | | |
|---|---|---|---|---|---|---|
| 变量 | 独龙话 | 怒话 | 傈僳话 | 汉语方言 | 普通话 | 合计 |
| 人数 | 464 | 3 | 5 | 10 | 9 | 491 |
| 比例(%) | 94.50 | 0.61 | 1.02 | 2.04 | 1.83 | 100.00 |

调查结果显示,绝大部分(94.50%)学生习得的第一语言都是母语,只有少数(5.50%)的学生母语习得顺序发生了错位,他们习得的第一语言不是母语,而是汉语和其他少数民族语言。通过对这部分学生的问卷进行横向研究,我们发现这部分学生大多来自父母有一方不是独龙族的家庭,还有少部分学生是因为父母有意选择说普通话。①

对母语听说能力习得方式的调查涉及 3 个问题:"您学说话时,父亲跟您讲什么话?""您学说话时,母亲跟您讲什么话?"及"除父母外,您学说本民族话的主要途径是什么?"

表 3-13　母语的听说能力习得(N=491)

| 您学说话时,父亲跟您讲什么话? | | | 您学说话时,母亲跟您讲什么话? | | | 除父母外,您学说本民族话的主要途径是什么?② | | |
|---|---|---|---|---|---|---|---|---|
| 变量 | 人数 | 比例(%) | 变量 | 人数 | 比例(%) | 变量 | 人数 | 比例(%) |
| 独龙话 | 455 | 92.67 | 独龙话 | 475 | 96.74 | 家里人影响 | 343 | 69.86 |
| 怒话 | 4 | 0.82 | 怒话 | 2 | 0.41 | 社会交往 | 290 | 59.06 |
| 傈僳话 | 6 | 1.22 | 傈僳话 | 5 | 1.02 | 学校学习 | 3③ | 0.61 |
| 汉语方言 | 14 | 2.85 | 汉语方言 | 2 | 0.41 | 看电视、听广播④ | 3 | 0.61 |

---

① 我们对献九当村一个叫丁秋艳的家庭妇女进行过访谈。她从大理嫁到独龙江,会讲独龙语,但她教孩子学说话时教的是普通话,其理由是学会普通话好找工作。

② 本题是多选题。

③ 我们通过对中心校团委书记褚五昌老师的访谈得知,独龙江学校没有开设独龙语语文课,此处数据可能与实际情况略有出入,但不影响数据的总体走向。

④ 据我们的调查,独龙江乡没有独龙语广播和独龙语电视节目。

(续表)

| 普通话 | 12 | 2.44 | 普通话 | 7 | 1.42 | 其他方式 | 1① | 0.20 |
|---|---|---|---|---|---|---|---|---|
| 合计 | 491 | 100.00 | 合计 | 491 | 100.00 | 合计 | 640② | 130.34③ |

调查显示,在孩子的母语习得过程中,父母所使用的语言起着决定性的作用。在孩子学习语言时,92.67%的父亲和96.74%④的母亲对孩子说独龙语,这对独龙族学生母语的习得起着至关重要的作用。除父母之外,家里其他成员、与村寨中其他同族人之间的社会交往也会影响着调研对象的母语习得:有69.86%的学生认为母语习得的主要途径是受家里其他成员的影响,59.06%的学生自称学说母语的主要途径是社会交往。

对读写能力习得方式的调查包含一个问题:"您学习本民族文字的途径是什么?"

表3-14 本民族文字的习得途径(N=190)

| 变量 | 您学习本民族文字的途径是什么? | | | | | |
|---|---|---|---|---|---|---|
| | 学校学习 | 扫盲培训 | 家里人影响 | 教堂 | 社会交往 | 合计 |
| 人数 | 2⑤ | 3 | 54 | 130 | 2 | 191⑥ |
| 比例(%) | 1.05 | 1.58 | 28.42 | 68.42 | 1.05 | 100.52⑦ |

调查结果表明,大多数(96.84%)独龙族学生通过教堂和家人影响两种方式习得独龙文字。通过访谈⑧,我们了解到大部分识得独龙文字的人都信教。大多数独龙族学生经常跟着家人去教堂,也就学会了独龙文字;少数学生则因家人会独龙文字,并教他们学习独龙文字。此外,在马库教堂,每年的7月和8月有

---

① 有一个学生选了其他方式,但是未注明。
② 本题是多选题,部分学生选了不止一个答案,我们对选项进行了分解,然后进行统计,所以总数大于491。
③ 本题是多选题,为了直观反映每个答案选中人数的百分比,我们用选中该选项的人数除以491,得出选中每个选项的人在总样本中的百分比,并把所有的百分比累加,所以总数大于100%。
④ 由于学生填写问卷时的认真程度等原因,个别学生的数据可能会与真实情况略有出入,但是由于样本大,不会影响数据的整体走向。
⑤ 经过对中心校校长的访谈了解到,该地学校没有开设过独龙语语文课,估计是学生填问卷时不认真造成。
⑥ 本题是多选题,部分学生选了不止一个答案,我们对选项进行了分解,然后进行统计,所以总数大于190。
⑦ 本题是多选题,为了直观地反映每个答案选中人数的百分比,我们用选中该选项的人数除以190,得出选中该选项的人在会独龙文字样本中的百分比,并把所有的百分比累加,所以总数大于100%。
⑧ 我们就这个问题对中心校团委书记褚五昌老师和孔当村神龙宾馆对面的粮食局退休职工进行过访谈。

独龙语培训,培训对象为所有喜欢独龙文字的人,这就为独龙族人习得独龙文字创造了一定的便利。

本次调研显示,独龙语仍然是家庭、村寨及同族人之间交际的主要工具,汉语方言和普通话则是公共场合、学校及不同民族之间进行言语交际的工具;独龙族中小学生的母语听说能力保持较好,大多数独龙族中小学生都能听懂独龙语,也能用独龙语与人交谈,同时母语和其他语言/方言在功能上形成了互补,在不同的领域发挥着不同的作用。独龙语的保持和稳定与独龙江乡相对封闭的自然条件、高度的民族聚居、族内的高通婚率以及较强的民族凝聚力等因素密切相关。

(黄兴亚、王晋军)

# 新疆柯尔克孜族语言使用调查*

柯尔克孜族（国外称"吉尔吉斯族"）是跨境民族，主要分布在中国、吉尔吉斯斯坦等国。全世界柯尔克孜族约有450万，其中吉尔吉斯斯坦有380万，乌兹别克斯坦、阿富汗、俄罗斯、哈萨克斯坦、土耳其等国也有分布。我国柯尔克孜族主要分布在新疆维吾尔自治区和黑龙江省[①]。据第六次人口普查（2010年），全国有柯尔克孜族186 708人，其中新疆180 472人，占全国柯尔克孜族总数的96.7%。新疆克孜勒苏柯尔克孜自治州[②]（以下简称"克州"）是柯尔克孜族聚居区，总人口52.5万，其中柯尔克孜族15.2万，占我国柯尔克孜族总人口的81.7%，占克州总人口的29%[③]。除克州外，新疆境内还有6个柯尔克孜民族乡[④]。北疆的特克斯、昭苏、额敏等县，南疆的温宿、乌什、叶城、皮山等县也有柯尔克孜族聚居村落。

## 一 调查基本情况介绍

### （一）调查时间和调查地

克州辖1市3县，阿图什市和阿克陶县属于柯尔克孜族杂居区，乌恰县和阿

---

\* 本文是2013年度国家社会科学基金重点项目"新中国语言政策对新疆语言生活的影响研究"（批准号：13AZD052）、中央民族大学2014年博士自主科研项目"新疆柯尔克孜族语言生活研究——传媒、行政司法、教育的视角"（项目编号：Z2014036）的阶段性成果，调查得到上述项目经费的资助。

① 黑龙江省的柯尔克孜族主要分布在齐齐哈尔市富裕县等地，还有少部分柯尔克孜族分布于哈尔滨等其他地市。黑龙江柯尔克孜族主要通用汉语（文）和蒙古语（文），只有极少数老年人会本民族语言，有的仅知道一些单词和简单的句子。

② 克孜勒苏柯尔克孜自治州辖1市3县，即阿图什市、乌恰县、阿合奇县、阿克陶县。

③ 国务院人口普查办公室、国家统计局人口和就业统计司编《中国2010年人口普查资料》（上册），中国统计出版社，2012。

④ 6个民族乡分别是伊犁特克斯县阔克铁热克柯尔克孜民族乡、伊犁昭苏县夏特柯尔克孜民族乡、阿克苏温宿县博孜墩柯尔克孜民族乡、和田皮山县康克尔柯尔克孜民族乡、阿克苏乌什县亚曼苏柯尔克孜民族乡、喀什塔什库尔干塔吉克自治县科克亚柯尔克孜民族乡。见《柯尔克孜族简史》编写组、《柯尔克孜族简史》修订本编写组《柯尔克孜族简史》，民族出版社，2008。

合奇县属于柯尔克孜族聚居区。阿图什市下辖的吐古买提乡柯尔克孜族高度聚居，是以牧业为主的半农半牧区。乌恰县政府驻地乌恰镇的巴扎社区是一个典型的民汉杂居社区，居住着柯尔克孜、维吾尔、汉、回、乌孜别克等多个民族，是全县民汉相互嵌入式居住模式的模范社区。① 其中，康安小区是巴扎社区中的民族团结模范小区，住户各族居民都能用彼此的语言相互交流。吾合沙鲁乡是乌恰县柯尔克孜族聚居程度较高的乡镇之一，主体民族为柯尔克孜族，还有部分维吾尔族。为了兼顾聚居区与杂居区、城镇地区与农牧地区不同调查对象的特点，本调查选择了阿图什市吐古买提乡、乌恰县乌恰镇康安小区以及吾合沙鲁乡作为调查点。

2013年12月至2014年1月，2014年6月至7月，笔者先后赴乌鲁木齐市、克州阿图什市、乌恰县开展部门访谈及受众问卷调查。本文依据上述两次调查所获取的材料撰写。

### （二）调查方法和抽样方法

本调查主要采用了问卷法和访谈法。我们在前期文献资料整理和试调查所获信息的基础上设计了一份封闭式问卷。每题根据调查需要设若干选项或指标，题目、选项、指标之间相互印证，可通过逻辑分析检验被试自报的可信度。所有调查问卷均采用一对一访谈方式，即调查员逐题询问、被试回答，再由调查员圈选或填写。问卷完成后，先由调查员检查各自的问卷，发现问题及时联系被试重新询问，确保问卷的有效性。此外，还对部分调查对象进行了结构性访谈。

样本选择上，采取随机抽样的方式，在三个调查点各随机抽取了30份有效样本，共回收90份有效样本。

### （三）调查对象的社会变量

通过了解社会变量对调查对象的语言使用情况的影响程度，我们选择了年龄、性别、职业、教育程度、居住环境作为社会变量。被调查对象的构成情况如下。

---

① 《乌恰县乌恰镇巴扎社区康安小区民族团结成居民生活自觉》，亚心网-新闻中心，http://news.iyaxin.com/content/2014-08/20/content_4651968.html，2014-8-20。

表 3-15　性别、年龄、受教育程度及出生地(N=90)

| 指标 | 性别 | | 年龄① | | | 受教育程度 | | | | | 出生地 | |
|---|---|---|---|---|---|---|---|---|---|---|---|---|
| | 男 | 女 | 18—30 | 31—50 | 51及以上 | 小学 | 初中 | 高中 | 大专 | 本科及以上 | 本地 | 外地 |
| 人数 | 52 | 38 | 33 | 44 | 13 | 11 | 18 | 27 | 15 | 19 | 85 | 5 |
| 比例(%) | 57.8 | 42.2 | 36.7 | 48.9 | 14.4 | 12.2 | 20.0 | 30.0 | 16.7 | 21.1 | 94.4 | 5.6 |

表 3-16　职业(N=90)

| 指标 | 职业 | | | | | | | | | |
|---|---|---|---|---|---|---|---|---|---|---|
| | 公务员 | 工人 | 企事业单位工作人员 | 教师 | 教师以外的专业技术人员 | 学生 | 商业、服务业人员 | 个体业主 | 农牧民 | 不在业人员 |
| 人数 | 3 | 1 | 15 | 11 | 2 | 16 | 4 | 6 | 16 | 16 |
| 比例(%) | 3.3 | 1.1 | 16.7 | 12.2 | 2.2 | 17.8 | 4.4 | 6.7 | 17.8 | 17.8 |

## 二　语言文字使用状况

### (一) 语言使用状况

不同性别、不同年龄段被调查者均最先学会本民族语。其中 86 名被调查者自报小时候最先学会柯尔克孜语,占 95.6%;其余 4 名被调查者中,最先学会柯尔克孜语和汉语的两名被调查者是在汉校②读书的高中生,在家与父母交谈使用汉语。最先学会维吾尔语的两名被调查者来自乌恰县康安小区,因邻居是维吾尔族,便从小学会了维吾尔语。

就目前掌握的语言来看,全部被调查者均掌握柯尔克孜语;96.7% 的被调查者掌握维吾尔语。除 1 名柯尔克孜语单语人和 1 名柯尔克孜语-汉语双语人,以及 25 名柯尔克孜语-维吾尔语双语人外,其余均为多语人。其中,掌握柯尔克孜语/汉语/维吾尔语 36 人,柯尔克孜语/维吾尔语 25 人,柯尔克孜语/汉语/维吾尔语/哈萨克语 20 人,柯尔克孜语/维吾尔语/哈萨克语 5 人,柯尔克孜语/汉语/俄语 1 人,柯尔克孜语/汉语/维吾尔语/俄语 1 人。

依据上述数据,除母语和汉语外,绝大多数被调查者使用维吾尔语。表 3-17 是被调查者这三种语言的掌握情况。

数据表明,被调查群体柯尔克孜语掌握情况最好,除 2 名 18 岁高中生外,其

---

① 本文设定 18—30 岁为青年组,31—50 岁为中年组,51 岁及以上为老年组。下文年龄差异分析亦按此年龄段划分。
② 全部课程使用汉语教授的学校。

余88人均表示能完全听懂柯尔克孜语并能熟练交谈。其次是维吾尔语,90%以上的被调查者兼通维吾尔语。约有半数掌握汉语,且"听"的水平高于"说"的水平,他们自报"经常听汉语广播、看汉语节目,但是自己有时候无法用汉语表达"。

表3-17 三种语言的掌握程度(N=90)

| | 语言<br>指标 | 柯尔克孜语 | 汉语 | 维吾尔语 |
|---|---|---|---|---|
| 听 | 完全能听懂 | 88(97.8%) | 26(28.9%) | 78(86.7%) |
| | 大部分能听懂 | 2(2.2%) | 21(23.3%) | 8(8.9%) |
| | 基本能听懂 | 0 | 9(10.0%) | 2(2.2%) |
| | 能听懂日常用语 | 0 | 10(11.1%) | 1(1.1%) |
| | 基本听不懂 | 0 | 6(6.7%) | 1(1.1%) |
| | 完全听不懂 | 0 | 18(20.0%) | 0 |
| 说 | 能熟练交谈,完全没有障碍 | 88(97.8%) | 15(16.7%) | 58(64.4%) |
| | 能熟练交谈,个别时候有障碍 | 1(1.1%) | 23(25.6%) | 27(30.0%) |
| | 基本能交谈 | 1(1.1%) | 17(18.9%) | 4(4.4%) |
| | 会说日常用语 | 0 | 8(8.9%) | 0 |
| | 基本不会说 | 0 | 4(4.4%) | 0 |
| | 完全不会说 | 0 | 23(25.6%) | 1(1.1%) |

(二)文字使用状况

柯尔克孜语属阿尔泰语系突厥语族。自1954年克州建州后,开始使用以阿拉伯字母为基础的柯尔克孜文方案。其跨境同源民族——吉尔吉斯斯坦的吉尔吉斯族使用以斯拉夫字母为基础的吉尔吉斯文。不少被调查者都有自学斯拉夫字母吉尔吉斯文的经历,所以该文字的使用情况也作为本调查的内容之一。

表3-18 四种文字的掌握程度(N=90)

| | 文字<br>指标 | 柯尔克孜文 | 吉尔吉斯文 | 汉文 | 维吾尔文 |
|---|---|---|---|---|---|
| 读 | 能读书看报 | 87(96.7%) | 19(21.1%) | 34(37.8%) | 65(72.2%) |
| | 能看懂家信或简单文章 | 3(3.3%) | 7(7.8%) | 9(10.0%) | 12(13.3%) |
| | 能看懂便条或留言条 | 0 | 2(2.2%) | 9(10.0%) | 5(5.6%) |
| | 基本看不懂 | 0 | 5(5.6%) | 5(5.6%) | 3(3.3%) |
| | 完全看不懂 | 0 | 57(63.3%) | 33(36.7%) | 5(5.6%) |
| 写 | 能写文章 | 82(91.1%) | 14(15.6%) | 27(30.0%) | 31(34.4%) |
| | 能写家信或简单文章 | 8(8.9%) | 5(5.6%) | 13(14.4%) | 21(23.3%) |
| | 能写便条或留言条 | 0 | 5(5.6%) | 5(5.6%) | 13(14.4%) |
| | 基本不会写 | 0 | 3(3.3%) | 7(7.8%) | 11(12.2%) |
| | 完全不会写 | 0 | 63(70.0%) | 38(42.2%) | 14(15.6%) |

数据表明,绝大多数被调查者均熟练掌握柯尔克孜文(阿拉伯字母);维吾尔文次之,约半数被调查者熟练掌握;掌握汉文的人数不足一半;掌握吉尔吉斯文的被调查者人数最少。

### (三) 语言文字掌握的社会差异

数据分析过程中,我们还结合被调查对象的社会特征对上述数据进行了二级分析,包括性别、年龄、教育程度和地域等方面。除了性别之外,年龄分组为青年组(18—30岁)、中年组(31—50岁)、老年组(51岁及以上);受教育程度分组为初等教育组(小学、初中)、中等教育组(高中)、高等教育组(大专、本科及以上)三组;城乡差异方面,选取了城区调查点——康安小区和乡镇调查点——吐古买提乡作为比较对象。数据①分析如下列各表,表中数字是各类社会人群掌握各种语听力、口语、阅读、书写者所占比例。

表 3-19 听力掌握程度社会差异(N=90)

| 差异指标<br>语种 | 听力 | | | | | | | | | |
|---|---|---|---|---|---|---|---|---|---|---|
| | 男 | 女 | 青 | 中 | 老 | 初 | 中 | 高 | 城 | 乡 |
| 柯尔克孜语 | 100.0 | 100.0 | 100.0 | 100.0 | 100.0 | 100.0 | 100.0 | 100.0 | 100.0 | 100.0 |
| 汉语 | 63.4 | 60.5 | 97.0 | 52.3 | 7.7 | 17.2 | 66.6 | 87.1 | 96.7 | 33.3 |
| 维吾尔语 | 96.1 | 100 | 100 | 97.8 | 92.3 | 93.2 | 100 | 100 | 100 | 93.4 |

表 3-20 口语掌握程度社会差异(N=90)

| 差异指标<br>语种 | 口语 | | | | | | | | | |
|---|---|---|---|---|---|---|---|---|---|---|
| | 男 | 女 | 青 | 中 | 老 | 初 | 中 | 高 | 城 | 乡 |
| 柯尔克孜语 | 100.0 | 100.0 | 100.0 | 100.0 | 100.0 | 100.0 | 100.0 | 100.0 | 100.0 | 100.0 |
| 汉语 | 61.5 | 60.5 | 96.9 | 50.0 | 7.7 | 13.7 | 66.6 | 97.1 | 96.7 | 30.0 |
| 维吾尔语 | 90.1 | 100 | 100 | 100 | 92.4 | 96.7 | 100 | 100 | 100 | 96.7 |

表 3-21 阅读掌握程度社会差异(N=90)

| 差异指标<br>语种 | 阅读 | | | | | | | | | |
|---|---|---|---|---|---|---|---|---|---|---|
| | 男 | 女 | 青 | 中 | 老 | 初 | 中 | 高 | 城 | 乡 |
| 柯尔克孜文(阿拉伯) | 100.0 | 100.0 | 100.0 | 100.0 | 100.0 | 100.0 | 100.0 | 100.0 | 100.0 | 100.0 |
| 吉尔吉斯文(斯拉夫) | 38.5 | 15.8 | 36.4 | 18.2 | 46.2 | 20.7 | 22.2 | 41.2 | 30.0 | 36.7 |
| 汉文 | 48.1 | 47.4 | 87.9 | 31.8 | 0 | 3.4 | 48.1 | 85.3 | 73.3 | 23.3 |
| 维吾尔文 | 82.7 | 89.5 | 87.9 | 86.4 | 76.9 | 72.4 | 82.5 | 91.2 | 86.7 | 76.7 |

---

① 听力和口语数据为掌握程度的前三项之和,阅读和书写数据为掌握程度的前两项之和。

表 3-22 书写掌握程度社会差异(N=90)

| 差异指标<br>语种 | 书写 | | | | | | | | |
|---|---|---|---|---|---|---|---|---|---|
| | 男 | 女 | 青 | 中 | 老 | 初 | 中 | 高 | 城 | 乡 |
| 柯尔克孜文(阿拉伯) | 100.0 | 100.0 | 100.0 | 100.0 | 100.0 | 100.0 | 100.0 | 100.0 | 100.0 |
| 吉尔吉斯文(斯拉夫) | 27.0 | 13.2 | 27.3 | 15.9 | 23.1 | 13.7 | 11.1 | 35.3 | 26.7 | 23.3 |
| 汉文 | 44.2 | 44.7 | 81.8 | 29.5 | 0 | 3.4 | 40.7 | 82.4 | 66.6 | 23.3 |
| 维吾尔文 | 55.9 | 60.6 | 45.4 | 63.6 | 69.3 | 41.4 | 70.3 | 61.7 | 73.3 | 53.4 |

通过分析表 3-19 至表 3-22 的数据,得出了以下几点结论:(1)被调查群体的柯尔克孜语(文)掌握情况受社会因素差异影响很小;(2)汉语(文)掌握程度受年龄、教育程度、地域差异影响较大,年龄越小、教育程度越高、住在杂居区的人汉语(文)掌握程度越高;(3)教育程度对维吾尔语(文)掌握的影响较大。

## 三 语言文字学习途径

### (一)语言学习途径

1. 柯尔克孜语:92.9%的被调查者认为家庭语言环境对母语学习有较大影响,其次是通过学校学习掌握母语。具体数据为:家人影响(83人次)>学校学习(57人次)>社会交往(8人次)>自学(=听广播、看电视)(7人次)。

2. 汉语:除去25名没学过汉语的,51.1%的被调查者自报汉语主要在学校学习,其次是"社会交往"和"听广播、看电视"。具体数据为:学校学习(46人次)>社会交往(44人次)>听广播、看电视(40人次)>自学(24人次)>培训班学习(1人次)。

3. 维吾尔语:77.8%的被调查者自报通过"社会交往"学会维吾尔语。超过半数的被调查者从未专门学习过维吾尔语,是在与维吾尔族朋友、邻居、工作人员等的接触中掌握了维吾尔语。具体数据为:社会交往(70人次)>听广播、看电视(54人次)>自学(32人次)>学校学习(24人次)。

### (二)文字学习途径

1. 阿拉伯字母柯尔克孜文:调查对象主要是通过"学校学习"和"家人影响"学习阿拉伯字母柯尔克孜文。具体数据:学校学习(62人次)>家人影响(32人次)>自学(=看报纸、图书、期刊)(16人次)>其他方式(1人次)。

2. 斯拉夫字母吉尔吉斯文:有三分之一的调查对象掌握斯拉夫字母柯尔克孜文,其中80%通过自学学会。具体数据:自学(24人次)＞看报纸、图书、期刊(9人次)＞学校学习(7人次)。

3. 汉文:有三分之一调查对象不会汉文,其余被调查者主要通过"学校学习"和"自学"方式掌握汉文。具体数据:学校学习(45人次)＞自学(33人次)＞看报纸、图书、期刊(25人次)＞培训班学习(2人次)＞其他方式(1人次)。

4. 维吾尔文:半数以上被调查者是通过"自学"和看纸质资料的方式学会维吾尔文。对柯尔克孜族群体而言,维吾尔文是使用范围和频率仅次于柯尔克孜文的文种。比如去州公安局办事等,提交的材料必须是维吾尔文的,所以,不少柯尔克孜族公务人员或城区居民都不同程度地掌握维吾尔文。具体数据:自学(55人次)＞看报纸、图书、期刊(35人次)＞学校学习(26人次)＞其他方式(3人次)。

## 四 语言学习动机和态度

### (一)语言学习动机

1. 柯尔克孜语学习动机:从小自然学会,无特别目的(85人次)＞有助于传承本民族文化(14人次)＞自己喜欢(6人次)＞便于与本民族沟通(5人次)＞家人期望(3人次)＞其他(1人次)。吐古买提乡一位22岁女性表示"母语是学习其他语言的基础",学好母语很重要。

2. 汉语学习动机:学校或单位要求(30人次)＞工作或外出需要(24人次)＞学好汉语有前途(22人次)＞个人兴趣(17人次)＞其他(11人次)。学习汉语的方式多种多样,比如有的被调查者表示"孩子看汉语动画片,自己有时也跟着学学",还有6位被调查者表示"汉语是国家通用语,必须学"。

3. 维吾尔语学习动机:便于与当地少数民族沟通(35人次)＞自然学会,无特别目的(27人次)＞在本人生活地区用处广泛(25人次)＞学校或单位要求(15人次)＞工作或外出需要(13人次)＞其他(7人次)＞个人兴趣(3人次)。康安小区一名25岁男性被调查者表示"考试复习都是维吾尔语资料",所以学维吾尔语有用。

## （二）语言评价

1. 孩子在家不说柯尔克孜语,被调查者的态度:可以理解 65 人(72.2%),不能接受 22 人(24.4%),无法回答 2 人(2.2%),无所谓 1 人(1.1%)。选择"无所谓"的被调查者是一位 46 岁的女性,可以使用汉语简单交流,她的儿子和孙子在家说汉语比较多,偶尔说柯尔克孜语,所以她认为"说什么语言都无所谓"。

2. 语言重要程度:柯尔克孜语(85 人次)＞汉语(66 人次)＞其他语言(11 人次)＞维吾尔语(5 人次)。认为柯尔克孜语和汉语对自己最重要的被调查者占大多数,分别占 94.4% 和 73.3%。除认为语言都很重要的被调查者之外,4 名被调查者认为英语很重要,4 名被调查者认为俄语很重要。

## （三）语言需求与期望

1. 政府应采取哪些措施发展柯尔克孜语言文字:增加柯尔克孜语广播频率(65 人次)＞开设专门的柯尔克孜语电视频道(58 人次)＞保证小学阶段柯尔克孜语(文)教学(57 人次)＞保证学前教育阶段柯尔克孜语(文)教学(48 人次)＞增加柯尔克孜文报刊种类(29 人次)＞保证中学阶段柯尔克孜语(文)教学(24 人次)＞维持现状(=其他)(1 人次)。一名 46 岁的本科毕业的被调查者则建议"应当多培养一些文学创作方面的人才"。

2. 希望子女最先学会说何种语言:柯尔克孜语/汉语 54 人,柯尔克孜语 25 人,汉语 6 人,无法回答 4 人,柯尔克孜语/汉语/其他语言 1 人。60% 的被调查者希望子女从小掌握柯尔克孜-汉双语,27.8% 的被调查者希望子女最先学会柯尔克孜语。

3. 希望后代在何种语言授课的小学就读:柯尔克孜语/汉语 72 人,汉语 11 人,柯尔克孜语 5 人,无法回答 2 人。与上一题比较来看,虽然很多家长希望孩子最先学会柯尔克孜语,但是教育方面,80% 的被调查者想让孩子上柯尔克孜-汉双语小学,另外,希望孩子上汉校的比重也高于上柯尔克孜语学校。

综上所述,94.4% 的被调查者认为柯尔克孜语对自己最重要,73.3% 的被调查者认为汉语对自己最重要。受双语教育影响,中小学阶段的柯尔克孜族学生较多使用汉语,即使在家也是用汉语,对此,72.2% 的被调查者表示可以理解,仅 24.4% 的被调查者表示不能接受。希望子女最先学会柯尔克孜语-汉语双语的被调查者占 60%,希望子女最先学会柯尔克孜语单语的仅占 27.8%。

柯尔克孜语(文)、汉语(文)、维吾尔语(文)在柯尔克孜语群体的日常生活中均承担独特的角色和任务,柯尔克孜语是族内交际语、家庭交际语,维吾尔语、汉语是社会交际语。大多数被调查对象对母语的评价高于其他语文。国家的双语语言政策得到了柯尔克孜族大部分人的认同,政策的实施是成功有效的。

部分群体特别是学龄儿童、青少年等,使用汉语(文)频率高于母语(文),家庭交际语也有从柯尔克孜语单语向柯尔克孜-汉双语甚至汉语单语转变的倾向。因此,对家庭语言规划需要引导。

(赵　婕)

# 语言生活皮书系列

皮书是一种以年度为时间单元,关于某一门类、地域或领域的社会科学资讯类连续出版物。[①] 我国是继加拿大、法国之后第三个,也是世界上连续十多年不间断出版发布语言类皮书的国家之一。我国的语言皮书称为"语言生活皮书",由国家语言文字工作委员会(简称"国家语委")组编并发布,由商务印书馆出版,2006年以来先后出版了绿皮书、蓝皮书、黄皮书和白皮书,于2017年形成了语言生活皮书系列。

## 一 历史沿革

### (一)绿皮书

我国的语言生活皮书是从绿皮书起步的。早在2003年,教育部语言文字信息管理司(简称"语信司")就开始酝酿出版"中国语言生活绿皮书"丛书,当时主要是为了发布语言文字的"软性"规范。2004年启动以后,在具体筹备运作的过程中,"大家逐渐意识到,发布语言生活的一些实态调查数据,发表一些与语言生活关系密切的科研成果,对语言生活也能起到积极的引导作用,与软性规范的发布异曲同工、相辅相成"[②],于是决定将丛书设置为A、B两个系列:A系列发布语言文字"软性"规范;B系列是中国语言生活的状况与分析,主要发布语言生活的各种调查报告和实态数据。其中B系列又分为两种,一种是关于特定专题的调查报告,不定期出版;另一种是全面反映我国年度语言生活状况的《中国语言生活状况报告》(简称《报告》),每年定期出版。

2006年,《报告》首次出版,作为丛书中最早问世的著作,成为我国语言生活

---

[①] 谢曙光《皮书研究:理论与实践》,社会科学文献出版社,2011。
[②] 李宇明《关于〈中国语言生活绿皮书〉》,《语言文字应用》2007年第1期。

绿皮书诞生的标志。之后《报告》每年坚持出版,到2017年共出版了12本。除了《报告》,A系列的"软性"规范已经出了7本,B系列中专题性调查报告已经出了6本,所以到目前为止绿皮书丛书共出版了25本。

此外,还有两种出版物虽然没有在封面上明确标注"语言生活绿皮书",但与绿皮书密切相关。一是《中国语言生活要况》,这是对《报告》的取精用宏、精益求精,是对《报告》丰赡细致内容的浓缩型"简本",并突出了年度语言生活的特点,以利读者快速了解把握年度语言生活的基本状况,从2013年起按年度连续出版至今,共5本。二是"新时期中国少数民族语言使用情况研究丛书",第一本绿皮书出版后,"也有先生正在组织较大规模的民族语言田野调查,并表示了将成果纳入《绿皮书》的意向"[①],所以由商务印书馆出版的该套丛书在装帧风格上与绿皮书一致,2007年开始不定期出版,目前已出版了17本。

绿皮书丛书中最早问世的是《报告》,之后坚持12年连续出版,产生了广泛的社会影响和国际影响,所以现在一提到绿皮书,人们首先想到、印象也最深刻的是《报告》。应该说,丛书中只有《报告》才是严格意义上的皮书,因为只有它是按年度连续出版的。因此,下文中的"绿皮书"专指《报告》。

**(二)蓝皮书**

第一本绿皮书出版不久,受其启发,蓝皮书也被提上了议事日程。绿皮书是为了记录、反映语言生活的实际状况,蓝皮书则是为了研究探讨语言生活中出现的各类问题。最初设想,蓝皮书"是学者对语言规划中重大问题、重要领域的讨论与对策研究"[②],"用学者的眼光来审视中国语言生活问题,并提出各种建设性意见"[③],以专家身份、根据学理探讨国家语言问题,关注语言与社会、语言与民生以及语言学科建设等问题,既有原创文章,也收录已发表的文章,甚至在一定程度上起到语言学界《新华文摘》的作用,[④]并取名"语言问题蓝皮书"。2007年5月,在暨南大学召开了《语言问题蓝皮书2007》编写提纲审稿会;同年6月的"首届中国语言发展战略研讨会"也聚焦蓝皮书相关议题,25位作者做了大会发言。

---

① 李宇明《关于〈中国语言生活绿皮书〉》,《语言文字应用》2007年第1期。
② 李宇明《语言研究与社会语言意识——序〈中国语言文字政策研究发展报告(2015)〉》,《中国语言文字政策研究发展报告(2015)》,商务印书馆,2016。
③ 李宇明《关于〈中国语言生活绿皮书〉》,《语言文字应用》2007年第1期。
④ 邹煜《家国情怀——语言生活派这十年》,商务印书馆,2015。

不过,《语言问题蓝皮书 2007》后来未能如期出版,主要是因为提出的议题比较超前,学者们对这些议题看法不一、难以达成共识,有"投鼠忌器"的敏感话题;同时工作难度大,作者队伍、研究现状也跟不上。①

到了 2015 年,国家语言文字政策研究中心②为履行其国家语委科研机构秘书处"汇聚语言政策学术成果,提供语言政策学术服务"的职能,汇总梳理了 2014 年我国学者发表的语言政策研究类论文,并择其精要进行了内容摘编,成册后取名为《2014 年中国语言文字政策研究新进展》,上报语信司;同时请李宇明教授作序。李宇明指出,这"事实上已具有些'蓝皮书'的设想品格"③;语信司则决定以"中国语言文字蓝皮书"名义出版该书,并定名为《中国语言文字政策研究发展报告(2015)》。2016 年 1 月,该书正式出版;之后,更名为《中国语言政策研究报告》,以"语言生活蓝皮书"的名义,按年度连续出版至今。蓝皮书是我国语言生活皮书系列中第二个问世的品种,目前共 3 本。

目前成型的"语言生活蓝皮书"立足于对已发表文章的梳理摘编,定位于汇聚语言政策思想、展现语言政策"学情",相较最初设想的《语言问题蓝皮书》还有一定距离,不过,可操作性特别是按年度连续出版的可行性提升了。

### (三) 黄皮书

黄皮书也是早期语言生活皮书的设想之一。第一本绿皮书出版前后,就有学者"希望系统地研究国外的语言政策和语言生活状况,以为中国制定语言规划之参考,并打算命名为'语言黄皮书'"④。虽然没有像蓝皮书那样组织队伍、召开会议进行专门策划,但是专家们在绿皮书编写过程中对黄皮书问题进行了深入的探讨。大家深切感到了黄皮书面临的困难,比如涉及多语种的人才队伍问题、按语种还是按国别的编写体例问题等,因此决定先在绿皮书中设立"参考篇"反映相关内容。绿皮书"参考篇"从第一本开始就设立,连续 12 年,共刊载了 58 篇反映世界语言生活状况的文章。

---

① 李宇明《语言研究与社会语言意识——序〈中国语言文字政策研究发展报告(2015)〉》,《中国语言文字政策研究发展报告(2015)》,商务印书馆,2016。邹煜《家国情怀——语言生活派这十年》,商务印书馆,2015。

② 该中心由语信司与上海市教育科学研究院共建,2015 年语信司决定在该中心设立"国家语委科研机构秘书处"。

③ 李宇明《语言研究与社会语言意识——序〈中国语言文字政策研究发展报告(2015)〉》,《中国语言文字政策研究发展报告(2015)》,商务印书馆,2016。

④ 李宇明《关于〈中国语言生活绿皮书〉》,《语言文字应用》2007 年第 1 期。

到了2011年，随着绿皮书"参考篇"编写经验的逐渐丰富，以及外语学界对语言政策国别研究的日益关注，黄皮书也终于被提上了议事日程。来自中国内地、中国香港及国外的十余所大学的近50名研究人员，对40多个国家和地区的语言生活和语言政策，以及有关国际组织的官方语言政策进行了调研考察，并对近期在世界各地发生的语言事件和热点问题做了专题报告和分析。历经5年的打磨，于2016年出版了《世界语言生活状况（2016）》和《世界语言生活报告（2016）》，前者以国别为体例，后者以专题为体例，共介绍了41个国家或地区、1个国际组织（欧盟）的语言生活和语言政策状况。从正式出版的时间看，这标志着语言生活皮书系列中的第三个品种黄皮书问世了。2017年，国家语委决定更名为《世界语言生活状况报告》，继续按年度连续出版。

此外，在黄皮书系列中，还有一种不定期出版的，分不同专题介绍世界语言生活或语言政策状况的出版物。2017年出版了第一本著作《国外术语工作及术语立法状况》。

### （四）白皮书

白皮书是2017年问世的语言生活皮书系列的第四个品种。实际上，白皮书很早就被提及，绿皮书最初就想取名白皮书；但考虑到白皮书一般用于发表政府重要文件或报告，代表政府立场，《报告》在内容和话语方式上取名白皮书都不尽合适，所以改成了绿皮书。

绿皮书、蓝皮书和黄皮书的相继出版，使社会语言生活状况、世界语言生活状况以及学术界关于语言问题的研究状况都有了展现，同时也让人感到还缺一本记录展示国家语言规划活动、介绍国家语言文字事业发展状况的皮书。实际上这些内容一开始就受到了绿皮书的关注：首次发布的《报告（2005）》的"专题篇"反映的就是相关内容，如"推广普通话工作状况""城市语言文字工作评估状况"等；从《报告（2006）》起，又新增了"工作篇"，一直延续至今。不过，由于各方面原因，"工作篇"设立11年以来，篇幅大大减少，内容比较宏观，不够具体深入，还是让人感到分量不够。

到了2016年，在国家语委的推动下，白皮书再次被提上议事日程。语用司在当年的工作要点中明确提出"编制发布语言文字工作白皮书"，目的是记录、宣传国家语言文字事业发展的状况与成就，掌握语言文字事业各项工作进展，科学把握语言文字事业发展的基础数据和基本信息，为有关部门科学决策提供参考。

教育部副部长、国家语委主任杜占元对白皮书的编制工作高度重视,就内容体例、编写思路等做出具体指示:对接《国家语言文字事业"十三五"发展规划》框架,用数据说话,全面、客观地反映年度事业发展状况。语用司依托国家语言文字政策研究中心,组织团队扎实推进。2017年7月,历时两年《中国语言文字事业发展报告(2017)》以"语言生活白皮书"的名义正式出版。可以说,绿皮书、蓝皮书、黄皮书更多是"学术自觉"的产物,白皮书则主要是"政府自觉"的产物。

**(五)皮书系列名称的确定**

2017年2月,在第一本白皮书编制紧张推进、语言生活皮书系列又将增添新成员之际,为协调四本皮书的编制工作,国家语委邀请李宇明、周庆生、周洪波等专家,召集绿皮书、蓝皮书、黄皮书的主编和白皮书的执行主编,在商务印书馆召开会议。会议决定,对不同皮书使用的"中国语言生活绿皮书""中国语言文字蓝皮书""语言生活黄皮书"等系列名称进行统一;而鉴于黄皮书的内容冠以"中国"不合适,故将四本皮书的系列名称统一为"语言生活皮书"。同时,决定成立统一的语言生活皮书组委会,组委会下各皮书再分别成立编委会。这可以说是语言生活皮书系列正式形成的序曲。同年7月18日,教育部、国家语委召开新闻发布会,同时发布《中国语言文字事业发展报告(2017)》(白皮书)、《中国语言生活状况报告(2017)》(绿皮书)、《中国语言政策研究报告(2016)》(蓝皮书)和《世界语言生活报告(2016)》《世界语言生活状况(2016)》(黄皮书),标志着我国语言生活皮书系列正式形成。

## 二 功能定位

**(一)四色皮书的共同理念**

"语言生活"指"运用、学习和研究语言文字、语言知识和语言技术的各种活动"[①],"是我国汉语学界和日本日语学界惯常使用的一个术语"[②]。四色皮书取名"语言生活皮书",显示它们不是就语言而语言,主要关注的不是语言本体,而

---

① 李宇明《语言生活与语言生活研究》,《语言战略研究》2016年第3期。
② 周庆生《语言生活与生活语言——〈中国语言生活状况报告(2005)〉(上编)编后》,《语言文字应用》2007年第1期。

是语言在社会生活中的实际应用问题。就"关注现实、问题驱动"的理念而言,我国语言生活皮书的出现,具有历史必然性。新世纪以来,信息化、国际化、城市化对语言生活产生了重大而深刻的影响,出现了很多新的语言现象,产生了很多新的语言问题,催生了很多新的语言需求,亟须学界予以关注、加强研究。语言生活皮书就是在这样的社会背景下产生的。

"关注应用"的理念在第一本绿皮书编制阶段就已确立,专家们曾就书名中使用"语言状况"还是"语言生活"进行过深入的讨论,最终定名为"语言生活状况"。后来,这一理念延伸至蓝、黄、白其他三色皮书,并确定以"语言生活"为系列名。其中,白皮书的出现,进一步拓展了语言生活的内涵,它表明,政府的语言规划活动也是语言生活的重要方面。

围绕"语言生活"这一核心理念,四色皮书以"建设和谐、美好的语言生活"为共同目标,以服务政府、服务社会、服务学术为共同使命。

服务政府。通过反映语言生活的实态,展示围绕语言生活的政情、社情、学情、世情,探讨国家建设发展中的各类语言问题,为政府部门进行科学决策提供重要参考。同时通过介绍展示政府对待不同语言问题的政策取向、具体作为,引导社会语言意识,助力政府治理。

服务社会。通过对社会生活中各类语言问题的客观描述、理论探讨,为社会语言使用释疑解惑,同时推动社会理性思考。

服务学术。为针对现实问题的语言研究和语言政策研究提供丰富的统计数据、案例分析、学术资料、域外经验,以及我国语言政策实践的参照。

### (二)四色皮书的不同定位

1. 功能不同。(1)白皮书旨在宣传介绍我国语言文字方针政策,记录展示我国大力推广和规范使用国家通用语言文字、科学保护各民族语言文字、推进语言文字信息化建设、传承传播中华语言文化、提高国家语言能力、完善社会语言服务、建设语言生活现代治理体系等各项语言文字事业发展状况,系统发布语言文字事业发展各领域统计数据。(2)绿皮书旨在分析中国语言文字使用现状,反映社会各个领域语言使用的新特点新变化,阐述年度中国语言使用中的重大理论和现实问题,预测语言发展与变化的趋势,提出相应的政策建议。[1] (3)蓝皮

---

[1] 郭熙《中国语言生活状况报告十年》,《中国语言生活状况报告(2015)》,商务印书馆,2015。

书的功能是汇总梳理我国学者关于国内外语言政策的研究状况,系统介绍相关研究热点及其成果,汇聚展示关于各类语言文字问题的学术观点,分析语言政策与规划理论发展趋势,为国家的语言政策制定和语言规划活动提供理论支撑和学术参考。(4)黄皮书的功能是展示世界各国语言生活最新发展状况,反映全球范围内的热点语言问题,介绍世界各国的语言政策动向,为我国的语言政策制定和语言规划活动提供域外经验参考。

2. 视角不同。(1)白皮书立足政府视角,反映国家在语言文字领域的战略谋划和政策设计,从宏观上描述展示语言文字事业的发展成就。(2)绿皮书、蓝皮书和黄皮书都立足专家视角,反映为贯彻国家语言政策、推动国家语言文字事业发展,而面向国内和国外、区域和领域、宏观和微观语言生活的学术观察、理论思考和理性思想。其中,绿皮书强调关注现实、问题导向,蓝皮书侧重理论探讨、汇聚思想,黄皮书反映域外实况及政策得失。

3. 框架体例不同。(1)白皮书是章节式,分为5章:国家通用语言文字普及与规范、语言文字信息化建设、语言服务能力建设、中华优秀语言文化传承传播、语言文字治理体系建设。(2)绿皮书是文集式,包括8个部分:特稿篇、专题篇、工作篇、领域篇、热点篇、字词语篇、港澳台篇、参考篇,各篇列载数量不等的专题文章。(3)蓝皮书是章节式,分为8章:语言政策理论和国家语言战略、国家通用语普及、语言规范、语言保护、语言教育、语言传播、语言服务、世界语言政策参考。(4)黄皮书2本,一本以国别为体例,另一本以主题聚合为体例,不同主题下介绍不同国家的语言状况,包括8个主题:语词动态、语言政策、语言冲突、语言危机、语言保护、语言教育、语言传播、综合分析。

4. 研究范式不同。(1)绿皮书领域篇、热点篇、字词语篇、港澳台篇等列载的专文都是对特定问题的实证调查,在此基础上进行问题分析,并提出对策建议。(2)白皮书、蓝皮书都是对资料的收集、整理、分类、汇编或摘编。白皮书主要针对政策文献、工作资料,还十分注重收集各类统计数据,具有突出的语言规划史料价值。蓝皮书主要针对论文等学术文献,注重发现思想精华,以及讲究策略的浓缩与转述。(3)黄皮书除了资料的收集整理,还需对这些资料进行翻译,涉及数十种外语,在此基础上进行基于资料的事实描述。

5. 话语方式不同。(1)白皮书代表政府,话语简练,庄重严肃,不做铺陈。其"前言"还具有语言政策宣示的功能,更要求精准、简洁和规范。(2)绿皮书虽有大量的实证研究,黄皮书也有基于资料的再创作,但不是理论演绎和纯学术,要求各专题文章面向一般社会读者,尽量少用学术术语,不追求层层叠套的理论框架,而以平实浅近的话语、扁平化的逻辑视角,将问题描述清楚。(3)蓝皮书主要是学术话语,同时努力通过转述使其明白晓畅。

### (三) 四色皮书的功能互补

同一语言问题,不同皮书从不同角度的关注、表征形成了互补。比如,关于"语言濒危及其保护"问题:白皮书介绍了政府的政策规定和语保工程等具体实践;蓝皮书展现了关于语言保护的理论探讨;黄皮书反映了国外在语言保护方面采取了哪些措施,两相结合,可以解释政府为什么采取语言保护的政策,还可以研判或提出语言保护的未来趋势;绿皮书则可以提供语言保护的具体案例,并通过案例分析政策得失。

## 三　成果价值

### (一) 政策影响

从第一本绿皮书出版迄今十多年来,语言生活皮书所倡导的语言观和语言规划理念产生了明显的政策影响,"语言是国家的战略资源""构建和谐的语言生活""科学保护各民族语言文字""提高国家语言能力""服务国家战略"等写进了我国当前重要的语言文字政策性文件。

### (二) 学术影响

十多年来,秉持共同学术理念的皮书作者队伍形成了"接地气、求真知、重应用"[①]的"语言生活派",塑造了"国际视野、问题驱动、关注社会、服务国家、数据说话"[②]的学术风格。普方民外的学术区隔逐渐打破,交流互动日益增多。同时,各色皮书所载专文、调查报告、统计数据等被相关学术论文大量引用,而且出现了针对语言生活皮书及其成果再开发利用的专门研究。

---

① 邹煜《家国情怀——语言生活派这十年》,商务印书馆,2015。
② 郭熙《中国语言生活状况报告十年》,《中国语言生活状况报告(2015)》,商务印书馆,2015。

### (三) 社会影响

语言生活皮书是国家语言政策的先声,也是关于语言问题的舆论引导平台,其出版发布产生了重要的社会影响。十多年来,教育部、国家语委坚持以皮书的发布为契机每年召开新闻发布会,每次都使语言文字使用状况、语言生活中的各类问题、语言事业发展状况等成为新闻热点。

### (四) 国际影响

语言生活皮书的出版发布还产生了良好的国际影响。2013年,《报告》第一卷英文版出版,2014年《报告》韩文版出版,2017年《报告》日文版出版,在国际社会引起强烈反响,特别是为国外同行了解中国语言状况和语言规划提供了一个重要窗口。语言生活派向世界发出了中国的声音。

语言生活皮书具有决策参考、政策先声、学术创新、舆论引导、人才培养等多方面的重要价值。同时应该看到,我国的语言生活皮书系列是在绿皮书的基础上发展起来的。绿皮书经过十多年的打磨,已经相当成熟和稳定;其他三色皮书则还处于刚刚起步阶段,需要不断摸索和完善。后起的三色皮书也多多少少有着绿皮书的影子,不同皮书之间,比如绿皮书"工作篇"与白皮书、绿皮书"参考篇"与黄皮书之间的功能区分,也还需进一步探讨。尽管如此,诚如语用司司长、语信司司长田立新在绿皮书十周年之际(时任语信司副司长)所说的,语言生活皮书"树立了一面旗帜、锻炼了一支队伍、创造了一个品牌、凝聚了一种力量"。

(张日培)

# 《中国语言文化典藏》出版

2017年1月,中共中央办公厅、国务院办公厅印发《关于实施中华优秀传统文化传承发展工程的意见》(以下简称"两办意见"),明确指出要"大力推广和规范使用国家通用语言文字,保护传承方言文化。开展少数民族特色文化保护工作,加强少数民族语言文字和经典文献的保护和传播,做好少数民族经典文献和汉族经典文献互译出版工作"。《中国语言文化典藏》丛书的出版,是对两办意见"保护传承方言文化"的践行,也是对十九大报告提出要"推动中华优秀传统文化创造性转化和创新性发展"的有益探索。

## 一 "典藏"概况

"中国语言文化典藏"是中国语言资源保护工程(以下简称"语保工程")的标志性成果。方言文化是语言资源的重要组成部分,在开展汉语方言、少数民族语言调查的同时,推进语言文化调查。

在教育部、国家语委的指导下,中国语言资源保护研究中心与商务印书馆携手,从语保工程语言文化调查专项里遴选出调查研究进度较快、质量较好的20个点申报国家出版基金项目,并于2016年4月顺利获得资助;2017年12月15日,《中国语言文化典藏》丛书(以下简称"典藏")新书发布会在商务印书馆举行。①

"典藏"坚持"创新与存史并重、学术与科普结合",首批共推出20卷语言文化图册,分别为(按调查点名音序排列):澳门、潮州、杭州、衡山、怀集、怀集(标话)、江山、金华、井陉、连城、泸溪、清徐、寿县、苏州、濉溪、遂昌、藤县、屯溪、宜春、永丰。其中19卷为汉语方言,包括官话、晋语、吴语、徽语、闽语、湘语、赣语、客家话、粤语等汉语方言;1卷为少数民族语言标话。"典藏"按照科学、统一的

---

① 《留下乡音,记住乡愁》,"语宝"微信公众号2017年12月15日。

规划,在田野调查所得的第一手材料的基础上,对中国各地区的方言文化现象采取抢救性调查记录和保存保护,图册以调查条目为纲,收录方言文化图片及其方言名称(汉字)、读音(音标)、解说,以图带文,一图一文,图文并茂;书前附本地方言文化概述和方言音系,书后附田野调查笔记和条目索引。每册约340页,收图约600幅。其中,部分方言文化活动条目和第九章"说唱表演"所有调查内容后添加二维码,可通过手机扫描访问并播放后台数据库中相关内容的发音音频或视频,为"EP同步版",形成"典藏"与众不同的时代特色。

## 二 内容特点

与已有的语言类、文化类书籍相比,"典藏"在内容方面具有以下突出特点:

### (一)以方言文化为主

"典藏"以"语言文化"作为主要内容,在统一规划下开展调查研究,特色鲜明。这里的"语言文化",指"用特殊方言形式表达的具有地方特色的文化现象,包括地方名物、民俗活动、口彩禁忌、俗语谚语、民间文艺等"。① 表3-23为"典藏"各卷次语言文化调查条目分类。

表3-23 方言文化调查条目分类

|  | 一 | 二 | 三 | 四 | 五 | 六 |
|---|---|---|---|---|---|---|
| 壹 房屋建筑 | 住宅 | 其他建筑 | 建筑活动 | | | |
| 贰 日常用具 | 炊具 | 卧具 | 桌椅板凳 | 其他用具 | | |
| 叁 服饰 | 衣裤 | 鞋帽 | 首饰等 | | | |
| 肆 饮食 | 主食 | 副食 | 菜肴 | | | |
| 伍 农工百艺 | 农事 | 农具 | 手工艺 | 商业 | 其他行业 | |
| 陆 日常活动 | 起居 | 娱乐 | 信奉 | | | |
| 柒 婚育丧葬 | 婚事 | 生育 | 丧事 | | | |
| 捌 节日 | 春节 | 元宵节 | 清明节 | 端午节 | 中秋节 | 其他节日 |
| 玖 说唱表演 | 口彩禁忌 | 俗语谚语 | 歌谣 | 曲艺戏剧 | 故事吟诵 | |

### (二)原创与抢救并存

"典藏"所有语言语料、语言文化解说、图片、音像材料等均为田野调查所得

---

① 曹志耘主编《中国方言文化典藏调查手册》,商务印书馆,2015。

的第一手材料,具有原创性。在快速城镇化、一体化的背景下,当前各地以农村生活为生存土壤的语言文化现象正处于急剧变化和消亡的过程之中,尤其是具有特殊文化意义和文化价值的方言,其中最为典型的是濒危语言或方言。例如,"典藏"本次所收的"泸溪乡话"目前仅有约 2 万人使用,[①]属弱势方言。又如,一些活力较弱的语言也值得关注,"典藏"所收的少数民族语言标话使用人口约 16 万人,其中仅有 8 万人左右能较为流利地使用标话,多为驻守在当地林场等偏远地区的中老年人,另外近半数的标话使用者为标话、粤语共同使用者或标话、粤语、普通话共同使用者,这类人群往往不能流利使用民族固有词。因此,无论从语言本体还是语言文化来看,这类语言/方言都具有濒危性,"典藏"对其方言文化无疑具有抢救性记录和保存的价值。

**(三)规范性与系统性兼备**

为保证各个调查点材料的系统性、规范性和可比性,课题组先期编写出版了《中国方言文化典藏调查手册》,分为两大板块。第一编为"工作规范",下设"调查规范""语料整理规范""图册编写规范""音像加工规范""资料提交规范"五部分;第二编为"调查表"(其框架参看表 3-23)。因此,"典藏"各册之间的"章"完全相同,"节"基本相同,各节下的条目也大致相同,对于单点而言,涉及该方言文化点的音系、房屋建筑、日常用具、服饰、饮食、农工百艺、日常活动、婚育丧葬、节日、说唱表演等各个层面,具有严密的系统性;对于多点而言,某一方言文化事项可做多维度地横向比较,可比性强。

**(四)学术性与可读性并重**

"典藏"将"语言文化"单独作为大规模调查的内容,调查时同时采用方言学、人类学(包括影视人类学)的方法。一方面,客观的音标记录、音像材料保证了调查记录的科学性;另一方面,通俗易懂的文化解说深入地观察并挖掘了与语言相关的文化现象,能发挥科普教育之功用,这就打破了一般语言学专业论著的学理性较强、对受众的知识水平要求较高、专业性强而可读性较弱的局面。值得一提的是,每一卷册后都附有作者撰写的"调查手记",记录了调查本地点语言文化的重要事项和学者心得感悟。在江山卷的调查手记里,作者记录了初识江山话时的神秘感、语言

---

[①] 陈晖《湖南泸溪梁家潭乡话研究》,湖南师范大学出版社,2016。

文化对于增强文化自信的作用,以及作者走进田野所获得的甘苦感悟:

> 关于戴笠及其"军统江山帮",江山民间广泛流传着这样的故事:某次宴席,戴笠跟座中某人推杯换盏、把酒言欢,谈笑间当着他本人的面下了灭杀令,手下人心领神会,而当事人却还浑然不知己命悬一线,只因为戴笠说的是外人不懂的江山话。江山话竟然可以作为军统秘密行动的暗语和代号,如此神秘难懂,一度令我心生惶恐。但"手甪撑胳膊肘,骹腹脚后跟,日勒来说得来,老江山"这段顺口溜仿佛一串神奇的密码,只要你能懂会说,便如同对上了接头暗号,江山人立马视你为同志、亲人,有问必答,有难必帮,江山方言的神秘大门便从此向你次第敞开。几句方言顺口溜,何以会有如此神奇的力量?我想这应归功于一种发自内心的对当地方言文化的认同、尊重和热爱……在江山调查的每一天都经历着感动。感动来自于发现的喜悦。发现此前未知之事或相异之物,这样的喜悦在调查的每一天都有,但也并不是每一天都是大丰收,往往前一日问得顺风顺水、拍得盆满钵满,第二天往往就跌入低谷,收获寥寥——江山方言就是这样扑朔迷离、若即若离地引导着你慢慢体味,步步深入。世间的人与事,恰如山间的烟与霞,既相遇于一瞬,能不窃喜于机缘之巧?

正如主编在丛书"序"里写到的:"为了完成调查工作,大家不畏赤日之炎、寒风之凛,肩负各种器材,奔走于城乡郊野、大街小巷,记录即将消逝的乡音,捡拾散落的文化碎片。有时为了寻找一个旧凉亭,翻山越岭几十里路;有时为了拍摄丧葬场面,与送葬亲友一同跪拜;有人因山路湿滑而摔断肋骨,住院数月;有人因贵重设备被盗而失声痛哭……"这些是"语保人"在与时间赛跑、奔走田野四方、努力抢救保存我国方言文化的真实写照,同时也直观生动地展示了语言学田野调查的具体流程和实践方案。

## 三　形式和机制创新

### (一)图文并茂,纸电(EP)同步

《中国语言文化典藏》的"典藏",是指在实地调查的基础上,利用多媒体、数据库和网络技术对语言文化进行实态保存和展示。根据前期顶层设计,"典藏"收录语言文化图片及其方言名称、读音、解说,以图带文,一图一文,图文并茂。

"纸电同步"又称为"EP同步",指纸质书(paper book)和电子书(electronic book)同步打造、同步推出,以适应科技信息时代的阅读特点。对于"典藏"而言,指的是部分具有地方特色的文化视频和说唱表演条目还可通过扫描二维码(参看图3-28左下角),进入在线访问,可收听或收看语言文化条目的录音、视频,增强了图书与读者的互动性,实现音像图文四位一体的阅读体验,立体地为读者呈现方言文化实态。以上特点使"典藏"既可满足方言学、文化学、人类学、民俗学等专业学科领域的学者需求,也能为大多数读者所接受,具有跨越鸿沟,推动语言研究社会化的重要作用。

图 3-27 "典藏"内页(衡山卷)　　　　图 3-28 "典藏"内页(澳门卷)

商务印书馆近年来正在实施全媒体出版战略,在选题策划、数字资源的管理与聚合应用、排版方式变革、营销方式创新等诸多方面对生产过程进行调整。对"典藏"音像图文四位一体的呈现形式的有益尝试,有效地推动了全媒体出版行业的发展。

### (二) 设计装帧精美,观赏性强

"典藏"采用 16 开本,成品大小是 185×260,烫哑银精装,函套、护封、封面三位一体,内文四色印刷。函套、封面的颜色为最能体现调查点当地文化特色的颜色,如澳门卷取澳门特别行政区区旗的颜色,苏州卷取苏州檀木色,杭州卷取龙井茶汤色等,寓意我国方言文化丰富多彩,和而不同;函套与护封选用当地传统建筑图片,寓意方言文化是中华民族精神家园的重要组成部分,是乡愁的重要内核。内文以图带文,图片样式错落有致,配合方言词语与国际音标转写,将乡土情怀娓娓道来,与"典藏""留下乡音、记住乡愁"的主旨相契合。

图 3-29 "典藏"整体效果图(函套书脊)　　图 3-30 "典藏"整体效果图(护封书脊)

### (三) 工作机制创新

除了在内容、形式上有所创新之外,"典藏"的顺利出版,还得力于多方合力,创新工作机制。"典藏"定位于"创新与存史并重、学术与科普结合",在调查、编写、设计、出版等各个环节涉及方面、人员众多,这要求跨领域、跨专业精诚合作,协同创新,共创精品。在顶层设计方面,教育部、国家语委组建了"中国语言文化典藏系列组委会",由教育部副部长、国家语委主任杜占元任组长,由教育部语用司、语信司司长田立新任执行组长,全方位地对出版工作加以指导;20卷的作者与编委会、责任编辑、设计团队发挥各自优势和特长,精诚团结、勤力协作,为保证学术质量和出版质量付出了巨大努力。为了确保图文内容质量,作者全力配合,完善书稿,完善图片;责任编辑不计日夜、节假日,加班加点审校书稿;设计团队多次深入田间村头,补拍清晰的照片,反复修改版式,调整色调;主编团队利用周末审读印制前的清样,消除差错隐患。在出版流程上,"典藏"实现了科学化、精细化、规范化管理,工作团队制订了详细的出版流程时间表,精确每一个时间节点,分阶段稳步推进项目进程,最终使得书稿按照既定的进度有序运转,成就精品力作。

### (四) 社会反响

功夫不负有心人。"典藏"出版以来,获得社会各界的高度评价和热烈响应。2017年12月28日,中国出版集团公司组织评选出"中版好书2017年度榜","典藏"入选该榜单"人文社科"二十大好书,评委认为:

> 这套丛书对中国20种汉语方言和少数民族语言的语言文化做了比较详细的调查研究。此外,每本书还以引言方式,对相关调查点的地理、语言/

方言等情况做了比较详细的说明介绍。

2018年1月16日,商务印书馆发布2017年"最美的书"候选榜单,"典藏"位列榜单第一,入选理由是:

2017年度中版好书。

丛书实现了学术与唯美的结合,是"中国语言资源保护工程"的标志性成果。首批出版20卷,涵盖官话、晋语、吴语、徽语、闽语、湘语、赣语、客家话、粤语等汉语方言和怀集标话等少数民族语言。书中有地方特色的条目后均附有二维码,手机扫码可在线访问方言条目的录音、视频,实现音像图文四位一体的阅读体验。

设计思路:封面色彩体现当地的特色,有精神层面、民俗等不同的解读。精装封面与函套颜色一致,护封选用米色的纸,形成双书脊。护封体现共性,函套体现个性。函套与护封选用具有当地特色的建筑图片,护封底部配上图片的词条文字,以图带文,将乡土情怀娓娓道来,素描形式也渲染了独特的乡愁气息,契合了"典藏"与田野调查的保存意义。

"典藏"成果能够多次开发,可开发为文化科普作品,如《中国语言文化典藏·饮食》《中国语言文化典藏·婚育丧葬》等;也可出版外译作品,推动方言文化的对外传播;还可采用多媒体技术进行保存和展示,推出多媒体出版物,研发多媒体服务平台,为国家文化建设做出贡献。

(王莉宁)

第四部分

# 热 点 篇

# "新四大发明"开启语言新生活

2017年5月,在"一带一路"国际合作高峰论坛召开之际,北京外国语大学丝绸之路研究院发起了一次历时一周的民间调查,对该校来自"一带一路"沿线20个国家不同专业、不同宗教信仰的留学生开展了为期一周的调查,问题是:"你最想带回国的生活方式是什么?"最终投票评选出了他们心目中的中国"新四大发明":高铁、支付宝、共享单车和网购。受访的外国学生纷纷表示,"新四大发明"改变了他们对中国的认识,成为他们希望带回祖国的生活方式。[①]

"新四大发明"如同一面镜子,反映了近期中国社会和文化的变迁,记录了时代的脉动,也引领和推动了语言生活的新变化。

## 一 "新四大发明"词族骤然升温

"新四大发明"的说法一经面世,就引发了持续热议。截至2017年12月25日,关于"新四大发明"的媒体信息数达到4835篇,阅读量超过1000万;[②]相关搜索结果总量达到4 340 000个,相关新闻报道1840篇。[③] 如果逐条查看四项"新发明",其搜索热度更是令人瞩目,见表4-1。

表4-1 2017年度"新四大发明"媒体热度(截至2017年12月25日)

| 搜索项 | 百度搜索热度 | 微信热度(清博指数) | |
|---|---|---|---|
| | | 微信文章 | 阅读量 |
| 新四大发明 | 4 340 000 | 4561 | 1006万+ |
| 高铁 | 34 400 000 | 236 753 | 6.2亿+ |
| 支付宝 | 9 590 000 | 185 193 | 4.1亿 |
| 共享单车 | 13 000 000 | 128 786 | 3.7亿+ |
| 网购 | 28 100 000 | 133 838 | 1.9亿 |

---

① 《你最想把中国的什么带回家——20国青年街采 定义中国"新四大发明"》,新华社新媒体专线(广州),http://news.163.com/17/0509/14/CK0I7LRQ00018AOQ.html。
② 清博大数据-清博指数,http://www.gsdata.cn。
③ 百度指数,http://index.baidu.com。

# 第四部分 热点篇

根据清博指数舆情监测数据,关注"新四大发明"的媒体信息主要集中在网页新闻,所占比例为 59.66%;微信次之,比重为 26.22%。见图 4-1。从其情感属性来看,公众对"新四大发明"的评价正面居多,比例为 59.74%,负面极少,仅占 2.30%。见图 4-2。

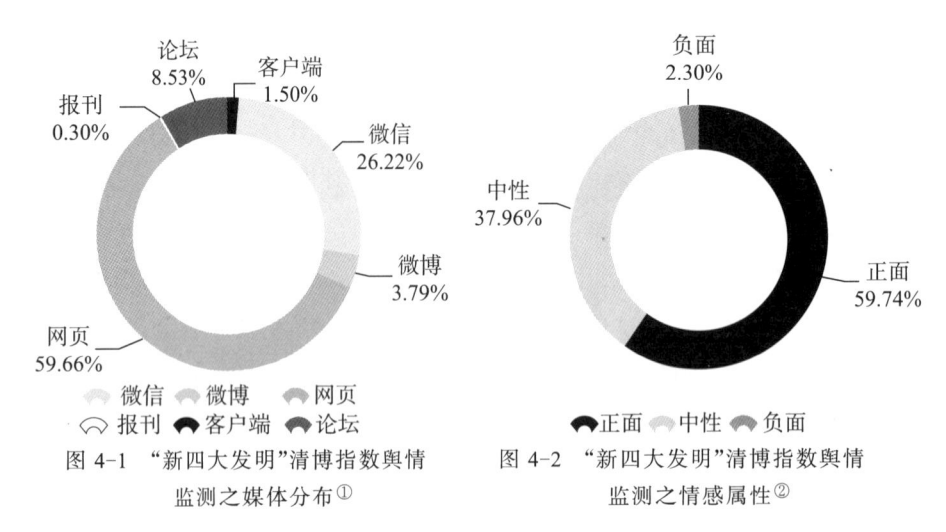

图 4-1 "新四大发明"清博指数舆情监测之媒体分布①

图 4-2 "新四大发明"清博指数舆情监测之情感属性②

2017 年 12 月初,"新四大发明"入选由国家语言资源监测与研究中心、商务印书馆、人民网、腾讯网联合主办的"汉语盘点 2017"的年度五大候选国内词。12 月 21 日,"汉语盘点 2017"活动揭晓仪式在北京举行,"享"字当选年度国内字。此前《咬文嚼字》杂志编辑部也发布了"2017 年度十大流行语"榜单。"共享"一词也入选了该榜单。③ "(共)享"同时入选两大流行语榜单,折射出由共享单车引发的共享生活方式正日益流行,成为中国语言生活的一道特殊风景。12 月 18 日,百度发布了 2017 年度国人搜索榜单,在"十大科技事件"和"十大国民骄傲"榜单上,均出现了"高铁"这一词语,成为承载国民骄傲的热词。④

"新四大发明"不仅引发了广泛的社会热议,也成为众望所归的"两会"高频词。李克强总理在 2017《政府工作报告》中提出要"支持和引导分享经济发

---

① 清博指数舆情监测数据,http://yuqing.gsdata.cn/yuqingMonitor/trans?sid=103271&sc=1。
② 清博指数舆情监测数据,http://yuqing.gsdata.cn/yuqingMonitor/content?sid=103271&sc=1。
③ 《年度热词出炉 记录时代变迁》,人民网-人民日报海外版,http://www.cnr.cn/chanjing/jiaoyu/20171222/t20171222_524072564.shtml。
④ 《这才是属于所有中国人的年度共同记忆!2017 百度沸点榜单权威发布》,中国网,http://tech.china.com/article/20171218/2017121888800.html。

展"①,以摩拜、ofo为代表的"共享单车"则是共享经济的典型代表。除此之外,"高铁"也成为与会代表们的热议焦点,纷纷为家乡规划高铁线路,展望高铁经济发展。②两会期间,多位代表提出积极推进"无现金社会"的建设与发展,支付宝作为最大的移动支付第三方平台,成为推进"无现金社会"的重要力量。③

在备受国民关注的高考作文和全国公务员考试预测题中,也出现了"新四大发明"的身影。2017年的高考全国卷作文题为:"据近期一项对来华学生的调查,他们较为关注的'中国关键词'有:一带一路、大熊猫、广场舞、中华美食、长城、共享单车、京剧、空气污染、美丽乡村、食品安全、高铁、移动支付。请从中选择两三个关键词来呈现你现在所认识的中国,写一篇文章帮助外国青年读懂中国。"④这些关键词中列举了"新四大发明"中的三项。而在全国各地公务员考试的预测题中,关于"新四大发明"的话题也成为公务员面试和申论试题的热点预测,其语言热度可见一斑。

## 二 "新四大发明"刷新汉语词库

"新四大发明"作为"中国智造"和"中国式创新"的典型代表,彰显了创新发展的磅礴力量,重塑了国民的生活方式,这一过程必然会涌现大量的新事物、新现象,从而不断刷新汉语的词库,见表4-2。

表4-2 "新四大发明"相关高频新词(摘选)

| 新四大发明 | 相关高频新词 |
| --- | --- |
| 高铁 | 高铁外交、红眼高铁、高铁时代、高铁游、复兴号 |
| 支付宝 | 移动支付、无现金社会、支付宝XX、Alipay、敬业福、抢红包、吱口令 |
| 共享单车 | 共享、共享经济、小黄车、摩拜、共享XX |
| 网购 | 亲、秒杀、剁手党、包邮、好评、差评师、掌柜、小二、下单、冲钻、爆款、童鞋 |

---

① 《政策红利频释放 巨头争抢千亿共享汽车市场》,人民网海南频道,http://hi.people.com.cn/auto/n2/2017/0327/c336672-29921661.html。
② 《高铁成为"两会"高频词是众望所归》,东北新闻网,http://news.nen.com.cn/system/2017/03/16/019728658.shtml。
③ 《两会闭幕:"无现金社会"成为两会新热词》,比特网,http://news.chinabyte.com/63/14099563.shtml。
④ 《2017年高考作文题目出炉 中国新四大发明彻底火了一把 这些题目你会怎么做?》,中国青年网,http://henan.china.com.cn/edu/2017/0607/4953049.shtml。

### (一) 高铁

自进入 21 世纪的第二个十年以来,中国高铁领跑世界轨道交通。由我国自主研发的标准动车组——"复兴号"跑出了 350 公里的时速,刷新了高铁商业运营速度的世界纪录。2017 年,中国高铁动车组累计旅客发送量从去年的 50 亿增加到 70 多亿,平均每天乘坐高铁出行的人数超过 400 万,单日最高人数则接近 800 万![1]

高铁不仅改变了人们的生活和出行方式,也成为一张亮丽的国家名片,"高铁外交、红眼高铁、高铁时代、高铁游"等名词频频出现在媒体报道中,日渐成为人们口中的常用词。

### (二) 支付宝

支付宝所引领的移动支付浪潮迅速席卷了整个中国大陆,成为中国最大的第三方支付平台,扫码支付业已成为很多城市最主流的交易方式,全面开启了中国的"无现金社会"建设进程。据统计,2017 年第三季度,中国第三方移动支付市场交易规模达 294 959 亿元人民币,环比增长 28.02%,同比则猛增 2.26 倍。支付宝占据中国移动支付份额的 53.73%,同比提高 3.31%,稳居领先优势。[2] 对于普通中国人而言,"移动支付"已经成为语言生活的必备词汇,"无现金社会"也已成为触手可及的生活场景,而非仅仅停留在词典里的抽象名词。

目前,阿里巴巴集团旗下的支付宝已经实现在 200 多个国家和地区用 18 种货币进行移动支付,它的英文名 Alipay 也逐渐成为出境游必备词汇之一。支付宝官博曾表示,要想在境外愉快地买买买,就需掌握必备万能金句:Hello, thank you, Alipay![3]

作为移动支付的代名词,"支付宝"的词汇含义和词性功能得以扩大,由一个第三方支付平台的名称扩大至任何支付宝移动支付平台支持的商业属性,"支付宝"一词也可被用作构词成分,与不同名词搭配,构成新名词,如南京的支付宝

---

[1] 《中国高铁四横收官 全国预计新增铁路运营里程 2000 多公里》,高铁网,http://news.gaotie.cn/tielu/2017-12-25/436773.html。

[2] 《中国第三方移动支付逼近 30 万亿元:支付宝遥遥领先》,新浪科技,http://tech.sina.com.cn/roll/2017-12-27/doc-ifypxmsr1102623.shtml。

[3] 《马云的支付宝让全世界都蒙圈了,Alipay 成最火交流单词》,百事泰 bestek,http://baijiahao.baidu.com/s?id=1572704780720107&wfr=spider&for=pc。

街、温州的支付宝菜市场、北京的支付宝停车场、上海的支付宝早餐车等。①

有趣的是,随着支付宝的走红,"宝"字也被赋予了带有移动属性的支付平台的含义,大量以"宝"为后缀的移动支付平台名词涌现出来,如"e 电宝、易宝、融宝、汇付宝、聚财宝"等。

### (三) 共享单车

共享单车的爆红标志着绿色、低碳、共享性经济态势的上升,发展势头迅猛。目前摩拜单车在全球运营超过 500 万辆,日订单量最高超过 2500 万辆,注册用户超过 1 亿。②"共享"一词也随着共享单车的发展迅速席卷中国,一系列以"共享经济"为特征的商业模式雨后春笋般应运而生,如"共享汽车、共享电动车、共享雨伞、共享厨房、共享洗衣机、共享充电宝"等。共享单车炒热了"共享"一词,商家们不断推陈出新,渗透至我们生活的每个角落。

事实上,"共享单车"的概念并非自然形成,该词成为现象级热词的时间远远晚于现实中的尝试。号称"全球共享单车的原创者"的 ofo 小黄车在 2015 年 9 月启动之初一直使用"ofo"或"小黄"的称号,直到 2016 年 1 月才首次使用"ofo 共享单车"的概念,其后该概念在其微博中频频出现并逐渐被社会广泛接受与使用。微博搜索数据显示,2016 年以前"共享"与"单车"两个词汇基本没有连用,而 2016 年以来,"共享单车"一词已为人们熟知。从 2 月 15 日至 8 月 31 日间,《人民日报》平均 5 天就发布一条"共享单车"的微博,如此密集的话语表达折射出社会的热切关切,也表明其概念共意已经形成。③

### (四) 网购

网购的流行,特别是伴随淘宝等电商的发展,也孕育了一大批网络新词汇。《现代汉语词典》(第 6 版)就已收录了大量和淘宝息息相关的高频词,如"网购、网点、物联网"等。许多淘宝热词,如"亲、秒杀、包邮、下单、剁手"等也因其生动鲜活的特征,借助强大的网络购物平台迅速流行起来,成为普遍接受的社会化语

---

① 《支付宝 10 大形象工程:卖菜大妈都不放过》,亿邦动力网,http://www.ebrun.com/20150925/150280.shtml。
② 张旭东《摩拜单车注册用户超过 1 亿》,新华社,http://news.eastday.com/eastday/13news/auto/news/finance/20170619/u7ai6864403.html。
③ 岳璐、蔡骐《共意、争议与生活政治——"共享单车"的微博话语研究》,《新闻记者》2017 年第 11 期,http://www.sohu.com/a/207361399_375508。

言。根据淘宝数据,按每天使用人数排名前十的网购热词依次为:"亲、包邮、拍下、宝贝、好评、改价、下单、上架、上新、掌柜"。每天有超过1亿次"亲"的问候语,730万人要"包邮",158万次要求"好评",150万人要求"改价",145万次喊"掌柜"。①

网购这一新兴商业模式还催生了全新的行业术语。如网络平台上总结的"淘宝电商必懂的100个专业术语",涵盖四大类别:基础统计类(如浏览量、访客数、收藏量等)、销售分析类(如拍下件数、支付宝成交笔数、客单价等)、直通车数据类(如默认出价、系统推荐词、淘宝下架等)、来源分析类(如入店跳客率、新访客占比等)。②

## 三 "新四大发明"影响交际方式

"新四大发明"对国民生活的影响涉及方方面面,在某些领域甚至发生了颠覆性的变化,语言交际方式也随之改变,主要体现在:"线上"对话成为重要的交际场景,人工智能成为全新的交际对象,手机、充电宝成为须臾不离的交际工具,表情包、"淘宝体"成为不可或缺的交际方式……

### (一)"线上""线下"齐上阵

"新四大发明"均诞生于网络时代,语言交际场景由日常真实生活场景转向虚拟网络构建的"线上"交际场景,网络平台成为最重要的语言交际场合之一。

网购语言交际行为的完整过程除了买卖双方关于商品交易的沟通外,还包括售后、物流等后续交际环节,"线上"的交际行为会持续延伸至"线下",如商品通过物流到达买方的过程中买方与快递员的语言交际,或买方因为各种原因提出退换货物进而与售后进行电话或网络语言沟通等。

共享单车则提供了另一种"线上+线下"的非典型性语言交际场景。其线上线下交际主要采取非口头语言交际行为,骑车人通过线上扫码完成语言信息解码,再通过线下提车还车完成非口头语言交际的"言后行为"。

---

① 《"淘宝热词"大全》,热推网,https://www.hottui.com/bencandy-48-41403-1.htm。
② 《淘宝电商必懂的100个专业术语》,派代网,http://bbs.paidai.com/topic/325860。

### (二) 人工智能显神通

在新型的语言交际场景中,交际对象也随之产生变化,由人类之间的语言交际转为人与电脑、手机之间的交际(即人机对话),如自动网络应答系统和二维码就是两个典型场景。许多网购平台上安装了网上咨询自动应答系统,当卖家离线时,该系统可以通过识别买家询问话语中的常见关键词给出自动回复,这样语言交际就在人和机器间完成。

此外,无论支付宝移动支付、共享单车扫描或者淘宝购物,都离不开一种新型的计算机语言编码方式——二维码。二维码被称为"可以印刷的计算机语言",是一种经济实用的自动识别技术,广泛运用于各种信息识别和处理,如储存各类文本信息、广告宣传推广、身份识别等。以高铁票为例,票面上的专属二维码就可以实现核实车票信息与身份证信息的功能。

最新的信息科技还支持"刷脸",即基于人的脸部特征信息进行身份识别的一种生物识别技术。2017年春运期间,许多高铁车站开始启用"刷脸进站",旅客只需将二代身份证和蓝色车票叠放在一起放入闸机插入口,摄像头会采集旅客的人脸信息,与身份证人脸信息进行识别,信息一致闸机就会自动打开。[①]

### (三) 表情包、"淘宝体"不可或缺

除了文字符号外,网络语言交际还增加了网络特有的各种表情符号,使语言交际的方式更为多元化。如支付宝的"集五福表情包"、ofo小黄车的"共享单车表情包"等。

与表情包密切相关的是"淘宝体""天猫体"等新兴网络语体。具有代表性的"淘宝体"最初见于淘宝网卖家对商品的描述,后因其亲切、可爱的方式逐渐在网上走红,其主要特征是:

> 多以"亲、亲们、童鞋"等作为卖家对买家的称呼,亲切和谐。后来,这些称呼被泛化使用,也被用于买家称呼卖家,进而成为全民皆用的普遍性称呼方式;
>
> "淘宝体"多用语气词,如"包邮哦、等一下哈、这样啊、呵呵、嗯嗯"等,增

---

[①] 《中国铁总:今后 WiFi 将全面覆盖所有高铁 并推广刷脸进站》,天极新闻,http://net.yesky.com/internet/133/460951633.shtml。

加语气的感情色彩,拉近心理距离;

大量使用重叠词和缩略语,如"衣衣、袜袜、裤裤、不客气(8K7)"等。这一方面是为了提高效率,节省打字时间;另一方面,也通过儿童特有的重叠词语言特征呈现出趣味性和亲和力。

语言交际的场景、对象和方式的变化也影响了语言交际的关系。在"新四大发明"引领的新生活方式下,语言交际对象之间的关系呈现出多维度、多元化、多重性的特点。如在淘宝购物平台上,买家不仅可以和卖家建立商品交易关系,还可以通过"我的问答""我的话题"等互动平台与其他买家进行交流,建立淘宝上的朋友圈,实现"购物交友两不误"。

## 四 "新四大发明"丰富语言功能

作为新兴的科技产物,"新四大发明"为我们的社会生活带来了深刻的变化,这些变化也直接作用于语言生活,通过语言社会功能的变化折射出来。

### (一) 加强地域文化传播,增加方言接触

随着"四纵四横"高铁网络基本成型,中国的城镇化进程得以加速,一个个地区和城市被串联起来,形成了若干个短时可以到达的城市群、都市圈,以及经济合作带,同时也就串联了许多不同的方言区,增加了不同方言之间的接触,促进了不同地域文化的传播。以厦深铁路为例,这条大通道北连长三角、南接珠三角,串联了厦门、汕头、深圳三大特区,也穿越了几种重要的方言区,包括闽南话区、客家话区、潮汕话区以及广州话区等。[①] 此外,高铁还推动了沿线城市的同城化进程,许多高铁沿线站区均成为城市新区和城市副中心,带"新"了许多地名。

另外,从高铁线路、桥梁空间结构,到车站功能和造型设计理念,甚至车厢地板和座椅面料图案都以视觉符号语言的形式承载文化信息,可以凸显不同的地域文化特色。例如,北京南站的设计理念吸取和借鉴了天坛的建筑元素,呈现出古典庄严的古都气派;而武汉火车站的造型则采用了九片屋檐构成的飞鹤设计,

---

① 《厦深铁路串联几大方言区:闽南话开场,广州话结尾》,东南网,http://crh.gaotie.cn/xiashen/2013-12-12/120297.html。

蕴含了湖北人被称作"九头鸟"的寓意,凸显湖北文化的精髓。①

### (二)缔造新节日名词,催育新商业文化

以淘宝、京东为典型代表的网购平台为了不断营造商业气氛,寻求商机,创建了许多新兴的商业节日名词,如"双十一、双十二、天猫年货节、京东扒光节、京东蝴蝶节、京东清凉节"等,各种商业节日名词层出不穷。而伴随网购经济规模的急剧扩大,这些网购电商人为缔造的新商业节日名称逐渐为网民认可,现已成为万民欢愉的商业时刻。每逢"双十一""双十二",大批"剁手党"都"严阵以待",线上的狂热消费甚至延伸至线下实体消费场所。

有趣的是,2017年天猫"双十一"还吸引了225个国家和地区的"剁手党",第1分钟就有超过200个国家和地区的买家涌入,②中国已成最受全球网购消费者欢迎的"海淘国家"。这些兴起于中国网购平台的新名词不仅改变了中国人的消费方式,孕育了新的中国式商业文化,还漂洋过海,成了全球网购"嗨翻天"的商业节日。

### (三)彰显人文关怀,推动社会文明

"新四大发明"通过科技推动语言功能的创新,而这些新的语言社会功能彰显了新时代背景下的人文关怀和社会文明的进步。

在高铁候车室,乘客可以通过能与人语音互动的智能机器人办理中铁银通卡;通过手机App为旅客预留座位和点餐;"刷脸"进站;利用VR站内导航技术了解出行线路;通过"摇一摇"查找遗失物品等;在铁路新媒体平台发布或了解咨询等。③高铁动卧还专门打出了"女宾专有包房"的宣传语,为女性乘客提供个性化服务。女性乘客在铁道部网站购票时,系统会通过用户的身份证号自动识别其性别,优先将票分配到女宾包房中。④

iPhone版支付宝在其机票购买页面中,悄悄上线了一项"看不见"的优化功能。为方便视障、读写障碍人士以及部分老人购票出行,支付宝的工程师们通过

---

① 《中国高铁"冲击波"》,求是理论网,http://www.qstheory.cn/kj/zzcx/201012/t20101215_59565.htm。
② 《2017天猫双十一以超去年近500亿的1682亿成交额落幕》,亿邦动力网,http://www.ebrun.com/20171116/255476.shtml。
③ 《从"网络热词"中看铁路发展之变》,高铁网,http://news.gaotie.cn/pinglun/2017-02-21/380393.html。
④ 《热词:高铁动卧将设"女士专用车厢"》,中国青年网,http://hb.youth.cn/2015/0407/1089134.shtml。

苹果的 VoiceOver 语音功能,让机票页面上所有内容都可以被语音朗读出来,帮助用户在看不见的情况下顺利挑选和购买机票。这项功能也将被应用到安卓版支付宝。机票之外,支付宝火车票购买的无障碍化开发也在同时进行。①

中国古代的四大发明对整个世界影响深远,代表了中华民族对人类文明的巨大贡献。今天,虽然围绕着"新四大发明"的发明权众说纷纭,但"新四大发明"已经重塑了中国人的生活方式,也刷新了世界对中国的认识,向全世界展示了"中国智造"的魅力。国人的语言生活客观而又生动地记录了这一历史进程,为日新月异的社会变迁和文明进步增添了色彩,也为构建人类命运共同体贡献了中国智慧。

（蔡 蕾）

---

① 《人文关怀 1% 的关怀:视障人士也能在支付宝买机票了》,爱应用,http://www.iapps.im/single/38547/page。

# 实名认证中的一"点儿"烦恼

2017年6月1日,《中华人民共和国网络安全法》正式实施,其中第二十四条明确规定:

> 网络运营者为用户办理网络接入、域名注册服务,办理固定电话、移动电话等入网手续,或者为用户提供信息发布、即时通讯等服务,在与用户签订协议或者确认提供服务时,应当要求用户提供真实身份信息。用户不提供真实身份信息的,网络运营者不得为其提供相关服务。

2016年12月1日,中国人民银行发布的《关于加强支付结算管理防范电信网络新型违法犯罪有关事项的通知》正式实施,通知规定同一个人在同一家银行只能开立一个Ⅰ类户(即借记卡),开启了"一行一人一卡"的时代。

这些实名制举措有效打击了电信诈骗和金融犯罪,但也无意中带来了一些烦恼:由于长期以来未能实现标准化,一些民族姓名中的间隔号"·"在录入时出现问题;一些少数民族汉译名存在用字不规范导致的一音多译现象;还有一些少数民族甚至外国人由于姓名较长,无法完整录入。这些问题都会造成不同系统之间无法对接,给人民群众的日常生活带来不便。

## 一 间隔小"点儿"遇麻烦

乌鲁木齐市民穆拉提·马木提在给车辆办理加气的"蓝天卡"时遇到了麻烦。由于与"蓝天卡"绑定的银行卡名字中间的间隔号"·"被打成了西文句点".",造成了信息不匹配,因此"蓝天卡"无法使用。如需使用,穆拉提要先到银行销户,再办一张与身份证相符的新银行卡。但由于原来这张银行卡是6年前穆拉提在天津上大学时办的,无法专门跑到天津去销户。①

---

① 于江艳、周端璞《看看姓名中"·"带来的那些烦恼》,亚心网2016年6月24日发布,http://news.iyaxin.com/content/2016-06/24/content_10090936.htm。

# 第四部分 热点篇

哈萨克族青年阿尔肯·贾库林在网上订购机票时经历了一场虚惊。由于订票系统姓名一栏默认各种"点儿"均为非法字符，他将点省去、把名字连贯写才购得机票。但到了机场，工作人员却因为机票姓名里没有"点儿"、与身份证不符，拒绝办理登机手续，经过一番解释才消除了误会。柯尔克孜族姑娘玛依努尔在"海淘"时也遇到了困难。由于各个环节都需要验证身份证，名字带"点儿"无法正确输入，因此根本买不了。不仅维吾尔族、哈萨克族和柯尔克孜族，部分蒙古族、满族和藏族也有"点儿"的烦恼。青海的加仓·晋美南杰家族的一个孩子出生时，父母希望在出生证上写上女儿的姓与名。按照藏族传统，通常是贵族、活佛、大家族名字前面才有姓氏，普通人不在名前加姓。给孩子加姓本是一桩好事，可是晋美南杰的父母又不无担心，怕姓与名之间的"点儿"日后给小孩儿带来麻烦。①

在我国少数民族中，维吾尔族、哈萨克族、乌孜别克族、塔吉克族、塔塔尔族、柯尔克孜族等 10 个民族，其人名前半部分为自己的名字，后半部分为父亲的名字，中间须用间隔号"·"隔开。但就是这小小的一"点儿"，其技术细节在我国却长期缺乏国家标准。② 全角的、半角的、居中的、偏左的，甚至还有不同大小的各种"点儿"，在实际使用时莫衷一是、对错难分。图 4-3 为"天山网"登载的乃菲莎的二代身份证照片，③所用的"点儿"就在偏下位置，不合规范。表 4-3 列出了标准姓名间隔符及与之相似的"点儿"：

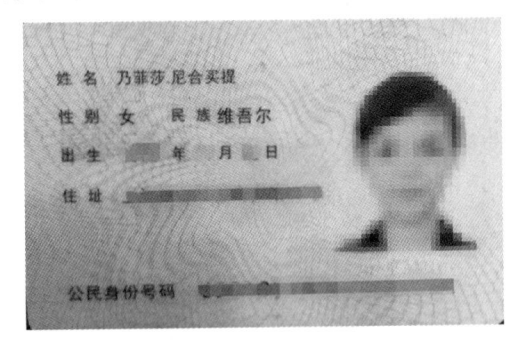

图 4-3 乃菲莎的二代身份证

**表 4-3 姓名间隔符及类似字符中英文名称**

| 字符 | 内码 | 英文名称 | 汉语名称 |
|---|---|---|---|
| · | U+00B7 | MIDDLE DOT | 中点，即姓名间隔符 |
| ． | U+FF0E | FULLWIDTH FULL STOP | 全角西文句号 |
| . | U+002E | FULL STOP | 西文句号 |

---

① 屈婷、刘伟、阿依努尔《一个"点"的烦恼》，新华社 2016 年 1 月 27 日电，http://news.xinhuanet.com/local/2016-01/27/c_1117916097.htm。
② 贾志先《少数民族姓名中间隔号的标准化探讨》，《信息技术与标准化》2014 年第 12 期。
③ 屈婷、刘伟、阿依努尔《一个"点"的烦恼》，天山网 2016 年 2 月 16 日转载，http://news.ts.cn/content/2016-02/16/content_12009398.htm。

(续表)

| | | | |
|---|---|---|---|
| · | U+2027 | HYPHENATION POINT | 连字符点号 |
| · | U+30FB | KATAKANA MIDDLE DOT | 片假名中点 |
| - | U+002D | HYPHEN-MINUS | 连字符-减号 |

即使同一内码的字符,在不同字体下显示效果也有一定差异(如表 4-4 所示,表中字母 A、B 仅起示例作用)。虽然常用字体都支持 U+00B7 姓名分隔符,但只在中文字体才能显示为全角,在西文字体均显示为半角,这是造成不同系统身份信息无法对应的重要原因。因此使用姓名分隔符时,不仅要注意符号本身(内码正确),还要注意使用中文字体,否则仍然无法正确识别。

表 4-4 姓名间隔符及类似字符在常见字体中的显示情况

| 字符 | 内码 | 宋体 | 黑体 | 楷体 | Times New Roman | Arial | Courier New |
|---|---|---|---|---|---|---|---|
| · | U+00B7 | A·B | A·B | A·B | A·B | A·B | A·B |
| ． | U+FF0E | A．B | A．B | A．B | A．B | A．B | A．B |
| . | U+002E | A.B | A.B | A.B | A.B | A.B | A.B |
| · | U+2027 | A·B | A·B | A·B | A·B | A·B | A·B |
| · | U+30FB | A·B | A·B | A·B | A·B | A·B | A·B |
| - | U+002D | A-B | A-B | A-B | A-B | A-B | A-B |

## 二 一音多字、超长人名惹烦恼

除了姓名间隔符以外,一些少数民族汉译名存在用字不规范导致的一音多译问题。如维吾尔族的常见人名"买买提"还有"麦麦提"和"买卖提"两种译法,混用现象较为突出严重。在《新疆维吾尔自治区第十二届人民代表大会代表名单》[①]中,"买买提"共出现 20 次,而"麦麦提"也出现了 15 次。类似的情况还有"吐尔逊、吐尔孙、土尔松""艾明、伊明、伊民、依敏""秀赫来提、雪合热提、雪合拉提、雪合来提、雪克莱提"等,举不胜举[②]。

其实早在 2002 年 11 月,新疆维吾尔自治区民语委就编写出版了《〈维吾尔人名汉字音译转写规则〉使用手册》,确定了如下转写原则[③]:

---

① 《新疆维吾尔自治区人民代表大会常务委员会公告(第 58 号)》,天山网 2013 年 1 月 19 日转载,http://news.ts.cn/content/2013-01/19/content_7701826.htm。
② 牛小莉、谢新卫《谈〈维吾尔人名汉字音译转写规则〉的重要意义》,《语言与翻译》2003 年第 2 期。
③ 陈毓贵《从语言文字的内在规律出发规范维吾尔人名汉字音译转写》,《语言与翻译》2003 年第 3 期。

表 4-5　维吾尔人名汉字音译的转写原则

| 转写原则 | 内容 | 举例 |
| --- | --- | --- |
| 名从主人原则 | 尊重本民族语中的读音,尽量依照原读音对译相应的汉字。 | توختى(toxti,托合提)中的辅音字母 x 原译"乎",背离了维吾尔语的读音习惯,应规范为"合"。 |
| 普通话原则 | 同名同译,同音同字,同一名字统一写法。 | 西北方言前鼻音 n 和后鼻音 ng 不分,而维吾尔语却严格区分,所以转写时应采用普通话,尽可能将前后鼻音用不同的字区分开。 |
| 约定俗成原则 | 除带贬义的字外,尽可能保留习用已久、接受度较高的译写习惯。 | 维吾尔语的 q、ғ、k 等读音汉语不能完全区分,采用"克、科、柯"等同音字起到了一定的区分作用。 |
| 选字原则 | 选用常见易懂、笔画简单、易读易记的汉字,坚决不用少见、难读、难记、难认的冷僻字。 | 为避免读音出现偏差,凡多音字,如"卡"(qia、ka)、"伯"和"柏"(bo、bai)、"奇"(qi、ji)等都不宜列入《对音表》。 |
| 对应规则 | 维吾尔语音节一般与汉字一一对应,音节末尾辅音有区分作用时,一般须单独对应一个汉字译写。 | ئەمىش(emish,艾米什)与ئەمىن(emin,艾敏)中的 sh 与 n 有区分人名的作用,应单独对应一个汉字译写,但由于维吾尔语的 n 与汉语中的 n 韵尾发音基本相同,因此可与前面的元音一起拼写为相近韵母的汉字,不再单独用汉字译写。 |
| 音义结合原则 | 不能选取带贬义或否定意义的字;尽可能选用名词,不用动词。 | 如"吐""削""砍"之类应避免使用。 |

《转写规则》由自治区人民政府办公厅发文向全区推广,规定从 2003 年 6 月 1 日零时起,凡维吾尔族新生儿落户登记姓名,必须按《维吾尔人名汉字音译转写对音表》译写。但在此时间点以前出生的维吾尔族同胞,汉译名用字不规范现象依然突出。许多会(2014)对某高校 2010 届毕业班 39 位维吾尔族学生进行的调查显示,高达 70% 以上的姓名转写存在不规范问题。[①]

除了一音多字以外还有一个问题。一位名叫阿不都瓦依提·阿比里卡木的维吾尔族同胞在深圳某银行耗时三四个小时都无法办理银行卡,仅仅因为他的名字较长,加上中间的间隔号共有 12 个字。最后银行实在没办法,就取了名字

---

① 许多会《维吾尔人名汉字音译转写存在的问题及对策》,《伊犁师范学院学报》(社会科学版)2014 年第 3 期。

的首字和末字,办了一张名叫"阿木"的银行卡。① 这一处理显然会导致后期网上各类实名认证的失败,2017年3月播出的娱乐节目《奇葩大会》上,新疆小伙儿艾力卡木·阿斯克尔就曾吐槽因名字长不能绑定支付宝,惹得全场哄堂大笑。

事实上,这一尴尬并不只有维吾尔族、哈萨克族、蒙古族等少数民族同胞会遇到,也涉及广大在华工作、生活的外国人。2014年3月中国铁路12306订票网站启动身份核验后,外国游客网上购票不便的新闻屡见报端。如一位名叫Martin Jeffery Thomas James的外国乘客护照上的姓名之间有空格,但到火车站取票时却被视为未按照规定填写,导致无法取票,必须写成姓名之间不带空格的"MartinJefferyThomasJames"才行。又如,由于12306网站上的姓名无法输入连字符"-",导致一位名叫Louis-Pierre P. Lepag的外国乘客因购票名与护照名不符无法取票。此外,12306网站上的姓名不能超过30个字符,而有的印度游客仅姓氏就超过20个字母。②

## 三 "小点儿"体现大进步

一"点儿"之别、一字之差,这些看似小事,却直接关系到人民群众的切身利益,为此从地方到中央都采取了多项措施。以问题较为突出的新疆为例,关于姓名间隔号"·",在2002年就已发布过地方标准,但由于新疆各地经济社会发展水平的差异,第一代居民身份证的底版为手工打印或手写,因此不规范的情况仍时有发生;2006年开始集中换发第二代居民身份证后,字符、字节均能满足少数民族人名登记录入的需要,且制证信息全部由常住人口信息库提取,杜绝了人工误差的出现。③

关于汉译名规范用字问题,自治区拟在2002年《维吾尔人名汉字音译转写规则》《维吾尔人名汉字音译转写对音表》、2005年《哈萨克人名汉译手册》等规范的基础上,编纂出版《少数民族人名国家通用语言文字音译转写辞典》系列丛书,其中《维吾尔人名国家通用语言文字音译转写辞典》拟收录人名20 000条,

---

① 于江艳、周端璞《姓名中的点都带来啥烦恼?》,亚心网2016年6月23日发布,http://news.iyaxin.com/content/2016-06/23/content_10090798.htm。

② 王薇《国人网购火车票遇麻烦:名字太长写不下》,北青网-北京青年报2014年3月9日发布,转引自网易,http://news.163.com/14/0309/04/9MS92MNQ00014AED.html。

③ 郑言江《为了少数民族人名中的这个"点",中央和新疆做了这么多!》,天山网2016年6月24日发布,http://news.ts.cn/content/2016-06/24/content_12164477.htm。

《哈萨克人名国家通用语言文字音译转写辞典》拟收录人名 8000 条,此外还包括新疆其他少数民族人名的音译转写辞典,都计划于 2016 年后陆续出版。①

关于姓名输入长度问题,由于公安、金融、社保等系统全国联网,相关标准的制定权限并不在自治区,因此在自治区层面很难从根本上解决问题。以社保系统为例,自治区社会保险管理局局长韩成就曾透露,目前自治区社保卡支持的人名长度为 16 个字符,能够基本满足广大参保群众特别是少数民族参保群众的需要;但经统计,全区参保人员中仍有 156 人姓名超过 16 个字符,自治区人社厅正在协调国家人社部增加字符容量,在此期间采取发放临时卡的办法,保证他们能够及时享受各项社会保险待遇。②

2016 年 4 月,上述问题在国家层面给出了解决方案。国家民委会同教育部、工业和信息化部、公安部、民政部、人力资源社会保障部、住房城乡建设部、交通运输部、国家卫生计生委、中国人民银行、国家工商总局及保监会等 12 部委联合下发了《关于在政府管理和社会公共服务信息系统中统一姓名采集应用规范的通知》,规定③:

一、对于姓名间隔符"·",严格按照国家标准,统一采用"·"(GB13000 编码为 00B7,GB18030 编码为 A1A4)表示。

二、在信息系统设置中规定姓名数据项最大长度不少于 50 个字符(25 个汉字)。

三、在信息系统设计研发工作中,要实现对国家标准编码汉字 GB18030 或 GB13000 的全覆盖。

除要求各部门、各行业单位遵照执行以外,《通知》还特别要求加强有关宣传和培训,使窗口服务单位一线员工熟练掌握和使用姓名间隔符"·"的输入方法。《通知》甚至还贴心地给出了常用输入法输入姓名间隔符"·"的快捷键:

1. 智能 ABC 输入法、微软拼音输入法、全拼输入法、极点五笔输入法、王码五笔输入法、郑码输入法:Shift+2。

2. 搜狗拼音输入法、谷歌拼音输入法、紫光拼音输入法、拼音加加输入法:直

---

① 赵宇清《"阿不都""阿布都""阿卜都",有何含义?》,新疆网 2016 年 6 月 23 日发布,http://www.xinjiangnet.com.cn/2016/0623/1583912.shtml。

② 王薇《国人网购火车票遇麻烦:名字太长写不下》,北青网-北京青年报 2014 年 3 月 9 日发布,转引自网易,http://news.163.com/14/0309/04/9MS92MNQ00014AED.html。

③ 中央政府门户网站 2016 年 5 月 9 日发布,http://www.gov.cn/xinwen/2016-05/09/content_5071481.htm。

接按键盘左上方的"~/`"键(在 ESC 键下面的"~/`"键)。

有了国家层面的支持,新疆维吾尔自治区人民政府也开始发力,于《通知》下发两个月后就发布了《关于进一步做好全区少数民族证件标准化和姓名使用规范工作的通知》[①],为新闻出版、出生医学证明、身份证和护照姓名录入、金融票证管理,以及汽车、铁路、民航客票登记及打印等多个领域制定了全面规范,并落实了责任单位、责任人和完成时限。今后,所有社保卡、医保卡、低保卡、结婚证、房产证、公证书、学生档案、毕业证、学位证等卡证,都将以居民身份证作为唯一识别标准(信任根),广大少数民族群众的一"点儿"烦恼也将得到根本解决。

(李　佳、孙　婉)

---

① 新疆维吾尔自治区政府网 2016 年 6 月 8 日发布,http://www.xinjiang.gov.cn/2016/06/08/64920.html。

# "王者荣耀"上户口 "北雁云依"成判例

继 2008 年赵 C 事件引发新中国姓名第一讼之后,2017 年 9 月"王者荣耀"和"黄蒲军校"两个个性名字又红极一时;当年 11 月,最高人民法院将"北雁云依"案作为指导性案例向全国发布,引发了各界对不从父母的个性姓氏的思考。

## 一 "王者荣耀":个性起名成网红

"倪罗飘雪""陆焰之瞳""史诗王爵""光音金钢"……这些并不是动漫人物,而是出现在名册、护照、身份证、户口本上的真实姓名。① 2017 年 9 月,个性姓名的关注热度又被再次刷新,西安一王姓家长去派出所给 8 月出生的女儿上户口,登记的姓名竟为"王者荣耀",并在西安市公安局三桥派出所成功进行了户籍登记。②

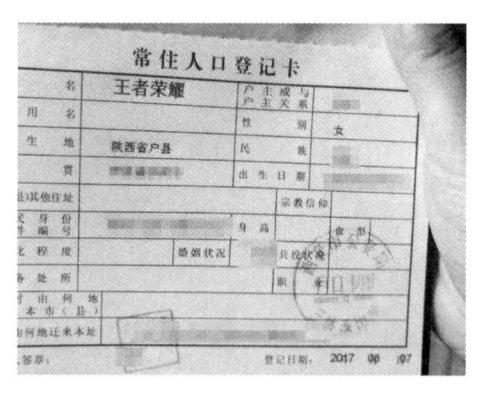

图 4-4 女婴"王者荣耀"的常住人口登记卡③

《王者荣耀》本是当下最火的一款网络游戏,由腾讯公司在 2015 年第四季度推出,到 2017 年 5 月不到两年时间就已成长为全球最赚钱的手机游戏,④其火爆程度可用一组数据来说明(均截至 2017 年 5 月)⑤:

---

① 仙作(网名)《父亲实力坑娃,坑出新高度!》,https://zhuanlan.zhihu.com/p/29105232。
② 卿荣波《请叫我"王者荣耀"》,《华商报》2017 年 9 月 5 日第 A5 版。
③ (澎湃新闻记者)王哿《陕西一女婴被取名"王者荣耀"并上户口,派出所:无权干涉》,澎湃新闻网,http://www.thepaper.cn/newsDetail_forward_1784230。
④ 中商产业研究院《2017 年王者荣耀市场规模分析》,中商情报网 2017 年 6 月 19 日发布,http://www.askci.com/news/chanye/20170619/113352100841.shtml。
⑤ 极光大数据《王者荣耀研究报告》,游资网 2017 年 8 月 2 日发布,http://www.gameres.com/767798.html。

市场渗透率达到 22.3%,用户规模达到 2.01 亿人;

日活跃用户达 5412.8 万人,月活跃用户达 1.63 亿;

日新增用户量均值为 174.8 万,相当于一个县的人口数。

该统计还为《王者荣耀》的用户群体进行了"画像",其中 74.6% 是 15—29 岁的青少年,54.9% 拥有本科以上学历,女性的比例比男性还高出了 8.2%。

《王者荣耀》甚至已从一款游戏演变为一种社会现象。2017 年 7 月,《人民日报》及人民网连发五文、新华社连发三文,以《王者荣耀》为典型,对当前网络游戏所引发的沉迷、监管等一系列复杂的社会问题进行了深度剖析。

用年度流行游戏名给爱女起名,父母的本意一定是对女儿寄予了美好的希望;当地派出所也认为名字没有违反相关规定,所以就正常履行了申报程序,但新闻媒体和广大网友就没当事方那么淡定了,纷纷吐槽家长"坑娃",仅有少数媒体表达了支持。

**吐槽者:我拿什么称呼你?**

对起名表示吐槽和担忧的看法占据了评论的主流。如《新京报》就在"王者荣耀"新闻出现的第一时间刊发了题为"为女儿取名'王者荣耀'可想过代价?"的评论①,指出虽然姓名权是基本的公民权利和自由,"王者荣耀"这一标新立异的名字也未违反相关姓名登记规定,但其背后的代价和成本不容忽视:

> 首先,由于该姓名与火爆的网络游戏完全相同,因此会弱化以致混淆姓名原本的"区别、辨识"功能,给本人及他人的使用带来不便甚至麻烦;
>
> 其次,倘若这种不便最终导致不得不改名,在今天这样一个高度信息化的社会,还会进一步衍生出更多麻烦,几乎所有与姓名密切相关的个人信息都将全部"推倒重来"。

评论最后提出,虽然家长拥有取名的自由,但也要认识到,姓名权实际上并不完全归属家长,归根结底还是属于孩子自身。

南方网的评论②也不无担忧地发问:从长远考虑,如果几年后《王者荣耀》过气了,这个名字是不是会受尽嘲笑,孩子长大后会不会记恨父母一辈子?即使不过气,游戏受到欢迎,名字就一定会受到欢迎吗?当一个孩子以这样的名字行走

---

① 张贵峰《为女儿取名"王者荣耀"可想过代价?》,《新京报》2017 年 9 月 5 日刊发,转载自 http://news.xinhuanet.com/comments/2017-09/05/c_1121604923.htm。

② 关育兵《女婴起名"王者荣耀",这样真的好吗?》,南方网 2017 年 9 月 6 日发布,http://opinion.southcn.com/o/2017-09/06/content_177350869.htm。

"人世的江湖",会不会被人以异样的眼光看待呢?东方网题为"取名'王者荣耀'考虑过娃的感受吗?"的评论①更直言不讳地指出,如果这个稀奇古怪的名字更改不过来,势必成为孩子一辈子的思想包袱。

**反对者:姓名岂能是游戏?**

除质疑家长起名"王者荣耀"不妥外,一些评论还进一步指出,即使姓名权是私权也不能滥用。如湖北日报网题为"王者荣耀入人名,虽属私权或已滥用"的评论②指出,起名字应减少观点冲突性、利益冲突性和过分娱乐性;而将"王者荣耀"作为人名,对孩子所寄予的不是希望,而是在满足自己的娱乐需求;这种任性的姓名权的行使,滥权之嫌已无法避免。作者还指出,父母是孩子的第一任老师,姓名上的任性或将误导和侵害孩子的健康成长,因此呼吁其在女儿抚养上,能够少些"游戏"成分,多些担当之责。

南方网发表的题为"女婴起名'王者荣耀',这样真的好吗?"的评论③,一方面也认为起"王者荣耀"这个名字体现了家长的任性、随意,是对权利的"滥用"和对孩子的不负责任;另一方面也给出了改善的建议,指出即便真的要以"王者荣耀"为孩子命名,也要通过谐音等做适当的变通,比如"王哲荣""王蓉耀"等。个性化并没有错,但个性化并不是奇异化,更不是随意化。享有权利,就一定要慎重对待这种权利。

上海报业集团主管的"上观新闻"剖析了这一名字今后可能面临的风险,④指出虽然目前户籍登记机关不认为"王者荣耀"的名字属于"滥用",但不等于没有变数。2008年的"赵C"事件之所以会闹上法庭,一个重要原因就是1986年出生的"赵C"户籍登记、申请第一代身份证都没有问题,但却被拒绝办理第二代身份证,谁能保证小女孩"王者荣耀"今后不会有"赵C"的遭遇?

**支持者:我的名字我做主。**

也有一些评论对起名"王者荣耀"表示支持,如长江网在新闻爆出的次日即发表题为"质疑起名'王者荣耀'的人格局不够"的评论⑤,认为名字无非就是个

---

① 何勇海《取名"王者荣耀"考虑过娃的感受吗?》,东方网2017年9月7日发布,http://pinglun.eastday.com/p/20170907/u1ai10838035.html。
② 张立《王者荣耀入人名,虽属私权或已滥用》,湖北日报网2017年9月5日发布,http://focus.cnhubei.com/original/201709/t3903362.shtml。
③ 关育兵《女婴起名"王者荣耀",这样真的好吗?》,南方网2017年9月6日发布,http://opinion.southcn.com/o/2017-09/06/content_177350869.htm。
④ 王珍《给孩子取名"王者荣耀",是家长缺心眼还是打法律擦边球?》,上观新闻2017年9月5日发布,http://www.shobserver.com/news/detail?id=64048。
⑤ 宾语《质疑起名"王者荣耀"的人格局不够》,长江网2017年9月6日发布,http://news.cjn.cn/cjsp/sxzt/201709/t3067162.htm。

代号,只要不违背公序良俗,起什么样的名字,他人不但无权干涉,说三道四怕也是咸吃萝卜,不厚道。因为《宪法》第三十八条规定,公民的人格尊严不受侵犯,这里的"人格尊严"也包括公民的姓名权。

无独有偶,"王者荣耀"的报道发布仅一天,重庆晚报网又爆出重庆电子工程职业学院 2017 级正在报到的新生中,竟有一位女生名叫"黄蒲军校"(如图 4-5)。① 因为这一"霸气"的名字,小黄不到三天就成了校园风云人物。

据"黄蒲军校"的父亲解释,他们那个年代都有当兵梦,但由于他是家中独子,父母不愿意他当兵,因此留下遗憾;另一方面由于自己姓黄,妻子姓蒲,索性给女儿起了这个名字,希望她能圆自己的当兵梦。

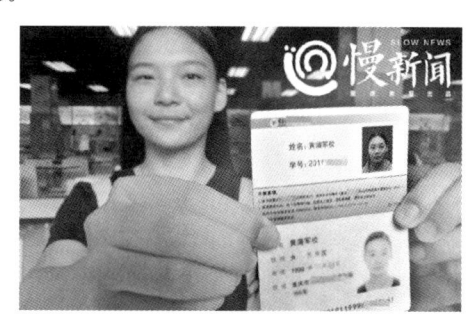

图 4-5 黄蒲军校向记者展示校园卡和身份证②

相比"王者荣耀",媒体对"黄蒲军校"的态度比较积极,认可多于质疑,如南方网题为"女生名叫'黄蒲军校'无可厚非"的评论③指出,"黄蒲军校"不仅代表着父母希望孩子进入军校的美好心愿,也体现了父母的伉俪情深,这无疑是一种积极信号,无可厚非。评论也同时表达了对"王者荣耀"的支持,认为两个名字都能顺利上户口,体现了政策的进步、制度的包容,以及巨大的管理、法制温情,是对公众自由权的尊重,是相关法规文明、进步的表现。

## 二 "北雁云依":个性姓氏引释法

"王者荣耀"与"黄蒲军校"火爆网络两个多月后,2017 年 11 月 15 日,最高人

---

① 周小平、刘润《"王者荣耀"算什么?重庆高校开学"黄蒲军校"来报到,还是个萌妹子!》,重庆晚报网《慢新闻》栏目 2017 年 9 月 6 日发布,http://www.cqwb.com.cn/mxw/2017-09/06/content_384894185579267.htm。

② 周小平、刘润《"王者荣耀"算什么?重庆高校开学"黄蒲军校"来报到,还是个萌妹子!》,重庆晚报网《慢新闻》栏目 2017 年 9 月 6 日发布,http://www.cqwb.com.cn/mxw/2017-09/06/content_384894185579267.htm。

③ 刘剑飞《女生名叫"黄蒲军校"无可厚非》,南方网 2017 年 9 月 7 日,http://opinion.southcn.com/o/2017-09/07/content_177384759.htm。

民法院发布的一则指导性案例①又再次引发了全社会对个性姓名问题的思考。这一案件的基本案情并不复杂,但审判过程却旷日持久,特别是在法律适用问题上莫衷一是,直至全国人大常委会进行释法,才得以一锤定音。以下是该案的简要时间线:

2009年1月,因酷爱诗词歌赋和中国传统文化,吕姓父亲和张姓母亲将刚出生的女儿起名为"北雁云依";

2009年2月,吕姓父亲前往当地派出所为女儿办理户口登记,被民警告知其女应当随父姓或者母姓(即姓"吕"或者"张"),否则不符合办理出生登记条件。因吕姓父亲坚持以"北雁云依"为姓名为女儿申请户口登记,派出所依照《婚姻法》第二十二条之规定拒绝予以办理;

2009年12月,吕姓父亲以女儿名义对派出所提起行政诉讼;

2010年1月至3月,区人民法院进行了两次公开审理,吕姓父亲在庭审中称,其为女儿选取的"北雁云依"之姓名,"北雁"是姓,"云依"是名;

2010年3月,因案件涉及法律适用问题,需送请有权机关做出解释或确认,该案中止审理;

2015年4月,案件恢复审理,区人民法院判决驳回原告诉讼请求。

案件的核心问题是我国两条涉及公民姓名权利和义务的法律条款存在一定出入。《民法通则》第九十九条第一款规定"公民享有姓名权,有权决定、使用和依照规定改变自己的姓名",虽然十分清晰地保障了公民的姓名权,但却无相关细则来界定姓名权行使的范围;同时《婚姻法》第二十二条也有"子女可以随父姓,可以随母姓"的表述,但"可以"一词字面上不具有强制性,法条也并未提及除父母姓氏以外的"第三姓"问题。

事实上,当地派出所拒绝给"北雁云依"上户口最直接的依据,②是所在省份公安厅2006年颁布的《关于规范常住户口管理若干问题的意见(试行)》中"新生婴儿申报出生登记,其姓氏应当随父姓或母姓"的规定,根据《人民警察法》第三十二条,"人民警察必须执行上级的决定和命令",因此派出所的行政行为本身并无过错,问题的症结还在于前述两个法条的语焉不详。

---

① 最高人民法院审判委员会《"北雁云依"诉济南市公安局历下区分局燕山派出所公安行政登记案》,最高人民法院网站2017年11月24日发布,http://www.court.gov.cn/zixun-xiangqing-70242.html。

② 山东省济南市历下区人民法院《北雁云依与济南市公安局历下区分局公安户口行政登记案》,审判时间2015年4月22日,法宝网发布,http://caseshare.cn/full/124931880.html。

据媒体①披露，此后案件被层层上报，从当地中院到所在省高院，再到最高人民法院，甚至在最高法内部也有不同意见。最后，最高人民法院审判委员会认为，姓名权涉及公民的基本权利，司法部门、行政职能部门以及学术界所持的不同观点只有上升到法律解释的高度才能获得根本解决。为此，最高人民法院请求全国人民代表大会常务委员对相关规定做出法律解释，明确公民在父姓和母姓之外选取姓氏如何适用法律。

2014年11月，第十二届全国人民代表大会常务委员会第十一次会议通过了《全国人民代表大会常务委员会关于〈中华人民共和国民法通则〉第九十九条第一款、〈中华人民共和国婚姻法〉第二十二条的解释》，将《民法通则》第七条作为公民行使姓名权的边界，指出：②

> 公民行使姓名权属于民事活动，既应当依照《民法通则》第九十九条第一款和《婚姻法》第二十二条的规定，还应当遵守《民法通则》第七条的规定，即应当尊重社会公德，不得损害社会公共利益。在中华传统文化中，"姓名"中的"姓"，即姓氏，体现着血缘传承、伦理秩序和文化传统，公民选取姓氏涉及公序良俗。公民原则上随父姓或者母姓符合中华传统文化和伦理观念，符合绝大多数公民的意愿和实际做法。

基于这一原则，全国人大常委会做出如下司法解释：

> 公民依法享有姓名权。公民行使姓名权，还应当尊重社会公德，不得损害社会公共利益。
>
> 公民原则上应当随父姓或者母姓。有下列情形之一的，可以在父姓和母姓之外选取姓氏：
>
> （一）选取其他直系长辈血亲的姓氏；
>
> （二）因由法定扶养人以外的人扶养而选取扶养人姓氏；
>
> （三）有不违反公序良俗的其他正当理由。
>
> 少数民族公民的姓氏可以从本民族的文化传统和风俗习惯。

"北雁云依"一案的中止事由由此消除，法院据以上司法解释裁定原告诉讼

---

① 沈彬《"北雁云依"姓名权案，法律价值不小》，《新京报》2017年11月27日刊发，http://www.bjnews.com.cn/opinion/2017/11/27/465870.html。

② 《全国人民代表大会常务委员会关于〈中华人民共和国民法通则〉第九十九条第一款、〈中华人民共和国婚姻法〉第二十二条的解释》，中国人大网2014年11月1日发布，http://www.npc.gov.cn/npc/cwhhy/12jcwh/2014-11/02/content_1884647.htm。

请求于法无据,予以驳回。最高人民法院在将此案列为指导性案例时,特别在裁判要点中指出:①

> 公民选取或创设姓氏应当符合中华传统文化和伦理观念。仅凭个人喜好和愿望在父姓、母姓之外选取其他姓氏或者创设新的姓氏,不属于《全国人民代表大会常务委员会关于〈中华人民共和国民法通则〉第九十九条第一款、〈中华人民共和国婚姻法〉第二十二条的解释》第二款第三项规定的"有不违反公序良俗的其他正当理由"。

从"王者荣耀"引发的种种质疑,到"黄蒲军校"获得的支持肯定,同为个性起名,社会接受度却大相径庭,其内在动因也许是后者蕴含着更多积极向上的正面因素。"北雁云依"虽然饱含文学意境和古典美,但却违背了姓氏所以"明世系、别婚姻"的公序良俗。可见,跟许多语言文字问题一样,姓名问题背后凸显的不仅是语言符号本身,更是一个社会的价值观。正如"人民日报评论"微信公众号所评论②的那样:

> 姓名的流变史,就是一部沉甸甸的社会发展史……人名,无疑是时代的镜子……回看新中国成立后几十年,一个名字,就在凝练一种时代气质……(因此)取名"王者荣耀",既是担心姓名撞车的提前抢注,也是互联网风气下开放、创意乃至搞怪的产物。

而"北雁云依"这样一宗因起名而起的小案,却一路惊动了省高法、最高法,并引发全国人大常委会释法,正如《新京报》题为"'北雁云依'姓名权案,法律价值不小"的评论③所指出的那样,彰显了法治的严肃性,重申了《立法法》明确的法律解释权限,也体现了国家最高权力机关的常设机构对于个案中公民权利的珍视。这一案例也生动地说明,公民行使权利应该尊重公序良俗,同时公民权利的边界也应由法律来明确,而不是由职能部门的内部规章来决定。

(李 佳)

---

① 最高人民法院审判委员会《"北雁云依"诉济南市公安局历下区分局燕山派出所公安行政登记案》,最高人民法院网站 2017 年 11 月 24 日发布,http://www.court.gov.cn/zixun-xiangqing-70242.html。
② 佚名《无立法 怪名层出不穷》,"人民日报评论"微信公众号 2017 年 9 月 14 日发表,http://app.peopleapp.com/Api/600/DetailApi/shareArticle?type=0&article_id=699876。
③ 沈彬《"北雁云依"姓名权案,法律价值不小》,《新京报》2017 年 11 月 27 日刊发,http://www.bjnews.com.cn/opinion/2017/11/27/465870.html。

# "黑科技"的"黑"与"红"

随着"智能时代"的到来,"黑科技"一词已经"红"透了各类新闻报道或智能产品发布会,被用来泛指各类"高大上"的新兴技术与产品。当前,"黑科技"作为热词,不仅"红"遍语言科技和语言生活领域,"黑"也衍生出了新的意义。"黑"与"红"的结合,催生出了很多新兴的"热应用",影响着我们的语言生活。

## 一 "黑科技"之"黑"

《现代汉语词典》(第7版)中,"黑"有八个义项。其中包括四个形容词性义项:"像煤或墨的颜色(跟'白'相对)""黑暗""隐秘的,非法的""坏,狠毒",两个名词性义项:"夜晚,黑夜""作为姓氏",两个动词性义项:"暗中坑害、欺骗或攻击""通过互联网非法侵入他人的计算机系统查看、更改、窃取保密数据或干扰计算机程序"。可见,在收录的义项中,"黑"有中性或贬义的色彩意义。而"黑科技"所指称的"概念科技"或各种"高精尖"技术,带有欣赏与赞许意味的褒义。那么,"黑科技"中的"黑"应该如何解读呢?

"黑科技"一词最初来源于日本动漫《全金属狂潮》,指超越人类认知范围或现有科技水平的科学技术创新及其产品。汉语词汇中的"黑客""黑洞"所指称的对象带有前沿性、神秘性、高水平或高认知范围,这些词语中的"黑"都有相似的语义蕴含。与日语相比,汉语中"黑科技"所指范围更广,意义也发生了变化。一方面,泛指目前难以实现,但可能会在未来实现的概念科技;另一方面,指已经实现,但超越绝大多数人的认知范畴的前沿"高精尖"技术及产品。"黑科技"从借用到现在,其含义经历了由最初的"人类不可理解、不可实现"到"人类可理解、未来可实现",再到"已实现或部分实现、超出普通人认知范畴与接触范围"的变化。因此,"黑科技"并非传统意义上的"黑",它代表了人类科技的最前沿、认知的最边缘、科技发展的潮流和趋势,象征着科技探索的"黑色地带",带有"神秘"感。

随着"黑科技"一词的广泛传播,很多伪"黑科技"借助这一热词进行包装。一些既没有理念创新,也没有技术突破的科技被标榜为"黑科技",使得该词的词义泛化。例如语音识别与合成领域,许多号称"智能机器人"的人机交互,却无法联系上下文,只能"僵硬"地进行一问一答式的简单对话,但仍然被冠以"黑科技"之名。再例如,加了充电宝功能的日记本就自称"智能笔记本",通过筷头的LED灯的颜色来告诉用户食物是否安全的"智能筷子",等等。这些"伪黑科技"使得"黑科技"概念逐渐泛化。

## 二 "黑科技"之"红"

### (一) 百度指数

百度指数是以百度海量网民行为数据为基础的数据分享平台,可以研究关键词关注趋势。从总趋势来看(图4-6),"黑科技"自2011年开始作为检索关键词,2014年逐步升温,2016年的普通网页搜索指数和媒体指数都达到峰值,搜索指数高达4000,媒体指数高达280。

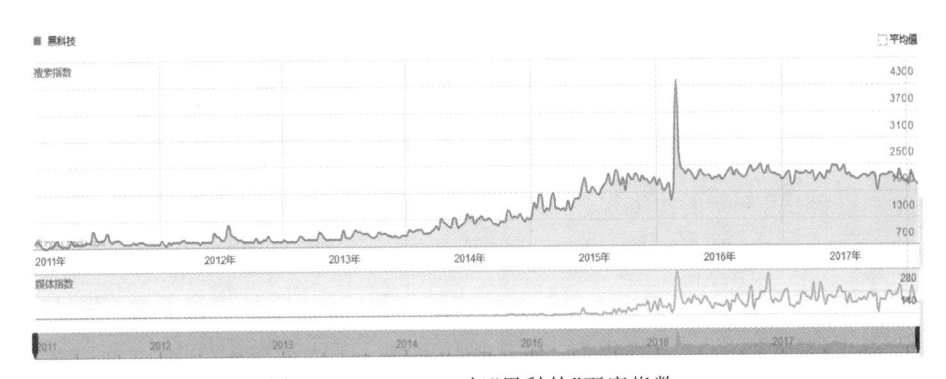

图 4-6 2011—2017年"黑科技"百度指数

2017年,"黑科技"的搜索指数一直维持在高位(图4-7),单日峰值接近3000,而日均超过2000。与总趋势相比,媒体指数更高,峰值为440。[①]

---

① 百度指数,http://index.baidu.com/?tpl=trend&word=% BA% DA% BF% C6% BC% BC。

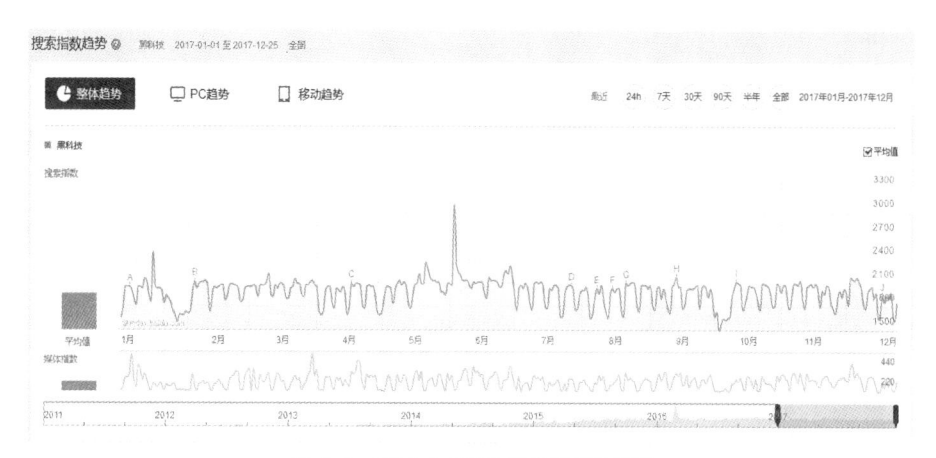

图 4-7　2017 全年"黑科技"百度指数

## (二) 头条指数

头条指数是根据今日头条热度指数模型,将用户的阅读、分享、评论等行为的数量加权求和得出相应的事件、文章或关键词的热度值。在以新闻报道为主要数据来源的头条指数中,"黑科技"在 2017 年的单日最高热度值高达 37.64 万(图 4-8)。

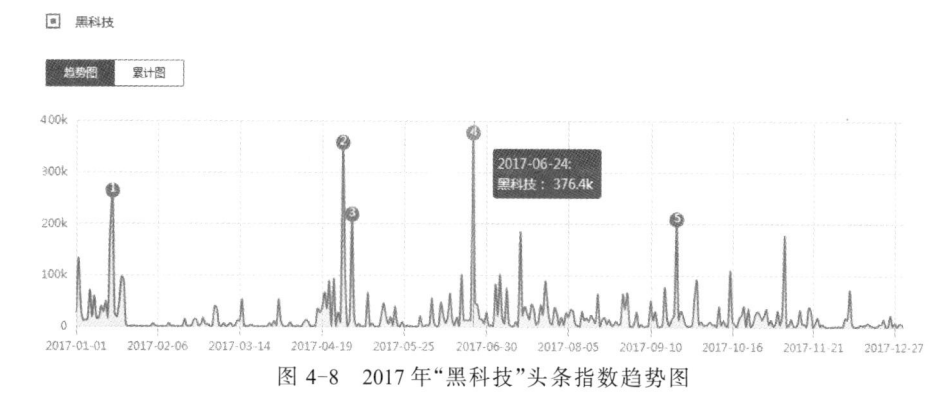

图 4-8　2017 年"黑科技"头条指数趋势图

从全年累计指数看(图 4-9),热度值持续攀升,累计指数在年底达 747.17 万。①

---

① 头条指数,https://index.toutiao.com/keyword/trends?keywords%5B%5D=%E9%BB%91%E7%A7%91%E6%8A%80&date=2017-12-31&span=365。

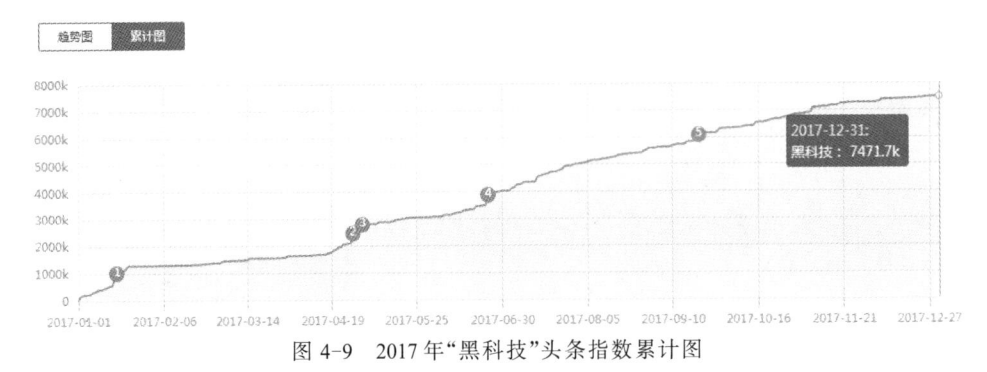

图 4-9　2017年"黑科技"头条指数累计图

### （三）语言"黑科技"之"红"

"黑科技"一词爆红，带动了很多新兴的语言"黑科技"，涉及语音识别、机器翻译、语言辅助、人机交互等社会生活的诸多方面。

互联网企业百度、阿里、微软、谷歌、科大讯飞等纷纷投入大量精力研发各类语言"黑科技"，同时还有中小型企业或创业团队也加入这股热潮，推出了多种应用型产品。2017年，LeTrans翻译器、翻译蛋、WiFi翻译机等十余种贴有"黑科技"标签的翻译技术和设备问世。而手机、电脑等智能终端几乎都搭载了各种语音助手或人工智能。甚至银行自助系统、线上购物网站都开始使用"智能客服"或"语音购物助手"等。除此之外，机器人写诗、人工智能改卷等一问世就迅速蹿红，占据各大新闻媒体头条。

仅在写稿机器人领域，国外早已成立多家知名公司，例如 ARRIA、AI、NARRATIVE SCIENCE，这些机器人主要应用于天气预报、空气质量、医疗报告、财经、体育等领域的写作。国内的光明日报融媒体中心有"小明AI两会"，人民日报中央厨房有"小融""小端"，新华社有机器人"i思""小新"，人民网有阿里云人工智能ET，南方都市报有"小南"。据人民网不完全统计，[①]国内目前至少有10家新闻媒体推出了13个智能新闻机器人产品或应用，进行线上线下融合创新报道。

---

① 《厉害了，我的"神器" 2017两会报道中的智能新闻机器人》，人民网，http://media.people.com.cn/n1/2017/0315/c14677-29146493.html。

## 三 语言"黑科技"之"热"

语言"黑科技"领域诞生了不少火热的应用,这些热应用正在改变我们的语言生活。

### (一)语音识别与合成

语音识别是实现跨语言翻译、人机交互等智能应用的基础,衡量是否为"黑科技"的标准通常是识别准确率。2017年,谷歌大脑和Speech团队发布最新端到端自动语音识别(ASR)模型,词错率降至5.6%。国内的百度、科大讯飞、搜狗等团队也纷纷将语音识别的准确率提升至97%以上,已超过人类识别的准确率。

目前的语音识别技术能将长时间的语音信息实时高效地转写为文字,可以用来转写录音信息、实时进行会议记录等。当加入声纹识别技术之后,还能在多人会话中分类记录不同人的说话内容,也可以直接说方言完成文字输入,甚至能中英文混合输入,还能直接用语音对要处理的文档进行文字替换、修改、插入等编辑工作。当与不同硬件结合之后,语音识别"黑科技"催生了能听懂多种指令的智能家居、智能车载导航等智能设备。

在语音合成方面,语言"黑科技"还能合成特定的语音进行配音等语言艺术工作。例如,纪录片《创新中国》的配音就全部由人工智能完成,其声音原型是已故"配音大师"李易。通过AI"复活"的声音,连朱军、李瑞英等老同事都表示"几乎听不出差别"。[①] 这类"黑科技"在未来也许会取代部分配音人员,也许能成为随身"私人导游"的新形式,也许能成为"助教"创造多模态的课堂教学,应用前景广泛。

### (二)手语、唇语解读

除了读懂有声语言,语言"黑科技"还能识别手语和唇语,为言语交际的顺利进行提供极大的辅助。"黑科技"臂环"手音"可以采集听障人士打手语时产生的

---

[①]《人工智能"复活"了配音大师的"好声音",听→》,搜狐网,http://www.sohu.com/a/218432363_115004。

肌电信号、手臂加速度信号,并将其转换为语音来解决听障人士的沟通难题。听障人士可以携带臂环,将手语动作翻译成语音,而语音也可以翻译成文字显示在臂环上,从而实现二者的正常沟通。[①] 搜狗推出的新技术"唇语识别",则可以通过机器视觉识别说话者的唇部动作,解读说话者所说的内容。

手语识别和唇语识别作为人机交互的形式之一,未来还能够辅助语音交互及图像识别,在日常生活、安防、公益等各个领域实现广泛应用。嘈杂环境中的噪音会对语音指令产生干扰,通过这类识别技术则可以规避干扰,可以保证人和机器交互、人与人沟通的准确性和稳定性。日常生活中不便发声的公共场所,也可以保证说话内容的私密性。在安防领域,唇语识别技术可以帮助公安人员从监控中分析嘴型获取重要的讲话信息,为公共安全提供有效支持。[②]

### (三) 自动翻译

自动翻译是语言"黑科技"中最热门的领域之一。网易、百度、科大讯飞等都纷纷推出搭载了这项语言技术的应用型"黑科技"设备。它们能真正实现对话中的多语言实时互译,帮助跨语言交际的顺利进行。

境外旅游时,很多人会因语言差异无法有效交流,因看不懂路牌、标识、菜单上面的文字而苦恼。如今的"黑科技"已经能支持对图片、相机中的文本进行翻译,而不需要使用者手动输入原语言。比如谷歌翻译 App 新增加的 Word Lens(即时相机翻译)功能,能够通过神经网络技术识别图像中的文字,再将其转化成所需的对应文字。使用者可以在相机开启的状态下进行实时翻译,并且排版字型也直接替代原有文字,以最贴近原文的方式呈现。(图4-10)

图片来源:百度图片

图 4-10 谷歌相机实时翻译效果图

---

[①] 《以爱的名义 北航清华女学霸研发手语翻译器》,人民网,http://edu.people.com.cn/n1/2017/0509/c1053-29262040.html。

[②] 《搜狗推出"唇语识别"技术 垂直场景下达到 90% 准确率》,凤凰科技,http://tech.ifeng.com/a/20171214/44804589_0.shtml。

### (四)文章写作

语言"黑科技"不仅能够辅助交际,还能"创造"表达。在 2017 年度"王选新闻科学技术"颁奖大会上,新华社机器人采访和写稿项目荣获一等奖。2017 年两会期间,"i 思"机器人记者以首款实体智能机器人的身份亮相,将声控识别、人脸识别、情绪识别等技术集于一体,达到模拟人类记者实际采访的程度。不仅如此,写稿项目还建设了能动态学习的中文知识图谱,使得"i 思"不仅拥有两会以及记者采访的相关知识,还掌握了上亿的中文知识图谱,涵盖社会、文化、生活、天气等百科知识。会议期间,"i 思跑两会"系列报道综合点击量达 4500 多万,被 30 多家媒体和专业杂志报道,在 Twitter、Youtube、Face Book 等海外四大媒体平台广泛传播。[①]

### (五)人机交互

语言"黑科技"还打破了人机交互的许多壁垒。以 DuerOS、Siri 为代表的对话式人工智能系统,能与使用者进行多轮对话,实现影音娱乐、数据查询、生活服务、出行路况等 10 大类目的 100 多项功能的操作。[②] 它们与硬件结合,能够将小小的智能设备变成功能强大的随身私人助手。

在情感理解方面,目前最"懂"你的"黑科技"是微软发布的第五代"微软小冰"。它拥有类似于人类的高级感官,可以实现知识、内容和服务的创造。不仅能聊天、作诗、写歌,还具备情绪识别、兴趣分析、情感策略及回应、主动模型。它最大的亮点就是能主动介入谈话,能判断该何时说话、何时打断谈话,还能感觉到对话中情感的变化等。"微软小冰"已经逐步升级为能够进行情感计算、面向情商方向发展的人工智能机器人,它可以根据对话分析人的情感及时做出反馈,生成下一轮对话,让对话更加顺利地进行。[③]

语言"黑科技"发展迅猛,充分体现了"科技是第一生产力"的作用,极大提高

---

[①] 《新华社机器人记者 i 思荣获王选新闻科技奖一等奖》,网易,http://news.163.com/17/1123/18/D3USEP3600018AOQ.html。

[②] 《DuerOS 对话式人工智能系统》,网易,http://news.163.com/17/1204/03/D4PHOHQ4000187VF.html。

[③] 《厉害了!这些全球顶尖科技成果!还不速去乌镇!》,搜狐网,http://www.sohu.com/a/208308507_391463。

了社会语言生活的质量。而贴有"黑科技"标签的欺诈性技术与产品会侵蚀真正"黑科技"的生长土壤。具有自主性的人工智能才是"黑科技",才是真"黑科技",它可以通过各种方式在多个领域拥抱创新,用科技的力量打造美好生活,还可以促进语言科技与语言经济的良性互动,推动语言经济的发展。它作为人工智能发展的风向标,驱动着科技迈向新突破、新发展,我们应该维护和促进各项"黑科技"的创新发展,让科技造福人类。

(王宇波、王攸然)

# 中成药命名新规征求意见稿引热议

2017年1月11日,国家食品药品监督管理总局(CFDA)发布《中成药通用名称命名技术指导原则(征求意见稿)》,一时间风油精、云南白药等大批中成药要改名的消息刷爆各大媒体网络,掀起一股舆论热潮。

## 一 舆情热度

自1月11日起,《中成药新规征求意见:不能用"秘制""速效"等字眼》《中成药新规征求意见:名称中不能出现"宝""灵""精"等字眼》《CFDA起名新规5000多种中成药中枪》《中成药新规:风油精不叫"精",云南白药不提"云南"》等新闻报道铺天盖地,转发更是不计其数,短时间内就引起社会各界人士的广泛关注。同时,伴随着业内人士对意见稿的一些质疑,以及云南白药将损失100亿的言论,舆论进一步发酵,中成药命名新规所带来的改名风波愈演愈烈。2月15日征求意见正式截止,新华网做题为"如果'风油精''咳喘灵'等数千药名消失将会怎样?——聚焦中药改名征求意见稿"的专题报道,梳理各方意见。2月27日,食药监总局就此热点事件答记者问,并表示如确需改名将给予一定的过渡期。3月,两会代表积极建言献策,《人民日报》《光明日报》《中国中医药报》《中国质量报》等发表深度评论建议文章,至此,中成药命名新规所带来的舆论热潮逐渐平息。更完整的舆情热度可参考"中成药"一词在2017年1月至12月间的百度指数(见图4-11)。

据不完全统计,截至12月31日,百度新闻共搜索出928篇讨论"中成药改名(更名)"的各大媒体新闻,主要包括中国网、央视网、新华网、《人民日报》《光明日报》《南方日报》、中国青年网等门户网站。现将其中观点清晰、意见明确的评论整理如表4-6。

# 第四部分 热点篇

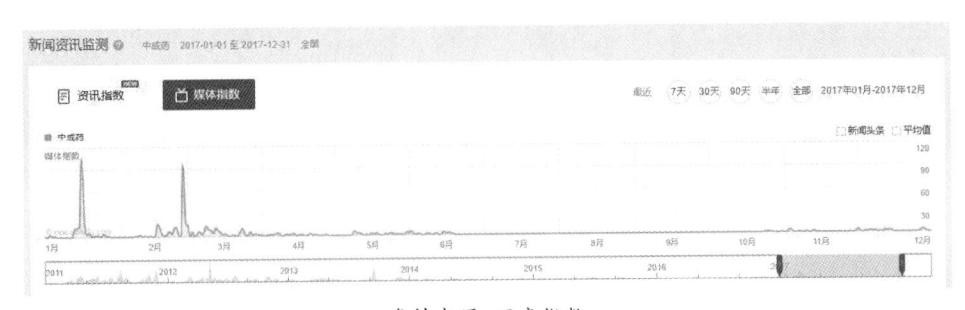

资料来源：百度指数

图 4-11 "中成药"一词在 2017 年 1 月至 12 月的媒体指数

表 4-6 媒体评论汇总表

| 发表时间 | | 媒体名 | 新闻标题 |
|---|---|---|---|
| 1 月 | 16 日 | 半岛网《半岛都市报》 | 中成药改名一刀切还需慎重 |
| | 16 日 | 央广网 | 中成药名不能用速效等词 业内呼吁对老药更名差别对待 |
| | 16 日 | 《北京晚报》 | 中成药新规还应"对症下药" |
| | 17 日 | 《南方日报》 | 中成药改名是个系统工程 |
| | 17 日 | 《光明日报》 | 规范中成药命名应避免误伤 |
| | 25 日 | 中国青年网 | 风油精不能再叫了？ 中成药改名需谨慎 |
| 2 月 | 16 日 | 《南方日报》 | 风油精要去"精" 云南白药无"云南" |
| | 17 日 | 中国经济网 | "风油精"不能再叫了？ 中成药改名别"一刀切" |
| | 17 日 | 长江网 | 规范中成药的药品名称，不能让民众买单 |
| | 20 日 | 《中国中医药报》 | 中成药命名应具合法性与合理性 |
| | 25 日 | 《光明日报》 | 中成药"正名"须兼顾传统和习俗 |
| 3 月 | 1 日 | 《人民日报》 | 云南白药 不改名不行吗 |
| | 6 日 | 《中国质量报》 | 规范中成药命名不妨"新制旧例"并行 |
| | 8 日 | 《中国中医药报》 | 规范命名 不能革了中成药的"性"和"命" |
| | 13 日 | 《中国中医药报》 | 中成药改名：出发点是好的，但别走歪了 |
| | 17 日 | 《人民日报》 | 请留住中药"老字号"(不吐不快) |
| | 20 日 | 《中国中医药报》 | 中成药命名须符合中医药特点 |
| | 26 日 | 人民网 | 中药老字号不改名是谁的胜利 |
| 4 月 | 5 日 | 《中国商报》 | 规范中成药命名不能失去文化底蕴 |
| | 19 日 | 中国医药信息网 | 规范中成药命名是法治及文化建设的需要 |

总而言之，指导原则的初衷虽是"规范中成药命名、体现中医药特色"，但是社会上质疑或担忧的声音呈压倒性态势，其中热议的焦点主要集中于对指导原则部分规定的质疑以及如何处理品牌老药的更名问题上。

## 二 舆情焦点

《中成药通用名称命名技术指导原则(征求意见稿)》虽力求规范中成药命名、进一步体现中医药特色,但是其中有6项规定却屡遭业内专家批评,被指有用西药思维管理中药之嫌,恐有损中医药文化底蕴及传承。6项规定如下:

1. 中成药命名一般不采用人名、地名、企业名称等,也不应用代号命名。如:名称中含"×0×"等字样。

2. 一般不应含有濒危受保护动、植物名称。

3. 避免采用可能给患者以暗示的有关药理学、解剖学、生理学、病理学或治疗学的药品名称。如:名称中含"降糖""降压""降脂""消炎""癌"等字样。

4. 不应采用夸大、自诩、不切实际的用语。如:"宝""灵""精""强力""速效"等;名称含有"御制""秘制"等溢美之词。

5. 不应采用封建迷信或低俗不雅用语。

6. 本指导原则不仅适用于中药新药的命名,也适用于对原有中成药不规范命名的规范。[1]

### (一)云南白药不提"云南"?

按照不能使用人名、地名、企业名的规定,云南白药、云南白药气雾剂、马应龙麝香痔疮膏、马应龙八宝眼膏、黄氏响声丸、季德胜蛇药、赵南山肚痛丸、白马寺痛消贴等众多中成药品陷入改名恐慌。

究竟该不该使用人名、地名呢?中国社会科学院中医药国情调研组组长陈其广表示,有人名在内的中成药多数以发明人的姓名命名,这一方法实质上彰显了对发明人权益的尊重。甚至可以说,这是我国医药行业早在西方"现代知识产权保护"制度诞生之前就已出现和使用的对发明人知识权益的保护制度。中成药在命名中含有地名,则是由于中成药从药材开始就讲究"因时""因地""因人",把药的产地纳入药品名称,是要体现其道地性与可靠性。[2]

---

[1] 参见 http://www.sda.gov.cn/WS01/CL0778/168461.html。
[2] 陈其广《规范命名 不能革了中成药的"性"和"命"》,《中国中医药报》2017年3月8日。

### (二)虎骨麝香膏、五虎散等涉嫌违规?

中成药名称中不能含有濒危受保护动、植物名称?虎骨麝香膏、人工虎骨粉、虎骨酒、五虎散等都涉嫌违规?业内人士却表示,对此种情况应具体问题具体分析,审慎甄别操作。比如麝香、虎骨粉现在均为人工研制,人工麝香研制项目还曾荣获国家科技进步一等奖。此外,一些中成药名称中尽管含有"虎"字,但实际与"虎"无关,如"五虎散"由当归、红花、防风、天南星、白芷等5味药组成,并无"虎"之踪迹。① 类似五虎散的命名不在少数,比如四虎散、五虎人丹等,可以说这是一种使用比喻修辞的命名方式,与玉屏风散、月华丸等有异曲同工之妙,恰恰能赋予中成药浓郁的传统文化气息,因而不仅不应改,反而需要提倡。

### (三)降压片、消癌平暗示疗效?

2月27日,国家食药监总局局长毕井泉答记者问时,公开批评"消癌平"夸大、暗示疗效、误导消费者,句句在理,但是"降糖""降压""降脂""消炎"等真就暗示疗效,就该一锤子打死?业内专家陈其广指出,药名中有药理学、解剖学、病理学或治疗学术语并不直接等同于"暗示""夸大疗效","降压""降糖""降脂""消炎"等实际是中成药功能主治的方向性,西药如"异搏定""心律平"也有类似的名称,如果和"夸大疗效"混为一谈,无疑是很不严谨的。② 更有人士指出,对于一些常规性的、功能较为单一的药品,据实命名为"××消炎膏""××降压丸"之类,也许可给患者提供方便。

### (四)"风油精""速效救心丸"等确系夸大?

按照不应采用夸大、自诩、不切实际的用语,如:"宝""灵""精""强力""速效""御制""秘制"等的规定,(汇仁)肾宝片、小儿咳喘灵、风油精、强力枇杷膏、速效救心丸等统统违规,其实也不尽然。中国中医科学院中国医史文献研究所朱建平表示,源于古方的中成药含"宝""灵""精",不是西方世界那样可以量化的、纯粹的,而是我国人民世代形成的对药物有良效的一种传统认知,不会引起误导。另外,"精"有浓缩提炼之义,"速效"也指急救药品,不能一味扣上帽子。至于"秘

---

① 缪宝迎《规范中成药命名:有必要,需严谨》,《中国医药报》2017年3月3日。
② 《规范命名 不能革了中成药的"性"和"命"》,http://www.cntcm.com.cn/2017-03/08/content_27338.htm。

### (五)四君子丸迷信、复方淫羊藿口服液不雅?

四君子丸、香砂六君丸等封建迷信?锁阳固精丸、复方淫羊藿口服液、黄精丸、当归黄精膏、黄精养阴糖浆等低俗不雅?似乎封建迷信、低俗不雅很难界定。中医药的发展经历过两千多年的封建社会,明显烙有时代的印记,是传统文化还是封建迷信,该如何界定?"文革"期间,中医去封建化,"四君子汤"被改为"四味汤","白虎汤"改为"石膏知母汤"等,就曾给中医药的教学、科研与临床造成不少混乱。[2]

### (六)老药即将迎来改名大战?

一石激起千层浪。中成药命名新规同样适用于老药的规定,将一众老药也推向了改名的风口浪尖。对照前5条规定,有记者在国家食品药品监督管理总局网站药品数据库中进行粗略查询发现,在"国产药品"——"中药"目录下,名字中带有"精"字的药品共有811个批文记录,其中命名为"风油精"的产品就有60余个;名字中带"灵"字的药品更有多达2747个批文记录;带"降糖"的181个;带"降脂"的190个;带"消炎"的689个……由此看来,中成药行业将有一大批药品需要改头换面。

对此,王承德表示,如此一刀切式规范,中成药行业势必掀起一轮"起名大战"。[3] 杨金生也指出:"如果都改名了,国人对于中医药的情感寄托还有多少?外国人还能认识多少中国的文化符号?这样做会对民族品牌和相应药物的文化底蕴造成硬伤和不可估量的损失!"[4]北京中医药大学邓勇认为,"本指导原则不仅适用于中药新药的命名,也适用于对原有中成药不规范命名的规范"的规定,违背了"法不溯及既往"的法律原则和"信赖利益保护"原则。[5]

总而言之,命名新规的上述6项规定或许符合西药命名原则,但是对于中成药而言其合理性还值得商榷,并且极有可能陷入教条主义的风险之中,因而中成

---

① 《中成药命名须符合中医药特点》,http://www.cntcm.com.cn/2017-03/20/content_27790.htm。
② 朱建平《中成药通用名称命名之商榷》,《中国科技术语》2017年第3期。
③ 王承德《中成药大面积"改名"有弊无利》,《前进论坛》2017年第4期。
④ 《假如风油精没了"精"》,http://blog.sina.com.cn/s/blog_a3d444e30102ws6o.html。
⑤ 《中成药命名应具合法性与合理性》,http://www.cntcm.com.cn/2017-02/20/content_26595.htm。

药改名还需审慎甄别,差别对待,谨防一刀切。

## 三 各方建言

新规将云南白药、风油精等一大批老药推向中成药改名的风口浪尖。不止风油精要去"精"、云南白药无"云南",马应龙痔疮膏、强力枇杷膏、速效救心丸等众多知名药品也在改名之列。如此多的熟知药品遭无辜牵连,迅速引发社会各界的担忧,各界人士纷纷为中成药的改名事宜建言献策。

### (一)中医药文化底蕴需传承

中医药文化有着数千年的悠久历史,底蕴十分丰富。习近平主席曾提出:"中医药学凝聚着深邃的哲学智慧和中华民族几千年的健康养生理念及其实践经验,是中国古代科学的瑰宝,也是打开中华文明宝库的钥匙。"[1]中医药是中国优秀传统文化的重要载体,其发生发展流传演变的过程中无不渗透着中医药文化的气息,它是东方文明的瑰宝,理应得到更好的传承。命名指导原则的初衷是为了规范中成药命名、进一步体现中医药特色,但是如此一刀切的规定会让无数药品无辜躺枪,可能会对中成药的发展以及中医药学的传承产生不利的影响。

国医大师唐祖宣认为,传统中成药名称具有中华民族文化特色和中医药内涵,如果不加考虑直接修改既不符合情理,也不够尊重中华传统医药文化传承,甚至会造成中医药历史文化的割裂、知识产权的流失。例如,小青龙汤改名为"解表化饮汤",多少年后中国再无"小青龙",只有去日本找了。[2]而魏忠意表示,在中国提出"一带一路"倡议后,中医药被频繁纳入中外首脑会谈议题,成为国家层面合作的重要领域,中医药正面临前所未有的战略机遇。但是如果老药改名,将使外国人对中成药产生疑问,将对中成药的海外传播造成不利影响。[3]

在规范中成药命名的同时,如何传承中医药文化是其中首要考虑的问题。侯江指出,对于有文化传承、有实实在在疗效、有无形资产价值、在消费者当中有

---

[1] 《习近平出席皇家墨尔本理工大学中医孔子学院授牌仪式》,人民网澳大利亚墨尔本 2010 年 6 月 20 日电,http://politics.people.com.cn/GB/1024/11917463.html。
[2] 朱建平《中成药命名须符合中医药特点》,《中国中医药报》2017 年 3 月 20 日。
[3] 魏忠意《中成药改名 新、老药需区别对待》,《中国中医药报》2017 年 3 月 8 日。

口碑的中成药,应该给予免于改名的待遇。① 许朝军建议在实施时采取"新制旧例"并存的方式,对符合传统医药文化习俗和具有丰富中医药历史文化意义的中成药名字,不妨沿用旧例,但可以对其产品说明等进行更规范更科学的审视。对那些确实存在夸大其词误导消费者的中成药品名,则进行坚决整顿和更改。②

### (二)知名品牌价值需维护

品牌价值是品牌管理要素中最为核心的部分,是区别于同类竞争品牌的重要标志,据一家国际权威机构的分析报告,创立一个名牌,仅媒体投入就至少需要2亿美元。③ 而中医药知名品牌本身更是百姓对中医药文化疗效认可度的象征,如果不顾其品牌价值,强行更名,所带来的损失将不可预估。

某业内人士表示,药品更名需要到当地食药监局重新注册,这对药企来说将是一笔不小的开支。以北京为例,一个产品的注册费就是6000元,如果一企业有二三十个产品涉及改名,那么注册费就得花上十几万。④ 而知名品牌云南白药集团股份有限公司的技术质量总监李劲表示:"如果命名不能用地名,云南白药系列的7个剂型、7个产品都将受到影响。假如云南白药需要改名,那么云南白药115年树立起来的品牌、声誉、公众认知或将坍塌,预估损失将超过100亿元。"⑤ 而北京医药行业协会常务副会长付立家进一步指出:"改名意味着包装材料、说明书、小盒、纸箱、标签统统需要变更,生产包装成本姑且可以计算、承受,但对于老字号老品牌而言,更名带来的无形损失非常大,还需花费大量人力、财力进行二次市场培育,让消费者知道更名后的产品就是原来用惯的老药。"⑥

在规范命名的同时,知名中医药品牌的价值也需要得到维护。如《光明日报》刊发《规范中成药命名应避免误伤》一文表示,规范中成药命名所体现的保护

---

① 《中成药新规还应"对症下药"》,http://bjwb.bjd.com.cn/html/2017-01/16/content_97325.htm。
② 《规范中成药命名不妨"新制旧例"并行》,http://epaper.cqn.com.cn/html/2017-03/06/content_82138.htm?div=-1。
③ 参见 https://baike.baidu.com/item/%E5%93%81%E7%89%8C%E4%BB%B7%E5%80%BC/2411207?fr=aladdin。
④ 《聚焦中成药改名:老字号老品牌名字或消失 为何要改?》,http://www.chinanews.com/cj/2017/02-16/8150919.shtml。
⑤ 《聚焦中成药改名征求意见稿:如果风油精、咳喘灵等数千药名消失》,http://www.thepaper.cn/newsDetail_forward_1619563。
⑥ 《聚焦中成药改名:老字号老品牌名字或消失 为何要改?》,http://www.chinanews.com/cj/2017/02-16/8150919.shtml。

消费者权益的善意,还必须控制在合情合理的尺度内,不能搞一刀切,以免造成误伤。造产品易,树品牌难。呵护那些在国内外叫得响的中成药品牌,是我们的责任。①

### (三)百姓消费习惯需考虑

中医药文化拥有几千年的历史,是中华文明的重要组成部分,不仅在国际上享誉盛名,而且得到了我国人民的高度肯定和信任,尤其对一些家中常备药更是耳熟能详。如果完全按照命名新规的办法进行更名,则会给百姓们的生活带来诸多不便。如昆明市小学教师刘悦表示:"像云南白药气雾剂、马应龙痔疮膏、风油精等都是家里常备药,老百姓都认这些牌子,如果一夜之间这些名字都不存在了,会觉得很不适应。"②

## 四 新规落地

2017 年 11 月 28 日国家食品药品监督管理总局正式印发《中成药通用名称命名技术指导原则》,并同时下发《关于规范已上市中成药通用名称命名的通知》,明确规定已上市的中成药有以下三种情况的必须更名:明显夸大疗效,误导医生和患者的;名称不正确、不科学,有低俗用语和迷信色彩的;处方相同而药品名称不同,药品名称相同或相似而处方不同的。此外,该通知也明确指出,对于药品名称有地名、人名、姓氏,药品名称中有"宝""精""灵"等,但品种有一定的使用历史、已经形成品牌、公众普遍接受的,可不更名。来源于古代经典名方的各种中成药制剂也不予更名。③

伴随着《中成药通用名称命名技术指导原则》的正式下发,中成药改名风波正式落下帷幕。

(田 源、吕清林)

---

① 参见 http://epaper.gmw.cn/gmrb/html/2017-01/17/nw.D110000gmrb_20170117_2-02.htm。
② 《中药改名应兼顾文化》,http://news.xinhuanet.com/yuqing/2017-02/17/c_129483798.htm。
③ 《总局印发〈中成药通用名称命名技术指导原则〉》,http://www.sda.gov.cn/WS01/CL0050/217546.html。

第五部分

# 字 词 语 篇

# 2017，年度字词记录时代印迹

2017年12月21日，国家语言资源监测与研究中心、商务印书馆、人民网、腾讯网联合主办的"汉语盘点2017"活动揭晓，"享""初心""智""人类命运共同体"分别当选年度国内字、国内词、国际字、国际词，活动同时发布2017年度十大流行语、十大新词语、十大网络用语。

## 一 融媒体引领"汉语盘点月"

"汉语盘点"以盘点年度字词的方式为过去的一年作结，已走入了第十二个年头。十二年一个循环，站在新的起点，"汉语盘点"也有新的突破。人民网、商务印书馆继续发挥主流媒体影响力，腾讯网首次加盟活动主办方，共享经济新锐"滴滴出行"全程参与，各种自媒体竞相推广。传统媒体与新媒体协同合作，字词评选活动中的网友推荐、专家评议、网络投票和揭晓颁奖这四个阶段，与"十大流行语、十大新词语、十大网络用语"这"三大发布"的相继进行，共同打造了"汉语盘点月"。

整个汉语盘点活动呈现出四个特色。

第一，媒体深度融合，继续扩大活动影响力。腾讯网首次加盟活动主办方，为汉语盘点提供互联网产品支持，线上全程直播活动进程；央视新闻的《新闻直播间》《朝闻天下》等栏目对活动进行跟踪报道；"滴滴出行"参与支持，借助公众号平台为活动宣传造势；富兰克林读书俱乐部、读者等自媒体竞相转载分享。传统媒体与新媒体协同合作，利用多方平台，加大宣传力度，提升活动辐射的广度和深度。

第二，缺一不可的"三大发布"，共同助力"汉语盘点月"。2017年度十大流行语、十大新词语、十大网络用语是国家语言资源监测与研究中心基于大规模语料库，利用语言信息处理技术筛选而来。这些热词新语真实记录了中国主流媒体和民众的关注点，呈现了汉语的发展趋势和变化指征。今年首次在活动期间施行"三大发布"——12月9日发布年度十大流行语,12月14日发布年度十大新词语,12月19日发布年度十大网络用语,形成"汉语盘点月"的连环波动效应。

第三,监测路径各异,观察视角多元。以国家语言资源监测与研究中心、搜狗输入法、清博大数据三家的海量数据为资源,腾讯网、滴滴出行、商务印书馆官微提供字词热度指数,全民参与字词推荐与投票,专家评议并从专业角度进行解读。最终的年度字词体现了多元的观测视角,集民意社情于一体,以一字一词记录社会的发展与变迁,描绘中国与世界的万千气象,凝聚着人们对社会与国家的美好寄望。

第四,开拓多种参与方式和渠道,实现全民互动。央视新闻街头采访,面对面捕捉主题热词;腾讯网利用创意H5产品收集投票、发布结果,利用企鹅问答和腾讯问卷向网友征集字词;微博话题造势,用流行语接龙造句等方式号召网友参与。凡此种种,使"汉语盘点"真正成为年终岁末全民的语言盛宴。

数据显示,本次盘点活动前期共收到网友推荐字词数千条,推荐和投票阶段点击量达2亿次。以下为"汉语盘点2017"年度字词候选名单:

国内字(前5名):享、云、赞、怼、强

国内词(前5名):新时代、初心、新四大发明、人工智能、幼儿园

国际字(前5名):退、核、智、袭、独

国际词(前5名):人类命运共同体、朝核危机、习特会、阿法狗、引力波

## 二 年度字词记录世情民心

### (一)国内字:享

"享"现今多为受用,而其古义则为"献","享"既是享用,也是贡献。改革开放四十年,人民的物质生活极大丰富,过上了祖辈们难以想象的好日子。"享"也不再是"独享",而变成了"共享"。共享单车的普及、共享经济的发展,带给人看得见的实惠,阐释了共同富裕的深刻内涵。而建设美好生活,更需要每个人勠力同心、扎实奋斗,在践行中国梦的每一个节点上奉献自己的智慧和力量。

### (二) 国内词：初心

"不忘初心，方得始终"，在前进的路上，不要因为走得太远而忘记为什么出发。初心不仅是站在起点时的希冀与梦想、承诺与信念，更是中途遇到挫折时的恪守与坚持、责任与担当。中国共产党党员的初心，就是党旗下的铮铮誓言，就是融入血脉的全心全意为人民服务的不变宗旨，就是为中国人民谋幸福、为中华民族谋复兴的历史使命。

### (三) 国际字：智

古人认为"能处事物为智"，人类在漫长的历史发展中形成了理性与感性的力量，这是人类的智慧。如今，全球制造业开始迈入智能化时代，全球科技巨头纷纷加大对人工智能的投入，人工智能产品不断推出。但人工智能要做什么，关键在于人的价值选择。十九大提出，"推动互联网、大数据、人工智能和实体经济深度融合"，推动中国的"智造业"，为的是使生活变得更加美好。

### (四) 国际词：人类命运共同体

"人类只有一个地球，各国共处一个世界"，各国人民的命运休戚相关。在政治多极化、经济全球化、文化多元化和社会信息化的背景下，各国追求本国利益应兼顾他国的合理关切，在谋求本国发展中促进各国共同发展。面对各种全球性问题，处于同一个命运共同体中的人类需要携手应对共同面临的挑战。从倡导"人类命运共同体"意识到提出推动构建人类命运共同体的要求，中国共产党始终坚持以人为本的价值理念。

2017年度字词记录了一年中令人难以忘怀的时事、世情、民心，呈现人类共通的情感和追求。国内字"享"反映了"共享经济"的兴起和发展，体现了社会资源的多向流通和高效利用；国内词"初心"既是原点，又是目标，回望的是过去，指向的是未来；"智"和"人类命运共同体"反映了全球制造业正在进入智能化时代，新的机遇带来新的挑战，同舟共济、同心协力是共建人类美好未来的必由之路。

## 三　汉字评选构筑文化景观

近年来，在日本、新加坡、马来西亚、中国台湾、中国香港等国家和地区，年度汉字评选活动也都在火热进行。这些评选活动体现了汉字文化圈的民众对汉字文化的重新审视和日益认同,带动了汉语的传播,延续着汉字文化的影响力。

### (一) 日本:"北"字传达世相民情

2017年12月12日,京都清水寺住持森清范在巨幅和纸上,挥毫写下了日本的2017年度汉字——"北"。评选共收到15万余张选票,"北"字获7104票。其当选的原因有:朝鲜的导弹曾落入北海道海域,九州北部地区遭遇了暴雨灾害,北海道土豆减产引发整个日本的"薯片危机",等等。

日本年度汉字票选第2—10名依次是:政、不、核、新、选、乱、变、伦、暴。

### (二) 新加坡:"恐"字反映国际时局

2017年12月10日,新加坡《联合早报》公布了"字述一年"年度汉字投选的结果,"恐"字以最高票数当选2017年度汉字。"恐"字并不是第一次入围。2014年和2016年,"恐"字都曾入围年度汉字。而"恐"字再度以最高票数当选,也反映了2017年世界范围内频繁发生的恐袭事件所带来的生命和心理伤害。

### (三) 马来西亚:"路"字表达美好期待

2017年12月10日,由马来西亚汉文化中心和中华大会堂总会联合举办的"2017马来西亚年度汉字"在吉隆坡揭晓,"路"字当选年度汉字。这一年,马来西亚新地铁线路开通、东海岸铁路开建,还有即将开始招标的马新高铁,这些本身是"路",也得益于"一带一路"倡议的推动。本次推举活动一经启动,"路"字便高居榜首,这既说明"一带一路"在马来西亚深入人心,更表达了民众对美好未来的期盼。

### (四) 中国台湾:"茫"字透视现时心态

在"台湾2017代表字大选"中,"茫"字以12 445票拔得头筹,成为年度代表字。"劳"字紧随其后,"忧""乱""虚""荡"等字也排名靠前。2017年台湾面临年金改革、"一例一休"修正、"8·15"大停电等重大事件,许多事情反复变化、悬而未决;空气污染导致雾霾不断,两岸关系与全球局势也如雾里看花。可以说,"茫"字透视出台湾民众的现时心态。

### （五）中国香港："贵"字反映社会态势

中国香港2017年度汉字为"贵"，其他入选汉字依次为：楼、民、智、公、创、回、新、判、风。香港民建联自2013年起连续举办"香港年度汉字"评选活动，邀请香港市民投票选字，借此反映市民的心声及社会状况。"贵"字是香港市民在过去一年对物价、楼市价格上涨的切身体会，反映了香港的社会态势。

### （六）中国海峡两岸："创"字凝聚信心与期望

2017年12月15日，由台湾《旺报》和厦门《海西晨报》共同主办的2017海峡两岸年度汉字揭晓仪式在台北市举行，经民众投票，"创"字获得48万余票，成为"2017海峡两岸年度汉字"。主办方表示，在2017年，两岸人民追求创新、创意，不断有开创性的事件发生；尤其是创新的互联网思维正在改变着世界，并在不断创造奇迹。同时，在2017年，世界也留下了许多创伤。未来，只有创造创新，才会有生存的空间，才会有回春妙手，治愈创伤，抚平伤痕，阔步向前。

年复一年的"汉语盘点"和世界各地的"年度汉字"评选活动已成为年终岁末的"传统节目"，用汉语字词将基于个体情感的自由表达，凝聚为所有人对一个国家、一个地区、一个时代的共同记忆。

（曹　婉）

# 2017,新词语里的社会热点

我们在国家语言资源监测语料库 100 多万个文本、约 14 亿字次基础上,经过层层筛选,共提取新词语 242 条(详见本书所附光盘《2017 年度媒体新词语表》)。这些新词语真实记录并反映了 2017 年度出现的新事物、新概念、新现象,以及这一年里社会发展的状况、人们的心路历程。

## 一 "十大新词语"解读

作为"汉语盘点 2017"活动的重要组成部分,2017 年 12 月 13 日,中国传媒大学国家语言资源监测与研究有声媒体中心发布了"2017 年度中国媒体十大新词语"[①],这十大新词语为我们讲述了 2017 年度中国与世界的新变化:

雄安新区、共有产权房、共享充电宝、通俄门、租购同权、留置*、灰犀牛*、金砖+、勒索病毒、地条钢*

**(一)雄安新区:落实新发展理念的千年大计**

为疏解北京的非首都功能,探索人口经济密集地区优化开发新模式,继深圳经济特区和上海浦东新区之后,雄安新区又横空出世,将成为培育创新驱动发展新引擎的全新城市标本,成为用最先进理念和国际一流水准进行城市设计和城市建设的典范。

**(二)共有产权房:让房子回归"住"的本质**

为了让一些家庭不再"望房兴叹",共有产权房应运而生。产权分割,降低了房价,让房子回归"住"的本质从而消弭"炒"的泡沫,也圆了一部分低收入人群的安居梦,给了他们一个继续发展和奋斗的"港湾"。

---

① 标有 * 号的词语表示该词语为新义。

### (三)共享充电宝:共享经济的又一新形态

共享单车、共享电动车、共享雨伞……随着共享概念的火爆,越来越多的共享服务走入寻常百姓家。共享充电宝作为共享经济的新形态成为新一轮资本蜂拥的"风口"。共享充电宝在给人们提供便利的同时,也带来了隐私泄露、恶意软件植入、弹出各种诱骗等问题。可见,共享服务不仅要提供便利性,更要确保用户在享受服务时的安全。

### (四)通俄门:美国政坛的当红大戏

特朗普自就任以来,一直笼罩在"通俄门"的阴影下:被指控在竞选期间以及执政后与俄罗斯关系处置中可能存在违规甚至违法。"通俄门"这部美国政坛的当红大戏猛料不断、高潮迭起,至今仍没有一丝谢幕的意思。看来,欲知美俄之间究竟"通"了没有,只能待到剧终。

### (五)租购同权:对租房者的"确权"

所谓租购同权,实际是一种对租房者的"确权",让符合条件的承租人子女享有就近入学等社会公共服务权益。尽管现阶段,在一些人口大规模流入的城市完全做到"租购同权"还不太现实,但租房确权本身代表着城市开始变得友善。小康不是画饼,公平不是口号,真真实实让老百姓得到实惠,让改革和发展的成果更多更公平地惠及全体人民,才是我们的目标。

### (六)留置:用法治思维、法治方式惩治腐败

为加强反腐败和党内自省,习近平总书记在十九大报告中明确指出,用留置取代"两规"措施。用留置代替"两规",设立国家监察委员会,表明反腐败已走向法治化,并逐渐从党内推向国家层面,这将是更硬实的"苍蝇拍",更坚固的"老虎笼"。法治不仅保障了国家和人民的利益,更为那些法痞官员敲响了长鸣警钟!

### (七)灰犀牛:不应被低估的风险

灰犀牛体型巨大,本不该被忽视,但因其相貌愚笨粗拙,容易让人低估了它的风险。与"黑天鹅"的小概率、大影响相对,"灰犀牛"用来比喻大概率且大影响的潜在危机。雾霾、气候变化、金融高杠杆、房地产泡沫……这些灰犀牛正一步

步朝我们走来。对此,我们不能视而不见,也不能简单粗暴对待,而是要着眼长远,小心翼翼,发力管控,避免灰犀牛攻击瞬间引发的巨大灾难。

### (八)金砖＋：多边合作发展的新模式

2017金砖厦门峰会提出"金砖＋",扩大了金砖国家合作的辐射和受益范围,让更多新兴市场国家和发展中国家获得"金砖"的红利。"＋"不仅是成员的增加,更是合作模式的深化、合作前景的开拓、合作水平的升级;"＋"是一种道路,凝聚着创新、协调、绿色、开放、共享的可持续发展理念;"＋"是一种格局,立足金砖,惠及世界,金砖国家的"朋友圈"必将越做越大,"金砖大道"也必将越铺越宽。

### (九)勒索病毒："虚拟"对现实的巨大影响

5月12日,一次迄今为止最大规模的勒索病毒席卷全球,并在短短3天之内影响遍及近百个国家,一些医院、银行、学校、加油站因此而陷入瘫痪,直接影响了人们的工作和生活。不再"虚拟"的互联网正以前所未有的速度向现实社会渗透,网络安全问题也向着突破物理边界的方向发展。勒索病毒提醒我们:在享受无界网络带来便利的同时,还要在安全的边界上扎紧篱笆。

### (十)地条钢：钢铁行业的"不死小强"

地条钢早在2002年就被列入"落后产品"名单,取缔地条钢的努力已延续了十多年,但因其背后纠葛的复杂利益,地条钢一度成为钢铁行业的"不死小强"。年初国家发改委将地条钢的"大限"明确定为2017年6月30日,多年打而不绝的"地条钢"终将走到尽头。作为落后产能代表的地条钢被彻底淘汰,预示着我国经济建设将进入注重质量的新时代。

## 二 新词语中的社会热点

新词语是当下社会生活的镜像,透过这些新词语,我们可以清晰地照见2017年里一个个影响并引领社会发展变化的热点。

### (一)雄安效应

雄安新区的设立所引发的股票、房价、交通等一系列变化,引发了"雄安效应"。最先做出反应的无疑是资本市场,一大批上市公司迅速在当地设立子公司,资本市场掀起"雄安概念热"。紧接着,"雄安概念股"应运而生,4月5日、6日,一批"雄安概念股"一字涨停。

10月8日,雄安新区开启"数字雄安"建设工作并全力推进,探索和建立多个重点领域的大数据应用体制机制,在大数据建设、运营与安全等方面进行创新突破,形成"雄安模式"。

**(二)共享经济**

2017年创业圈最为火热的一个词就是"共享经济",最为明显的就是"共享××"词族的出现,如:"共享汽车、共享家居、共享床铺、共享衣橱、共享衣服、共享硬币、共享零钱、共享马扎、共享雨伞、共享纸巾、共享珠宝、共享农场、共享书店、共享电动车、共享充电宝、共享健身仓、共享睡眠舱……"形成了"共享家族",带来了一波又一波"共享潮"。例如,"共享充电宝"简便实用,让其备受用户青睐的同时也成为资本纷纷入局的"香饽饽"。但同时也不乏"共享泛滥",如"共享床铺",在刚出现不久就被叫停了,原因是存在不小的安全隐患;再如"共享马扎"被市民戏称为"奇葩共享",它以一种搞笑的方式,证实了伪共享及"共享泛滥"的冷峻事实。

"共享经济"在经历了一年的爆发式增长的同时,共享也成了倒闭的重灾区。2017年6月13日,"悟空单车"打响共享单车倒闭第一枪。随后,"町町单车""卡拉单车""酷骑单车"等多家企业相继倒闭。8月份以来,多个城市颁布共享单车"限投令""禁投令",宣布暂停共享单车的投放。杜绝盲目跟风的"共享泛滥",在根本上解决现存的一系列问题,方能使"共享"真正惠及大众。

**(三)人工智能**

2017年3月5日,李克强总理在政府工作报告中提出:加快新材料、新能源、人工智能、集成电路、生物制药、第五代移动通信等技术研发和转化,做大做强产业集群。"人工智能"首次被写入全国政府工作报告。十九大报告指出,加快建设制造强国,加快发展先进制造业,推动互联网、大数据、人工智能和实体经济深度融合。

在人工智能领域最引人注目的是2017人机大战AlphaGo再胜人类。5月26日,由被誉为"阿尔法羊"的周睿羊等5位世界冠军组成的中国围棋"天团"与AlphaGo Master进行"人机混战",最终投子认输。5月27日,AlphaGo Master再与世界排名第一的棋手柯洁展开人机对决,最终连胜三盘。

2017年10月18日,位于英国伦敦的谷歌旗下的DeepMind公司公布了最强版AlphaGo,代号AlphaGo Zero,即"阿尔法元"。它不借助人类棋谱及相关经验,依靠规则和自我学习能力,仅用21天就打败了自己的"同门师兄"AlphaGo Master。

人机围棋大战是人工智能技术深度应用的一个缩影,它充分展现了人工智能技术的神奇魅力。未来,人工智能技术将被应用于更多的领域,从而为人类打开未来世界的大门。比如区别于传统教育学习模式的"AIOC"、医疗领域的"AI医生",以及智能家居中的"数字家庭""天猫精灵"等。

### (四)住房改革

3月17日,北京出台新政,再次加强楼市调控。一时间,网友戏谑出来的热词"处女贷"刷爆朋友圈,突出了第一次贷款的重要性。继我国房地产行业出台"限购限贷"政策之后,部分城市不同程度地开始实施"限购+限贷+限价+限售"政策,楼市进入"四限时代"。

10月,十九大报告指出,要"加快建立多主体供给、多渠道保障、租购并举的住房制度",同时强调"房子是用来住的、不是用来炒的"。北京等地的"共有产权房"就是各地方政府因地制宜创新商品房之外住房供给渠道的有效探索。通过适度降低商品住房的金融属性,支持真实需求,控制投机炒作,让房子回归"住"的本质。

"租售同权""租购同权"则是通过立法明确租房与买房居民享受同等待遇的政策,这是大势所趋。但是改革将是一个漫长的过程,因为这涉及教育、户籍、城市管理、人口控制等方方面面,有关部门应协同解决,不可一蹴而就。

### (五)虚拟货币

据报道,2017年年初,最早出现的虚拟货币——比特币的价格约为968美元,12月7日,其涨幅超过了1600%。虚拟货币也叫"数字货币"或"加密货币",除了之前的比特币、莱特币、瑞泰币、瑞波币、微盟币、狗币等之外,2017年又新出现了"知乎币""全球币""量子币""空气币""门罗币""亚欧币""中华币""善心币"……层出不穷,令人眼花缭乱。

9月4日,中国人民银行领衔网信办、工信部、国家工商总局、银监会、证监会和保监会等七部委发布《关于防范代币发行融资风险的公告》,指出代币发行融资本质上是一种未经批准非法公开融资的行为,要求自公告发布之日起,各类

代币发行融资活动立即停止,同时,已完成代币发行融资的组织和个人做出清退等安排。所谓监管之剑最终从天而降,"ICO"(指发行比特币等数据币,供认购者用真实货币认购)的"末日"来得如此猝不及防。

### (六)流量时代

流量通常指网站的访问量,是用来描述网站访问情况的指标,包括网站的用户数量、浏览量、停留时间等。这些指标的把握可以更好地为进一步的商业目的(如投放广告等)服务,因而也是互联网行业一项重要的运营指标,"流量明星""流量艺人""流量花生"等应运而来。它们粉丝众多、拥有极高的网络关注度,尤其是"流量小花""流量小生",其关注度会为网站带来极大的访问流量。那么,"流量明星+IP=热剧"吗?报道称,《择天记》《求婚大作战》《思美人》等几部由"流量艺人"担纲主演的大制作、大投资剧,虽然铆足了劲儿做宣传,但无论口碑还是收视率都远远没有达到火爆的程度。这说明,"流量艺人"+IP 的制作模式正在经历着市场的理性化选择。有意在业内深耕的制片方和平台,也都开始警惕对"流量明星"风向的迷信。因此,流量时代仍然需要理性地看待流量。

### (七)多彩网络

这是一个全民刷屏的时代,人人都是"刷一代","刷"成了国民 style。因此,2017 年的网络语言生活注定丰富多彩,应该为之疯狂"打 call",比如当红爆款的"吃鸡",运气极好的"欧皇",表达爱意的"笔芯",以及嘻哈乐手们为代表的"diss"文化……可谓你方唱罢我登台。"油腻大叔"还没走远,"佛系青年"又刷屏了。"佛系青年"成为热词,表面的豁达或是"随和"折射出的是一种与年龄不相称的气质。

随着"尬舞""尬聊""尬唱""尬演"等社交情境的广泛出现继而形成的一种青年亚文化。"尬文化"的逆袭,人们好像对于尴尬越来越习以为常,因为人们越来越重视自我感受了。

2017 年已经成为历史,记录了 2017 年社会发展变化的新词语,有些或许会昙花一现,有些或许将持续影响甚至引领并改变人们的社会生活。

(邹　煜、滕永林、侯　敏)

# 2017,流行语里的中国与世界

2017年12月21日,"汉语盘点2017"发布了"2017年度中国媒体十大流行语"。这些流行语基于国家语言资源监测语料库,利用语言信息处理技术,结合人工后期处理提取、筛选而获得。语料来源于国内15家报纸[①]、7家电视台、12家广播电台[②]以及两个门户网站[③],约20亿字次,覆盖报纸、电视、广播、网络等大众传媒。

## 一 综合类十大流行语

十九大;新时代;共享;雄安新区;金砖国家;人工智能;人类命运共同体;天舟一号;撸起袖子加油干;不忘初心,牢记使命

综合类流行语是媒体中关注度最高、最具年度代表性的词语,涵盖国际时政、国内时政、经济和科技等多个领域。

### (一)十九大

中国共产党第十九次全国代表大会(十九大)于2017年10月18日至24日在北京召开,是在全面建成小康社会决胜阶段、中国特色社会主义进入新时代的关键时期召开的一次十分重要的大会。

---

① 15家报纸按照音序排列依次为:北京日报、北京晚报、法制日报、光明日报、华西都市报、今晚报、南方都市报、齐鲁晚报、钱江晚报、人民日报、深圳特区报、新京报、新民晚报、羊城晚报、中国青年报。
② 有声媒体语料来源包括中央电视台、安徽电视台、山东电视台、湖北电视台等7家电视台及中央人民广播电台、江苏人民广播电台、河北人民广播电台、安徽人民广播电台等12家广播电台78个栏目的节目转写文本。
③ 网络媒体语料来自新浪、腾讯的新闻网页。

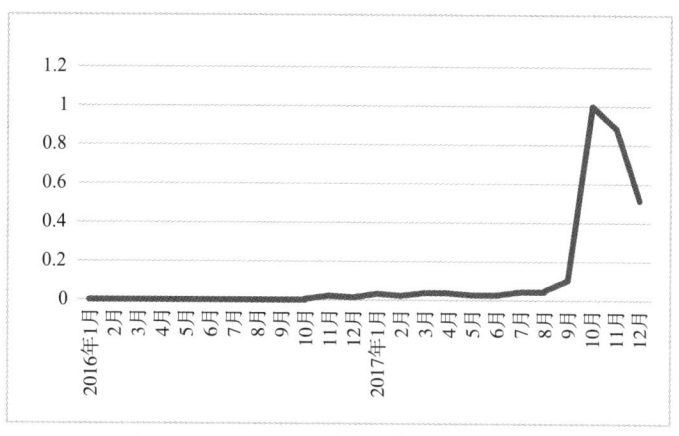

图 5-1　2016—2017 年"十九大"使用情况

### (二) 新时代

2017 年 10 月 18 日,习近平同志在十九大上做了题为"决胜全面建成小康社会 夺取新时代中国特色社会主义伟大胜利"的报告,指出"中国特色社会主义进入了新时代"。进入新时代,是从党和国家事业发展的全局视野、从改革开放近 40 年历程和中共十八大以来 5 年取得的历史性成就和历史性变革的方位上,所做出的科学判断。这个新时代,是承前启后、继往开来、在新的历史条件下继续夺取中国特色社会主义伟大胜利的时代。

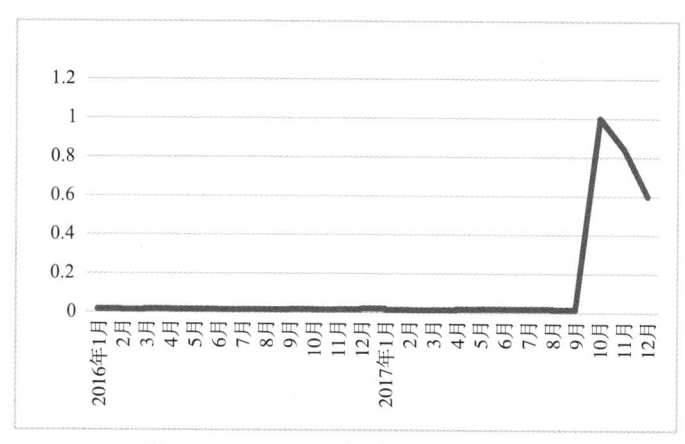

图 5-2　2016—2017 年"新时代"使用情况

### (三) 共享

共享是共享经济中的核心理念,强调物品的使用权而非所有权。2016 年,共享单车的兴起将共享的概念带入了人们的视野；2017年，共享经济更加发展壮大起来，涉及行业不断增加，规模不断扩大。共享单车、共享汽车、共享雨伞、共享充电宝……种种创新发挥着人们的想象力，同时也是对社会分散资源进行合理利用的尝试。

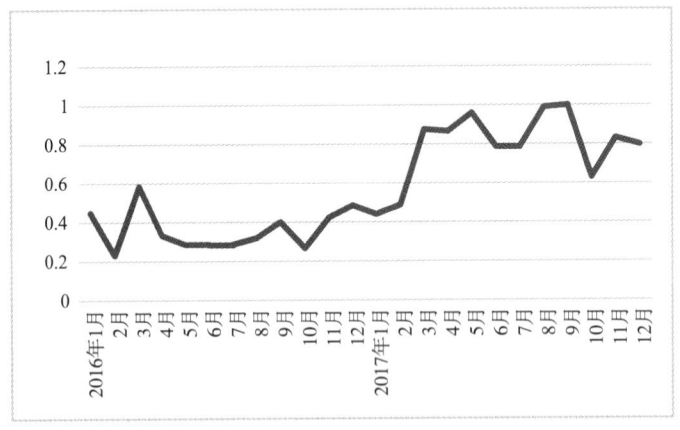

图 5-3　2016—2017年"共享"使用情况

### （四）雄安新区

2017年4月1日，中共中央、国务院印发通知，决定于河北省保定市内设立国家级新区——雄安新区，它是继深圳经济特区和上海浦东新区之后又一具有全国意义的新区。雄安新区的设立，对于集中疏解北京非首都功能、探索人口经济密集地区优化开发新模式、调整优化京津冀城市布局和空间结构、培育创新驱动发展新引擎，都具有重大现实意义和深远历史意义。

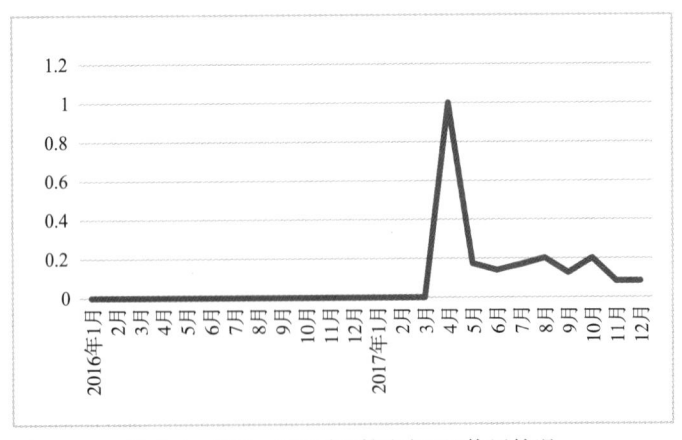

图 5-4　2016—2017年"雄安新区"使用情况

### (五)金砖国家

金砖国家(BRICS)即巴西、俄罗斯、印度、中国和南非,也称"金砖五国";BRICS是由五国英文名称的首字母组成,因与brick(砖)相似而得名。2017年1月1日,中国正式接任金砖国家主席国;9月3日至5日,金砖国家领导人第九次会晤在福建厦门举行,其主题是"深化金砖伙伴关系,开辟更加光明未来"。

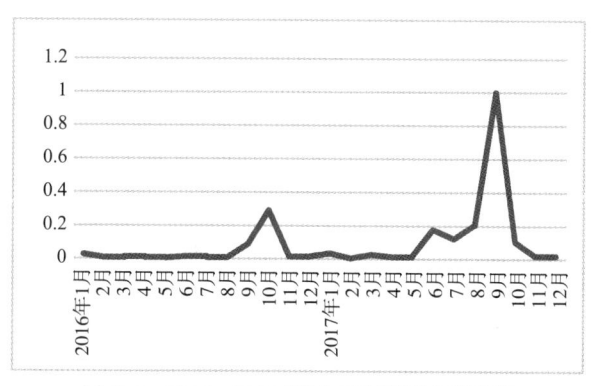

图5-5 2016—2017年"金砖国家"使用情况

### (六)人工智能

2017年人工智能发展进入了新阶段。为抢抓人工智能发展的重大战略机遇,构筑我国人工智能发展的先发优势,加快建设创新型国家和世界科技强国,2017年7月20日,国务院印发了《新一代人工智能发展规划》,提出了面向2030年我国新一代人工智能发展的指导思想、战略目标、重点任务和保障措施,为我国人工智能的进一步加速发展奠定了重要基础。

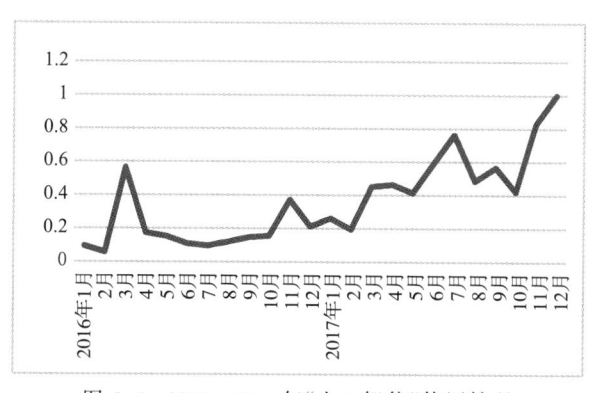

图5-6 2016—2017年"人工智能"使用情况

### （七）人类命运共同体

人类命运共同体指在追求本国利益时兼顾他国合理关切，在谋求本国发展中促进各国共同发展。习近平总书记在十九大报告中提出，坚持和平发展道路，推动构建人类命运共同体。人类命运共同体意识超越了种族、文化、国家与意识形态的界限，为思考人类未来提供了全新的视角，为推动世界和平发展给出了一个理性可行的行动方案。

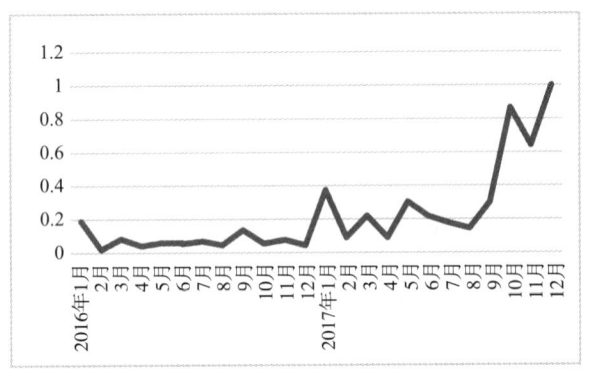

图 5-7　2016—2017 年"人类命运共同体"使用情况

### （八）天舟一号

天舟一号货运飞船是中国首艘货运飞船，2017 年 4 月 20 日 19 时 41 分 35 秒在文昌航天发射中心由长征七号遥二运载火箭成功发射升空，并于 4 月 27 日成功完成与天宫二号的首次推进剂在轨补加试验，这标志天舟一号飞行任务取得圆满成功，也是我国空间实验室任务的收官之战。

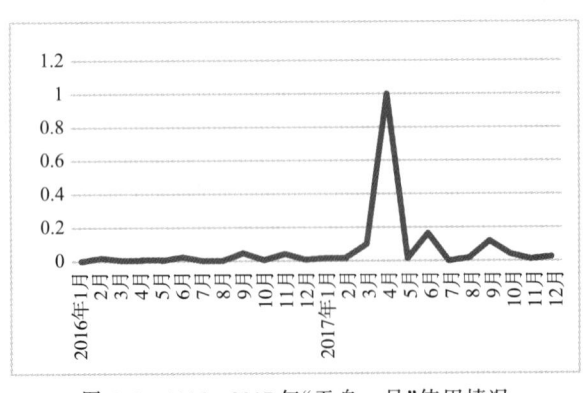

图 5-8　2016—2017 年"天舟一号"使用情况

### (九) 撸起袖子加油干

"撸起袖子加油干"出自习近平2017年新年贺词。上下同欲者胜,只要我们13亿多人民和衷共济,只要我们党永远同人民站在一起,大家撸起袖子加油干,我们就一定能够走好我们这一代人的长征路。

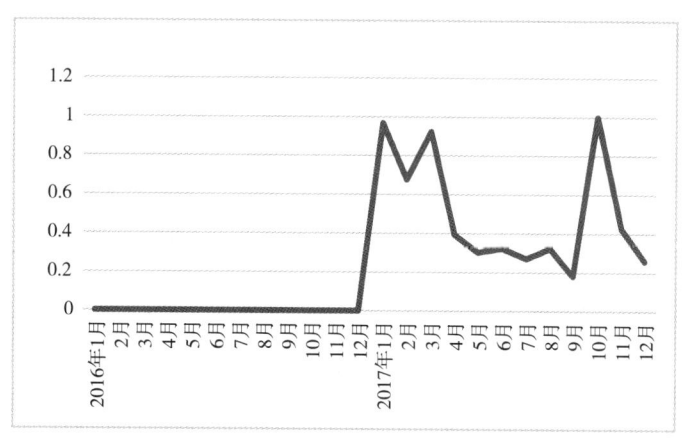

图 5-9  2016—2017年"撸起袖子加油干"使用情况

### (十) 不忘初心,牢记使命

"不忘初心,牢记使命,高举中国特色社会主义伟大旗帜,决胜全面建成小康社会,夺取新时代中国特色社会主义伟大胜利,为实现中华民族伟大复兴的中国梦不懈奋斗。"这是十九大的主题,中国共产党人的初心和使命,就是为中国人民谋幸福,为中华民族谋复兴,这是激励中国共产党人不断前进的根本动力。

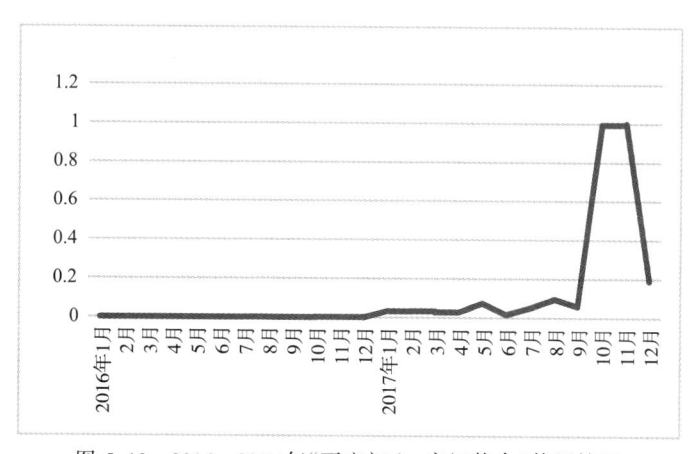

图 5-10  2016—2017年"不忘初心,牢记使命"使用情况

## 二 分类流行语

分类流行语以高度的概括力触及国内时政、国际时政、经济、科技、文化教育、社会生活和民生等各个方面。

### (一) 国内时政类十大流行语

"一带一路"国际合作高峰论坛、民法总则、美好生活、文化自信、建军90周年、监察体制改革、压倒性态势、党代表通道、常态化制度化、塞罕坝精神

2017年,"一带一路"国际合作高峰论坛为实现联动式发展注入新能量,奏响合作共赢新乐章;"党代表通道"成为党和政府开放、透明、包容的代名词;从政治高度俯瞰,压倒性态势所带来的,绝不仅仅是数字的增减那么简单,是正气上的压倒,扶正祛邪,正气上扬;作为国家监察制度的顶层设计,监察体制改革审慎稳妥推进;民法总则标志着中国逐渐步入"民法典时代";建军90周年,90年浴血荣光,90年红旗漫卷;人民有信仰,民族有希望,国家有力量,塞罕坝精神充满了塞罕坝人献身"绿色事业"的豪情壮志,体现了塞罕坝人特有的理想追求;文化自信是更基础、更广泛、更深厚的自信,是更基本、更深沉、更持久的力量,体现了深层次的精神追求和坚守;推进"两学一做"学习教育常态化制度化,是坚持中国特色社会主义道路实现社会主义现代化的必由之路,是创造人民美好生活的必由之路。

### (二) 国际时政类十大流行语

美联航、锡金段、入境限制令、通俄门、卡塔尔断交、硬脱欧、法国大选、"伊斯兰国"、耶路撒冷、习特会

2017年,国际社会云谲波诡,变幻莫测。美国总统特朗普三次签署入境限制令;印度边防部队非法跨越中印边界锡金段;巴林、沙特阿拉伯等国家与卡塔尔断交;马克龙赢得法国大选,成为法国史上最年轻的总统;特朗普上任不久便身陷"通俄门",风波不断发酵;驱逐乘客事件使美联航陷入争议旋涡,在世界舆论场上"火"了一把;英国首相特蕾莎·梅决意硬脱欧,但终成泡影;伊朗宣布极端组织"伊斯兰国"被剿灭;多国持续抗议美国对耶路撒冷地位的决定……世界就是这么纷繁复杂,祈愿和平美好是我们每一个人的心愿;习特会为中美关系发

展指明方向,对两国关系的发展形成新的推动力,"世界已成地球村,命运已成共同体"的事实愈益激发起我们中华民族迎难而上的责任担当意识。

### (三)经济类十大流行语

大湾区、自贸试验区、金砖+、中欧班列、金融监管、倍增计划、全域旅游、纳入 MSCI、中国品牌日、蓝色经济通道

2017年,我国在世界经济舞台上越来越起到举足轻重的作用。"金砖+"的提出将进一步加强与其他发展中国家和新兴经济体的联络、互动、对话及合作;连续三年的申请,A 股终于成功纳入 MSCI,为全球投资者参与 A 股市场提供了更加便利的投资环境;蓝色经济通道的设想必将推动建立互利共赢的"蓝色伙伴关系",铸造可持续发展的"蓝色引擎";中欧班列进入发展快车道,"西中东三条通道""五个口岸",让中国与欧洲及"一带一路"沿线各国的集装箱联运更加畅通;第三批自贸试验区的成立,为进一步深化改革、扩大开放在更广泛的领域里探索新途径、积累新经验;粤港澳大湾区为打造具有全球影响力竞争力的湾区经济提供了难得的机遇;广东东莞实施"倍增计划",强力支持企业内涵增长和集约转型;"治乱象、补短板、填空白"成为金融监管的重点内容,监管更加严格,标准更高;"大力发展全域旅游"写入政府工作报告,促进区域资源有机整合、产业融合发展、社会共建共享;中国品牌日的设立,必将打造更多享誉世界的"中国品牌",推动中国经济发展进入新的质量时代。

### (四)科技类十大流行语

引力波、硬 X 射线调制望远镜、复兴号、C919 大型客机、人机大战、中国天眼、实践十三号卫星、光量子计算机、可燃冰试采、驱逐舰首舰下水

2017年,科技领域异彩纷呈,收获颇丰。这一年,鲲鹏展翅九万里,举世瞩目的国产 C919 大型客机穿越云层翱翔于东海之滨,实现首飞圆满成功,翻开中国民用航空事业史册的崭新一页;"中国天眼"发现脉冲星,实现了浩瀚宇宙星空眺望征途的完美"首秀";实践十三号卫星开启了我国卫星通信的高通量时代,堪称"超级空中路由器",让手机无论何时何地总在服务区;中国首个空间硬 X 射线调制望远镜"慧眼"识珠,成功监测引力波源所在天区;猛虎归山去如风,"复兴号"中国标准动车组向我们驶来,"中国制造"和"中国标准"正一步步走向世界;世界首台光量子计算机在中国诞生了,为最终实现超越经典计算能力的量子计

算奠定了坚实基础;"人机大战"为人工智能打造了一场全球性的科普;蛟龙入海深万丈,我国可燃冰试采60天关井,产气时长和总量创世界纪录;新型万吨级驱逐舰首舰下水标志着我国驱逐舰发展迈上新台阶。

### (五)文化教育类十大流行语

周有光、中国诗词大会、朗读者、国家公祭日、十四年抗战、电影产业促进法、公共文化服务保障法、统编教材、国家宝藏、双一流

2017年,社会文化氛围向善向美,一如春风细雨,丝丝沁入人心。中国诗词大会带动全民赏中华诗词,寻文化基因、品生活之美;朗读者用精美的文字、平实的情感读出文字背后的人生;央视的文博探索节目《国家宝藏》让"国宝""文物"活了起来,与观众在一眼万年中,感悟传统文化的深厚与自豪;2017年9月新学期开始,全国所有地区小学一年级和初中一年级学生开始使用统编教材,注重汲取人类优秀思想文化精华,润物细无声;"双一流"学科建设是我国对提升高等教育整体实力,基本建成高等教育强国做出的有力举措;2017年初,周有光先生走了,但他对人类文明的脉脉温情仍存留在一个个拼音字母中,如涓涓细流在文化的田野里轻唱,余音不绝;"八年抗战"改"十四年抗战"、南京大屠杀死难者国家公祭日是对历史真实的尊重,是对民族脊梁、抗战英灵的告慰,是对"真"的诉求;"电影产业促进法""公共文化服务保障法"为丰富人民精神生活,打造纯净文化氛围提供了法律保障。

### (六)社会生活类十大流行语

房子是用来住的、民用无人机实名制、无人超市、宫颈癌疫苗、厕所革命、勒索病毒、虐童、于欢案、保姆纵火案、豫章书院修身学校

2017年,一句"房子是用来住的,不是用来炒的"唤起了多少人的住房情结;无人超市搭上"互联网+"顺风车的事实证实了在这个智能时代,一切皆有可能;无人机干扰民航事件屡次发生,民用无人机实名制的设立势必加强管理力度;历经十年,宫颈癌疫苗终于在国内上市;积小胜为大胜,提升旅游品质,推动我国旅游事业迈上新台阶从厕所革命开始;勒索病毒蔓延全球,虐童案屡屡曝光,豫章书院修身学校恶性事件引人深思,保姆纵火案考验家政服务业的保姆甄选管理机制,通往美好生活的道路曲折但春光无限!历经两次审判、历时一年多,2017年5月,于欢案尘埃落定,法律精神是有温度的,民意执念的朴素正义在法律管

道内有正常的吸纳空间。

**（七）民生类十大流行语**

网络安全法、最多跑一次、租购同权、多证合一、整治"散乱污"、堵"开墙打洞"、取消长途漫游费、北京医改、健康中国、取消以药养医

民心所向，就是努力的方向。健康中国是广大人民的共同追求，是经济社会发展的基础条件，是民族昌盛和国家富强的重要标志；北京医改、取消以药养医，健全药品供应保障制度，保障和改善民生水平；整治"散乱污"、堵"开墙打洞"，为人民营造宜居的生活环境提供政策支持；取消长途漫游费是结合公众现实需求主动推出的让利于民的实质性优惠政策；网络安全法为维护网络空间安全和国家安全、社会公共利益提供了法律保障；整合政务资源，优化办理流程，让群众到政府办理事项能够"最多跑一次"；以"减证"推动"简政"，"多证合一"实现企业一照一码走天下，提升政府工作效率，激发市场活力和社会创新力；"租购同权"令城市变得友善，为租房者带来更多的安全感和认同感。好政策是"雨露"，是促进社会发展的"牵引机"，民心所向，胜之所往。

人们使用语言描述和记录世界，而语言本身，也在世界变迁之中留下了深深的轨迹。流行语真实记录了媒体焦点、世事民情、百姓心声，铭刻了一幕幕的喜怒哀乐和风云变幻。

（杨尔弘、孔存良、张明慧）

# 2017，网络用语中的草根百态

随着互联网的普及以及移动互联网对人们日常生活的渗透，网络用语在使用和传播上获得了空前的便利性，来自电视节目、各地方言、聊天表情包等途径的网络用语广为流行，并深刻影响着人们日常的语言使用。国家语言资源监测与研究网络媒体中心（华中师范大学）以网络语言使用大数据[①]为基础、利用智能信息处理技术对语言的真实使用情况进行追踪与分析，提取了2017年度流行网络用语以及相关数据特征，揭示了这一年网络用语的使用及流行特点，借此观察社会民生及草根百态。

## 一 十大网络用语

"十大网络用语"作为"汉语盘点"活动的一部分，由国家语言资源监测与研究中心、商务印书馆等多家机构联合发布，受到全社会的广泛关注。

打call；尬聊；你的良心不会痛吗；惊不惊喜，意不意外；皮皮虾，我们走；扎心了，老铁；还有这种操作；怼；你有freestyle吗；油腻

这十个网络用语，代表了2017年度网民在网络语言使用上的最鲜明特征，也大致刻画出网络民意的关注点。

### （一）打call

常用于"为某某打call"这样的句式，意思是为某某加油、呐喊。该词语并不是指打电话，而是一种应援文化，即台下的粉丝在演唱会上跟随音乐的节奏，按一定的规律，用呼喊、挥动荧光棒等方式，与台上的表演者自发互动。随着某选秀节目的播出，"打call"一语大火，一般用来表示对某个人、某件事的赞同和支

---

① 本文中采用的数据来源于天涯网络论坛（http://www.tianya.cn）2017年度全年的帖子，原始文件大小约56GB，包含34.5万帖子，约63亿字。

持。通过使用度分析可以看出,随着该节目在 7 月的播出,"打 call"使用迅速提升。

### (二) 尬聊

尴尬的聊天,气氛陷入冰点。该词由"尬舞"一词衍生而来,有强行聊天的意思。对于有些人来说,好好聊天实在太难,碰到一个不会聊天的,分分钟就会聊死,但情景所需又必须聊天。这一般是因其中一方不太会交流,或者谈话时心不在焉,而造成双方交流不畅。该词从 6 月份开始使用度呈逐步上升趋势。

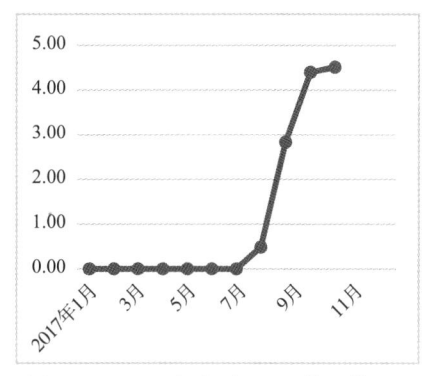

图 5-11　2017 年度"打 call"使用情况 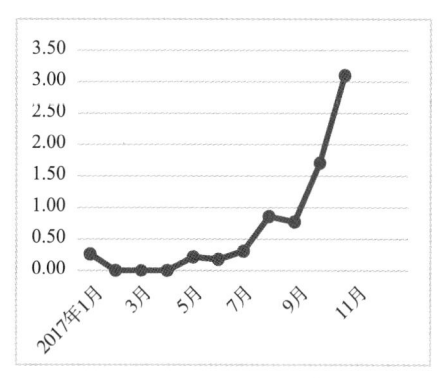　　图 5-12　2017 年度"尬聊"使用情况

### (三) 你的良心不会痛吗?

有网友在社交媒体上发文,称杜甫一生为李白写了十五首诗,但李白回应他的诗作甚少,却写了一首《赠汪伦》。于是,很多网友"责问"道:"李白,你的良心不会痛吗?"此语后来随着"鹦鹉兄弟"系列表情包迅速走红,一般用于嘲讽和吐槽别人。该词在 5 月份出现一波小的使用热度,从 9 月开始热度持续增长。

### (四) 惊不惊喜,意不意外?

此语最早出自香港电影《家有喜事 1992》中两位主人公间的一段经典对白,意思是事情发生了意想不到的转折,常常用来调侃一些具有戏剧化反转的剧情。其使用度从 6 月份开始一直在较高水平波动。

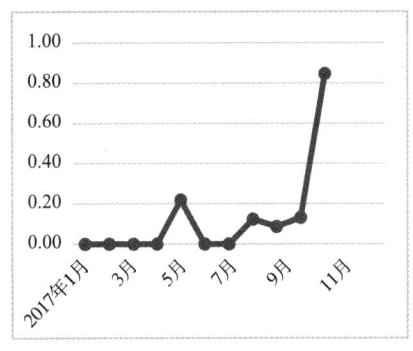

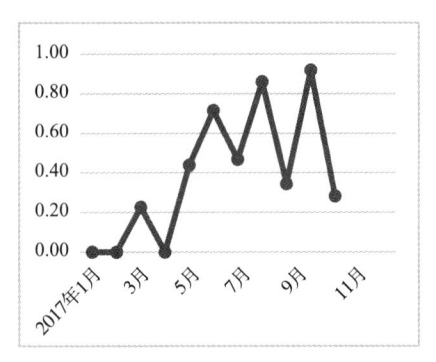

图 5-13　2017年度"你的良心不会痛吗"使用情况　　图 5-14　2017年度"惊不惊喜,意不意外"使用情况

**（五）皮皮虾,我们走**

该说法源于某游戏中玩家之间的聊天惯用语,2017年被网友们改造成"皮皮虾,我们走",后又衍生出"皮皮虾,我们回来""皮皮虾,我们倒走"等说法,并因令人捧腹的配图表情而在网络上走红,多用于论坛、聊天等场景。其使用度在5月和8月迎来了两个高峰。

**（六）扎心了,老铁**

该说法最早出现于某直播平台的弹幕当中。"老铁"在中国北方方言中是"铁哥们儿"一词的别称,而"扎心"则是指内心受到了极大的打击和刺激。该词语的主要意思是向朋友诉苦或抱怨自己内心受到的伤害。

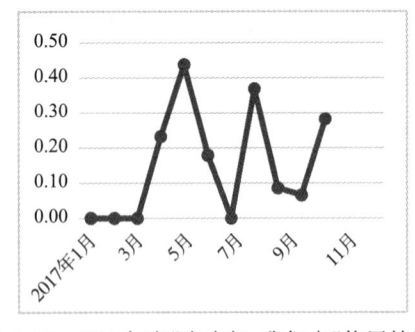

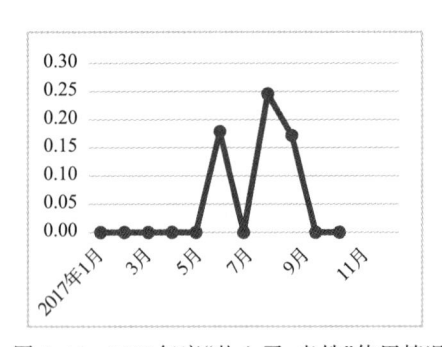

图 5-15　2017年度"皮皮虾,我们走"使用情况　　图 5-16　2017年度"扎心了,老铁"使用情况

**（七）还有这种操作？**

该说法最初出现在电竞游戏圈,用于吐槽或赞扬一些让人大跌眼镜的游戏

操作方式。后用来形容一些让人无法理解、不按常理出牌的处理事情的方式。从 7 月份开始，此语使用度持续攀升。

### （八）怼（读 duì，口语中多读 duǐ）

表示心里抵触、对抗，《新华字典》中的解释为怨恨。现在网络上使用，表示用言语回应或行动反击等含义。这从侧面反映出新一代年轻人勇于表达想法、敢于说出不满的人生态度，也说明我们的社会变得越来越包容和多元。该词全年使用度均维持在一个较高的水平。

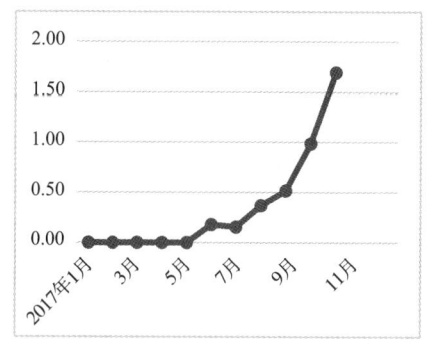

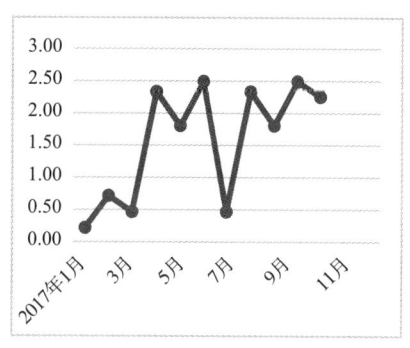

图 5-17　2017 年度"还有这种操作"使用情况　　图 5-18　2017 年度"怼"使用情况

### （九）你有 freestyle 吗？

freestyle 是即兴表演的意思，比如在嘻哈音乐比赛中选手常常会临场发挥，作词表演一段说唱。此语因某嘉宾在说唱综艺节目《中国有嘻哈》中屡次提起而火遍网络。其使用度在 8 月达到全年最高峰，之后呈逐步下降趋势，显示出其流行后劲不足。

### （十）油腻

"油腻"本身并不是一个新词，通常指含油多的或含油多的食物，现在网络上多用于对某些中年男子特征的概括描述，这些特征包括不注重身材保养、不修边幅、谈吐粗鲁等。该词最早来源于微博，后因作家冯唐撰写的《如何避免成为一个油腻的中年猥琐男》一文大火，并引发各种讨论，现多被网友用来自嘲，其使用度在年底提升较快。

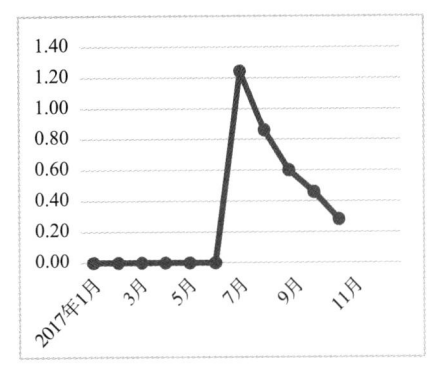

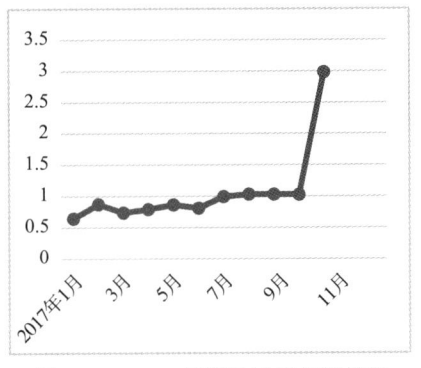

图 5-19　2017 年度"你有 freestyle 吗"使用情况　　图 5-20　2017 年度"油腻"使用情况

## 二　网络流行用语里的草根百态

　　网络用语是网民群体特别是其中"草根"群体智慧的结晶,是网络时代语言使用上最鲜明特征的体现。网络用语所包含的绝不仅仅是网民对语言的一种再创造,它背后所隐藏的社会意义要远远超出表面上所显现的。文化是一个民族得以长盛不衰的源泉,而语言是文化的载体,通过对网络用语的深入分析,可以准确地反映出普通人的生活关注,以一种直接明了的方式呈现出万千网民的人生百态。

### (一) 自嘲、卖萌

　　拿小拳拳捶你胸口、小姐姐、小哥哥、油腻、戏精本精、尬聊

　　这类词语多是对社会上的一些特殊人群的戏谑或用于自嘲。记忆中还是"拿小拳拳捶你胸口"的"小姐姐"和"小哥哥"们,顿顿快餐远离锻炼,转眼间变成"油腻"的中年人;戏精原本是对演员表演境界的一种赞赏,但试想,如果自己周围身为普通人的好友是一个"戏精本精",那该是一种怎样的体验?不会跳舞而自我陶醉被称之为"尬舞",不会聊天而硬聊自然就被称之为"尬聊"了。

　　我能怎么办,我也很绝望;你心里没点数么

　　这类词语多是用诙谐幽默的语气来描述草根阶层的情绪感受。"我能怎么办,我也很绝望"是出自香港某些剧目的经典台词,是对现状无力改变的吐槽;"你心里没点数么"则是东北方言中对"老铁"恨铁不成钢的惋惜感。

### （二）直播、综艺、影视

*我可能喝了假酒；甩锅；还有这种操作；墙都不扶就服你；怼；扎心了，老铁*

这类词语多是由当下直播、综艺或者影视中有关人物或事件衍生而来。"我可能喝了假酒"最初是因某网络游戏的玩家喜欢喝酒，发挥不好的时候，就"甩锅"给酒，游戏直播的看客们不禁纷纷反问"还有这种操作"，真的只能说一句"墙都不扶就服你"；游戏竞技直播中，厉害操作的弹幕会被"老哥，稳"等占据；若操作太"水"也会被网友"怼"，被网友"怼"地太狠，玩家也会满腹委屈地说一句"扎心了，老铁"。

*达康书记的GDP我来守护；颜值越高，责任越大；你有freestyle吗*

2017年3月28日电视剧《人民的名义》开播，剧中相关人物也随之大火，其中一心只为GDP却总是被"猪队友"扯后腿的达康书记让网友们操碎了心，网友们纷纷表示"达康书记的GDP我来守护"；作为节目组门面担当的某嘉宾秉持着"颜值越高，责任越大"的使命感，每位选手都会经历他"你有freestyle吗"的拷问。

### （三）网络表情

*笔芯、都是爱你的形状*

这类词语多为网友根据表情包改编而来。"笔芯"并非我们常见的笔芯之意，而是"比心"的谐音，一种流行的手势——用拇指和食指相交成爱心的形状来表达对粉丝或是朋友的爱意；某微博网友发布一个表情包，上面写着"劈个叉都是爱你的形状"，这种用法后来被广大网友所使用，衍生出"××都是爱你的形状"这种用法。

总体来说，2017年度流行的网络用语继承了网络语言一贯有趣、鲜活、生动的特点，这些词语反映了一年来网民对社会生活的关注与感悟，是我们认识社会、感悟社会、理解社会的一个窗口。同时，我们也注意到，本年度出现的部分网络用语较为粗俗却很受年轻网民欢迎，使用度很高，这些词对语言的纯净度和文明度都有一定影响，应当从技术、政策等多个层面予以正确引导。习近平总书记曾多次提到"使网络空间清朗起来"的治理目标，我们认为净化网络语言恰好是净化网络整体环境的一个重要且高效的突破口，应当引起全社会的关注。

（李　波、何婷婷）

# 不可忘记的"初心"

2017年10月,党的十九大召开,大会关键词"不忘初心,牢记使命"再次掀起全社会的"初心"使用热潮。2017年底的"汉语盘点","初心"当选为年度国内词。"不忘初心,方得始终",在前进的路上,不要因为走得太远而忘记为什么出发。"初心"既是原点,又是目标,回望的是过去,指向的是未来。①

## 一 何为"初心"

什么是初心?"初心"这个词,最早见于东晋时期的十六国之一后秦的鸠摩罗什(344—413年)译《摩诃般若波罗蜜经》卷十七,其中有"世尊,是初心不至后心。后心不在初心。世尊,如是心心数法不具"。今天所谓的"不忘初心"大体源自白居易《画弥勒上生帧记》的"所以表不忘初心,而必果本愿也"。② 同时代的刘禹锡在其《咏古二首有所寄》其二中有"岂无三千女,初心不可忘",此处的"初心"旨在阐明自己不变的政治理想;韩愈在《五箴》序中也说自己"聪明不及于前时,道德日负于初心",感叹自己不到四旬就因命运多舛而过早衰老,这里的"初心"也是指政治抱负。

在宋代,苏轼曾以"初心"表忠心,在《杭州召还乞郡状》中写道:"臣若守其初心,始终不变",这基本可以作为后世"不忘初心,方得始终"的句式模板;而明代著作《菜根谭》中有"原其初心,观其末路",则将"初心"比作反照人生的镜子,通过自省"初心",照明人生路;清代吴崇梁在《文信国公书陶靖节诗墨迹》中更直言"公兼将相才,初心在经世",反映了传统社会中读书人的"初心";到了近代,"初心"又与政党主张、革命理想相联,孙中山在他的《孙文学说》中写道:"溯夫吾党革命之初心,本以救国救种为志,欲出斯民于水火之中,

---

① 谭华《汉语盘点2017年度字词揭晓》,《光明日报》2017年12月22日第12版。
② 裴伟《"初心"源于佛教用语》,《中国社会科学报》2016年8月30日第3版。

而登之衽席之上也。"

随着时代发展其指代包含了政治抱负、国家忠心、人生信仰、革命理想、政党主张等丰富的内容。

## 二 重拾"初心"

"初心"人人都有。小的时候,想当科学家,想当作家,想当画家;长大了,想要有一个好成绩,想要当一个好学生,想要考上一所好大学;步入社会后,想要有一个好伴侣,想要有房、车,想要周游世界……"初心"就如同愿望一样,人在不同的人生阶段会有不同的愿望,指向我们的未来。

然而,越平常越易忘,直到近几年,人们对"初心"的思考才又被重新唤起。图 5-21 是 2008 年至 2017 年十年间关于"初心"的 CNKI 文献、期刊、报纸的发文量,很明显,2008 年至 2013 年关于"初心"的文献很少,期刊和报纸的发布量几乎为 0;但从 2014 年开始,CNKI 文献量从 29 篇增至 151 篇,之后的三年里,分别为 392 篇、3123 篇、5058 篇。

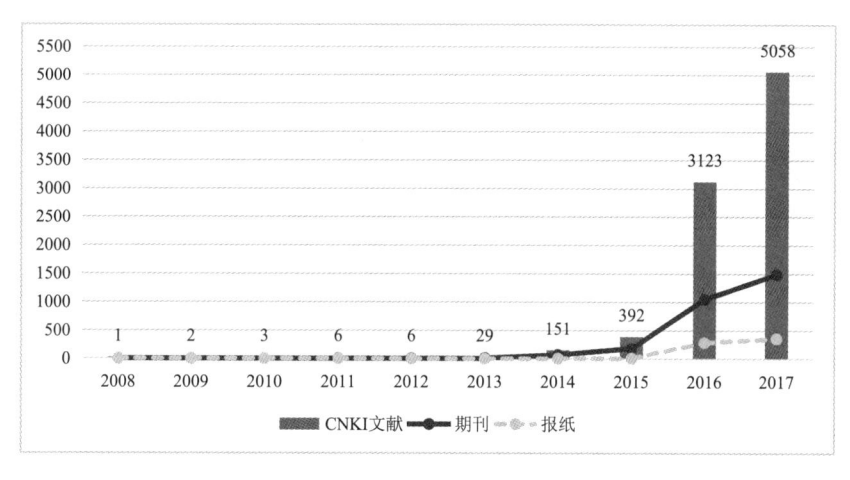

图 5-21 2008—2017 年十年间"初心"在知网(CNKI)中的检索结果
(以"篇名"为控制条件,"精确"匹配,检索时间 2018 年 2 月 26 日)

从图 5-22"初心"在百度中的搜索指数与媒体指数,可以看出,从 2011 年至 2017 年两个指数的值均不为 0,搜索指数一直在稳步上升,讨论热度不减,尤其是最近两年,出现多次高潮,直至 2017 年上半年,"初心"的搜索指数形成"热浪"。媒体指数与搜索指数相对应,2016 年和 2017 年的峰值大体同时出现,在

2016年和2017年达到440左右的指数峰值。可见,从重拾"初心"开始,已经有越来越多的人走在追寻的路上。

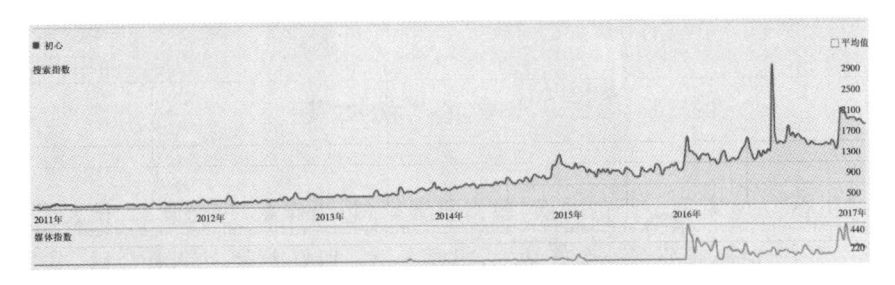

图 5-22 "初心"的搜索指数和媒体指数①

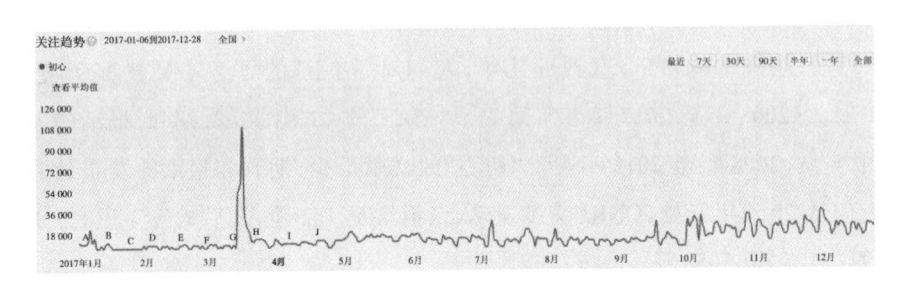

图 5-23 "初心"的关注趋势

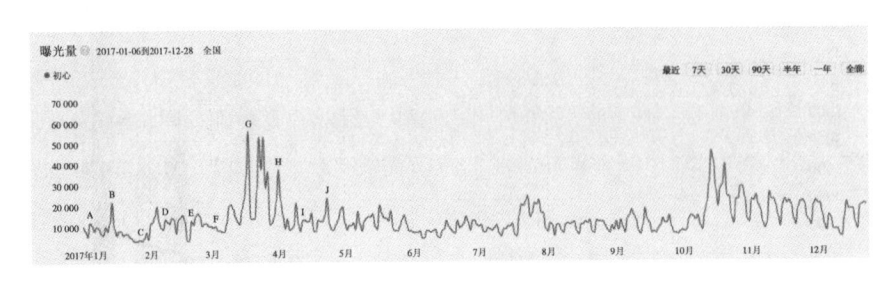

图 5-24 "初心"的曝光量

图 5-23 和图 5-24 是"初心"在好搜指数(360 指数)中的关注趋势和曝光量,其中曝光量是传播效果的反映。2017 年是"初心"年,"初心"的关注趋势在 3 月 21 日达到峰值 107 054,这一天人们追寻习近平总书记在陕北"初心"的同时,也在反求自身。几乎同时,"初心"的曝光量在 3 月 23 日达到峰值 54 099,下半年,伴随十九大的召开,在 10 月 19 日达到峰值 43 736。"初心"热潮在网络上翻涌的"盛况"可见一斑。

---

① 百度指数,http://index.baidu.com/。

从线上回到线下,通过统计 2014—2017 年《人民日报》《中国青年报》《北京青年报》《北京晚报》等 16 家主流报纸媒体和腾讯、新浪、搜狐 3 家网站篇名含"初心"的新闻,得到表 5-1。从表 5-1 中可以发现,2014—2017 年主流媒体中篇名含"初心"的发文数和词频不断增长,与 CNKI 指数相呼应。

表 5-1　2014—2017 年主流媒体篇名含"初心"的发文数及"初心"词频

| 年份 | 2014 年 | 2015 年 | 2016 年 | 2017 年 |
| --- | --- | --- | --- | --- |
| "初心"频次 | 421 | 1127 | 4067 | 7014 |
| 篇名含"初心"的新闻篇数 | 310 | 819 | 2536 | 4185 |

## 三　今日"初心"

黎巴嫩著名诗人纪伯伦有句名言:"我们已走得太远,以至于我们忘了为什么而出发。"那么,今日"初心"又蕴含了哪些内容？有哪些时代风貌？

图 5-25　2014—2017 年篇名含"初心"的新闻词云图

选取 2014—2017 年的报纸语料,对篇名含"初心"的新闻进行词频统计并制作词云(如图 5-25),可以发现近 4 年来,与"初心"同现的典型词语有"不忘""新时代""牢记""使命""复兴""中国特色社会主义""奋斗""中华民族""精神""学习"等,可以说,这些词语都是新时代"初心"的表征。

2014 年 8 月,《解放军报》发表评论文章指出,"初心"是孔子"居之不倦,行之以忠"的为政之道,是包拯"清心为治本,直道是身谋"的为官箴言,是毛泽东"埋骨何须桑梓地,人生无处不青山"的豪情壮志,是周恩来"为中华之崛起而读书"的宏大理想,当然也是我们年少时在笔记本上写下的人生理想。而在当下,党员干部的初心,就是党旗下的铮铮誓言,就是融入血脉的全心全意为人民服务的不变宗旨。①

2016年7月1日,在庆祝中国共产党成立95周年大会上,习近平总书记指出:"一切向前走,都不能忘记走过的路;走得再远,走到再光辉的未来,也不能忘记走过的过去,不能忘记为什么出发。面向未来,面对挑战,全党同志一定要不忘初心、继续前进。"2017年10月18日,中共十九大召开,"不忘初心,牢记使命"作为大会关键词,旨在回望来路,更重要的是指向了未来的新时代。"不忘初心",即不忘本意、不忘初衷。

2017年12月21日,在"汉语盘点2017"揭晓仪式现场,北京师范大学教授于丹在解读时说:"怎么样让初心保一个始终,这是每一个人的事情。"②她说,民族文化的初心是仁义礼智,恻隐之心人之端也,人有恻隐同情心就是仁爱的开端;羞恶之心义之端也,人知道羞耻有好恶就是正义的开端;辞让之心礼之端也,懂得辞让就是礼仪礼貌的开端;是非之心智之端也,明辨是非比一切智慧都更加重要。初心是为了始终,初心只是一半,初心跟使命结合在一起,才是一个完整的始终。只有让初心亮堂起来,社会才会越走越强,世界才会给我们点赞。③

不忘初心,继续前进,铭记出发时所许下的梦想,铭记奋斗渴望抵达的目标,纯净自己的内心,鼓足从头开始的勇气,是一种境界,更是一种自觉,是中国共产党人内在的气蕴所在;不忘初心,才能给我们一双澄澈的眼,找对方向,坚定追求,抵达初衷。④ 过去的种种经历塑造了现在的我们,不需沉湎过去,只需感恩铭记。"雄关漫道真如铁,而今迈步从头越",不忘初心,脚踏实地。

## 四 践行"初心"

"不忘初心"这句话对今天的人们来说已经不陌生了,但熟知不等于真知,真知还要能行。要把这句话真正想明白、做得到,就不能把它当作一句简单的引语、一种即兴的表达,而是要在各自所处的位置中去践履"初心"的真谛。

---

① 宁显福《"不忘初心,方得始终"》,《解放军报》2014年8月7日第6版。
② 张知依《"汉语盘点2017"在京揭晓,"享"与"初心"当选年度国内字词》,《北京青年报》2017年12月22日第A18版。
③ 佚名《"汉语盘点2017"揭晓 "智"在未来 不忘"初心"》,人民网,http://yuqing.people.com.cn/n1/2017/1221/c209043-29722068.html。
④ 慎海雄《不忘初心 继续前进》,《瞭望》2016年7月11日第28期。

习近平总书记在十九大报告中指出:"不忘初心,方得始终。中国共产党人的初心和使命,就是为中国人民谋幸福,为中华民族谋复兴。这个初心和使命是激励中国共产党人不断前进的根本动力。""初心"也是人们不断前进的动力。

践行"初心",就是不断实现自己的"小目标"。中国作家协会副主席张抗抗这样谈文艺"初心":我特别希望大家都能给自己制订一个阅读计划,一个月读一本书,一年下来就是十二本,这已经很可观了。阅读的"小目标"看起来微小,却凝聚着大抱负和对"初心"的坚持。

践行"初心",即使在最平凡的岗位,也应尽心尽职。《人民日报》的"党建周刊"专栏曾于2017年3月报道了宁夏银川市金凤区阅海万家社区片警侯金知在片警岗位上坚守初心的事迹。侯金知在接受记者采访时说,刚做片警的时候,"天天骑着车子走访,联络200多名群众组成小区间安保盲点的巡逻队。虽然苦点累点,但找到了作为警察保护群众的用武之地,更找到了作为共产党员为人民服务的初心"[①]。

践行"初心",就是时刻牢记我们在与时代同呼吸,在与人类共命运。"初心"不仅是每个人在不同人生阶段的美好向往,它还是人与时代的呼应。战争年代,人们的"初心"是渴望和平;和平年代,人们的"初心"是安居乐业。今天,是向全面建设小康社会发起"总攻"的时代,"中国梦"是这个时代的"初心",而每一个"小目标"都是"中国梦"在个人身上的具体化。

仰望"初心"是方向,发扬"钉钉子精神",脚踏实地是实干。习近平总书记在中共十八届二中全会上指出:"我们要有钉钉子的精神,钉钉子往往不是一锤子就能钉好的,而是要一锤一锤接着敲,直到把钉子钉实钉牢,钉牢一颗再钉下一颗,不断钉下去,必然大有成效。如果东一榔头西一棒子,结果很可能是一颗钉子都钉不上、钉不牢。"只有将每一个"小目标"钉牢了,才能看到"初心"最后的实现。

不忘"初心"就是践行"初心"。不忘"初心"的重点不在于用一句"你还记得自己的初心吗?"来提醒,而是在被提醒之后,能否有所思考、有所行动。时代、环境的变化往往会改变我们本来的追求,这会给我们带来压力,但这也是我们和这个时代、这个社会联结的方式。尤瓦尔·赫拉利在《人类简史》中写道:"演化压

---

① 刘峰《侯金知:在片警岗位上坚守初心》,《人民日报》2017年3月28日第17版。

力让人类的大脑善于储存大量关于动植物、地形和社会的信息。"不断践行"初心",才能将大脑"演化"成强烈储存"初心"的模式。在奋斗的艰苦、生活的艰辛中,我们的初心还在,这何尝不是一种慰藉和幸福?凭借"初心"的力量,我们才能坚定地前进。如果人生的每一步、社会发展的每一步都是一颗颗钉牢的钉子,一路前进,即使路途再遥远我们也不会忘了为什么前进,因为我们只需回头一望,便能循着踪迹看到来时的"初心"。如是,钉牢一颗再钉下一颗,不断钉下去,"初心"必然有大成效,"初心"必能不忘而得始终。

(邱哲文、邹 煜)

第六部分

# 港澳台篇

# 香港《施政报告》中的少数族裔语文政策

2017年1月18日,香港时任行政长官梁振英发表《施政报告》;7月林郑月娥上任,于10月11日发表新一份《施政报告》。本文分析这两份报告中和少数族裔相关的语文政策部分,包括政策的目的、具体措施等要项,并综合一线教师的意见就有关语文政策建言。

## 一 相关背景

在香港,"少数族裔"一词,顾名思义,指华人以外的其他族裔。若论及少数族裔的语言障碍问题,一般指来自南亚地区(包括印度、巴基斯坦、尼泊尔等)的居民,他们绝大部分为香港永久居民;然而由于母语并非中文,加上文化上的差异,难以融入主流社会,升学和就业也受到了很大的限制,这使他们较多地停留在社会底层,从而造成种种地区性的社会问题。回归十多年来历份《施政报告》中,甚少提起他们的情况;但事实上,他们在香港有很长久的历史渊源,不少南亚裔人士的祖辈早于开埠初期已来港发展并落地生根,其后世代于香港土生土长,人口不断增加。然而由于他们的母语并非华语,加上香港在回归前一直欠缺针对他们特点及需要的中文教育,以致南亚裔人士长期与主流华人社会存有隔阂。

南亚族裔迁移本港的历史,可追溯至香港开埠初期。早在1841年已有来自印度的锡克士兵,其后有不少印度人来港当警察或狱吏;直至今天,香港纪律部队里仍有不少南亚裔人士;而第二次世界大战之后,不少尼泊尔人来香港担任雇佣兵(啹喀兵,Gurkhas),在香港回归后定居香港。此外,由于香港重视贸易,不少南亚人士前来谋生。早在战前已有印裔商人来香港从事贸易活动,他们长期参与了香港的经济建设,为香港经济发展做出了贡献,例如开办律敦治医院及天星渡海小轮等机构或企业。香港回归前,南亚裔港人因为英语好,升学就业较为容易,当中不少更成为公务员团队的一分子。回归后,特区政府在招聘时加入对中文的要求,语言上的隔阂逐渐成为他们融入主流社会的障碍。

根据政府统计处于2017年2月公布的"2016年中期人口统计"报告,在2016年香港有8%少数族裔人士,其中逾11万名少数族裔人士(不包括外佣)来自南亚及东南亚,占整体人口1.6%,主要包括印度、尼泊尔、巴基斯坦、菲律宾、泰国及印尼。2011—2016年,少数族裔的人口每年增幅达3.6%,是香港整体人口增长的五倍。特区政府在2014年公布的《香港少数族裔人士贫穷情况报告》中,发现南亚裔人士贫穷问题严重。南亚裔有儿童住户的贫穷率为30.8%,比全港儿童住户的贫穷率16.2%高近一倍。少数族裔扎根香港,有不少更是土生土长,已是香港的一分子,但语言障碍一直阻碍其发展。根据上述报告,南亚裔人士当中超过四成不能听或讲中文,超过六成不能阅读及书写中文,故一般只能从事基层体力劳动,工时长,收入微薄,难以脱贫。面对的生活难题日益严峻,引起越来越严重的贫穷问题,更有跨代贫穷的趋势。

如果在政策上可以因应少数族裔的需要,及时提供支援,让处于弱势的少数族裔人士尽快学好中文、融入社会、提升其升学与就业机会,长远可望减轻相关的贫穷问题。政府近年即着力改变现状、投放资源,包括改革教学模式、拨款予教学机构、资助各种研究及提供支援措施;有关政策主要放在学校教育和职业培训两大重点上。

## 二 针对少数族裔的语文政策

香港当局发表《施政报告》的做法始于回归前,报告内容有关香港的经济、社会、迫切的议题等,体例沿用至今,期间经历不少改变。回归后的《施政报告》,由香港特区政府行政长官每年一度于立法会大会中宣读,内容同样有关香港的民生、经济,一方面回顾政府过去工作、说明工作进度,同时提出新的工作方向,以及即将优先处理的项目,如各种新政策和新措施,而最新一份《施政报告》由行政长官林郑月娥女士于2017年10月11日发表。

按照回归前的惯例,立法局的年度会期在每年10月开始,所以香港总督宣读《施政报告》的时间会在10月立法局复会的第一日。前任行政长官梁振英出任行政长官后,因希望让第五届立法会议员能有充足时间发表意见而把《施政报告》延后至翌年1月宣读;当2017年7月林郑月娥上任后,又把《施政报告》的宣读时间恢复到以往的10月发表,以至2017年内出现两份《施政报告》。

2017年1月,特区政府明确地指出,针对非华语学生的语文政策重心在于关注少数族裔人士的幼儿园教育,为协助幼儿园非华语学生学好中文,提出增拨资源并提升师资水平(第167和205段)。到2017年7月现届政府上任,同年10月推出全新的《施政报告》,当中提出大力改善教育、民生的措施和方向目标,包括完善、发展多项和少数族裔相关的政策措施,包括儿童事务、《种族歧视条例》、教育和就业等方面。

特区政府的理念是,提早巩固中文能力,可为日后学习打好基础,有关措施和前年的非华语学生中小学教学模式改革、高中应用学习(中国语文)课程和就业援助,可谓一脉相承。在上届政府成功完成任期后,现届政府再次描述少数族裔人士正面对的困难,并再次承诺会加强援助(第197段)。首先,教育当局会就已实施数年的"中国语文课程第二语言学习架构"进行评估,吸纳各方面的意见(第199段);同时,亦明确要"向少数族裔提供更多加入政府工作的机会",落实措施"检视各公务员职系的中文语文能力入职要求"(第200段),一方面继续着力提升他们的中文能力,同时尝试减轻语言问题导致的就业问题。总体而言,各项政策和上届政府提出的方向和目标一致,并加以发展完善,落实更多政策细节。

## 三　非华语学校教师的反馈

要使非华语少数族裔人士学会中文,实非易事,政策到底是否有效、有什么地方需要加大力度或调节,仍需要持续的探讨。2017年新一届政府一上台,即开展各方面的政策回顾、研究,情况实属可喜。2017年10月《施政报告》发表后,本文以问卷方式向三所学校的一线教师进行了有关2017年两份《施政报告》中支援少数族裔学生学习中文政策的调查,现把收集到的意见整理归纳如下:

### (一)细化"中国语文课程第二语言学习架构"的内容

2017年10月的《施政报告》提出"持续观察学校运用'学习架构'的实际情况"(第199段),"中国语文课程第二语言学习架构"("学习架构")从第二语言学习者的角度出发,照顾非华语学生学习"中文作为第二语言"的需要。然而,官方所提出"学习架构"的学习目标是从本地学生的学习目标演化而来的,内容较为空泛;加上当局提供的资源有限,而且偏向校本课程,兼无统一的教材规划,而学生本身的中文水平和学习历程也有颇大差异,校本教材难以推广;课程即使较为贴近学生的水平,却也未必符合他们的升学或就业上对中文的要求,未必可以推动学生的学习动力。因此宜就学习架构的内容、各项发展目标以及学习重点提供更为具体明确的阐述,以供一线教师参考,教师可据此并因应非华语学生的学习需要,自行设计适合的学习活动,灵活编选和运用学习材料。

**(二) 确保幼儿园教师人手**

政府建议于 2017/2018 学年开始,向录取 8 名或以上非华语学生的合资格幼儿园提供津贴,金额与一名幼儿园教师的建议薪酬相若,这个做法诚可纾缓人手方面的压力。然而,对于一些已录取 8 名以上或更多非华语学生的幼儿园来说,一个额外人手并不够用;而对于收取 8 名以下非华语学生的幼儿园来说,由于《施政报告》中并没有提及,现时政策上并没有任何资助,校方恐怕难以分配额外人手协助与非华语学生沟通及教学,援助情况不理想,以致有可能影响非华语学生从小学习中文的实效。因此在增拨资源问题上政府应同时考虑录取 8 名以下非华语学生幼儿园所面对的情况,例如按学生实际人数增加相应拨款。

**(三) 增加拨款透明度**

教育局现时有政策支援非华语学生学习中文,例如"中国语文课程第二语言学习架构"的实施,帮助非华语学生解决学习中文作为第二语言的困难,协助学校实施"学习架构"和建构共融校园。政策为所有录取 10 名或以上非华语学生的学校,按其录取的非华语学生数目,提供每年最高 150 万港元的额外拨款,让学校按需要向非华语学生提供援助,以提供教学策略及学习材料,或安排额外人手推行密集中文学习模式等;而录取 10 名以下非华语学生的学校,亦可获 5 万港元的额外拨款,提供课后中文学习援助。据了解,现时录取 10 名或以上非华语学生的中小学共有二百多家,这些学校的名单一直都没有公开;故此委实需要增加透明度,提高非华语学生家长及学生的知情权,以便让他们选择最合适的学校。

**(四) 推动教师专业发展**

录取非华语学生的学校虽然可因应学生人数而获得额外津贴,但教师的薪酬每年增长,资助额却没有因应薪酬调整、通货膨胀等因素而有所增加,故现时的政策实不足以推动及支持学校及教师为非华语学生提供全面援助。虽然现时教育局由2014/2015学年起至2018/2019学年,通过语文基金推行"'教授中文作为第二语言'专业进修津贴计划",为在职中文科教师提供津贴,以提升中文科教师教授非华语学生的专业能力。然而这些进修不是强制性的,教师日常职务繁重,实在难以拨出额外时间进修,以致教师未能掌握教授非华语学生学习中文的技巧,影响非华语学生的学习成效。若要支持教师工作以安排进修,当局应联同本地高校,开办教授非华语学生学习中文的专业教育培训课程,让他们可运用其母语的优势,教授非华语学生学习中文;校方亦应在教师工作安排上做出调节,或增加拨款聘用代课教师,以让教师有时间进修。

**(五)增设针对少数族裔家长的服务**

由于语言障碍,一线教师不一定能与少数族裔学生的家长进行有效沟通,以致后者对自己的权利一无所知。教育局应额外拨款并提供指引,以协助校方与少数族裔家长之间的沟通,或是向他们提供适当的翻译服务,如到场翻译或通告翻译等,让家长得悉子女的学习情况及学习安排等;并在举行有关的简介会时,为非华语家长提供传译服务,同时确保学校有足够清晰指引给予教职员,让他们了解如何接待少数族裔家长。此外,教育局亦应规定学校需在选校资料中增加信息的透明度,例如列明不同学校非华语学生的数目,以及校方为非华语学生而设的学习支援或服务,保障少数族裔家长能在选校时获得足够信息,而有关资料亦应翻译成主要少数族裔语文版本。

## 四  小结

少数族裔学生面对的问题和学习需要十分复杂,"中国语文课程第二语言学习架构"实在有颇大的改进空间,例如可从学习者的角度出发,重新量身定做更贴近需要的全新的"学习架构",设计更合适的课程和教材;长远而言,对教授中文作为第二语言的教师设定语文要求,提供更多培训资源,相信会更有成效。对于已进入职场的少数族裔人士,宜提供针对其所属职业的培训,如行业相关的中文写作培训。虽然政府投入大量资源发展"非华语中文课程",然而根据观察,这些课程的设定似乎并没有相应的调查做参考数据。要切实帮助香港非华裔人士,特别是南亚裔居民提高中文水平,以改善其升学率和就业率,我们倡议当局在考虑制定针对香港少数族裔的语文策略时,应像制定经济或运输等政策一样,审时度势,除了就"学习架构""持续观察"听取各界意见外,亦宜积极收集更多数据,比如有关人士的中文水平、学习上的特点和难处、较多从事的工作种类,以及有关工种的中文要求,方能对症下药,推出更贴近实际需要的措施。政府如果可以掌握更充分的数据,根据不同的对象和范围,制定具体方向和目标,并且定期检查学习成效以做出相应调整,相信能为未来香港的语文发展做出更全面更详细的规划。

(梁慧敏)

# 香港报章中的中英语码转换现象

## 一 引言

语码转换是香港语言生活中常见的复杂语言现象。所谓"语码转换",在口语方面是指在粤语句内插入英文单词或词组的现象,书面方面则指在中文行文中间插入英文单词或词组(多出现在非正式书面语),这种现象在教育程度高的香港人中尤为普遍。这就构成了一个有趣的但近乎矛盾的现象:民众极不愿意全用英语交谈,但在他们的粤语中,却经常插入或长或短的英语单词或词组。

香港过去为英国殖民地,官方语言、教学语言均为英语,因而在日常语言使用上也明显地受到了英语的影响。本文采取随意抽样的方法,收集并整理了2017年在香港出版的报章,包括《香港经济日报》《头条日报》《东方日报》《明报》《文汇报》《苹果日报》《am730》《香港 01》《晴报》《雅虎香港》等,并对其中生活副刊、娱乐报道和广告篇章中出现的中英语码转换进行了专门收录。语料的主题包括时事评论、政治分析、流行文化和社会热点。这些专文都有一个共同点,就是由于副刊专栏并非严肃的新闻报道,专栏作家通常能够自由地使用本地语言,形成自身的写作风格。也正因为写作的空间较大,专栏短文通常渗入不同程度和数量的英语元素。

其实早在 20 世纪 50 年代香港已经出现"三及第"的说法,所谓"三及第",具有非常明显的地方色彩,指香港的书面文体混合了文言、白话和粤方言三种语言元素,和中国内地、中国台湾、海外使用的文体存在明显的差异。至 90 年代,由于白话文已推行一段时间,香港报章的文体文言成分开始减少,取而代之的却是英语。在这样的背景下,香港报章的副刊、娱乐新闻、赛马新闻内插入不同长度、不同数量的英文单词可谓司空见惯,本地读者都视作自然。这种语文表达,用标准语言的尺度来衡量固然不算规范,但由于现当代香港报章的"三及第"文体杂糅着大量英语元素,而且用法接近口语,对于我们观察粤英、中英语言接触下英语词的出现却是不能忽视的重要窗口。

通过对这些语料的研究分析,我们发现在香港的报章中,中英语码转换现象就整体而言是非常普遍的,其中句内语码转换的频率远高于句际转换的频率。

## 二 中英语码转换现象的模式特点

语言是日常生活的反映,香港报章中的生活副刊、娱乐杂志存在着大量的语码转换现象,这真实地反映了香港语言使用情况,经分析之后,我们发现香港中英语码转换具有一定的模式和特点。

### (一) 借用英语词

香港的经济、航运、金融、资讯等各方面都融合在国际体系之中,英语的重要性自不必赘言,因而英语教育一向是教育当局优先处理的教育议题之一,只有保持卓越的英语能力,才能巩固香港作为国际都会的地位。经过一个多世纪的英式教育,香港中上层人士均惯于使用英语,后来发展至粤语口语中也夹用大量英语词语,甚至体现在书面语之中。这种直接引用英语原词的风格,可说是香港社会通用文体的显著特点之一,一般人并不将之视为外语,而普遍认为是本地通用语体的一部分,这种现象诚可纳入"港式中文"的讨论。例如:

(1) 鬼屋练胆量 被迫读 Law 留憾 刘万仪无惧牺牲(《苹果日报》2017年12月10日)

(2) 对于投入生意事业用来疗情伤,诗咏一味甜笑,半认真表示可以用 cream 和蛋糕来治伤。(《明报》2017年8月17日)

(3) 我 feel 到自己干就敷 mask。(《苹果日报》2018年2月22日)

由于网络兴起,近年包含英文词汇的做法已经陆续出现在非正式的书面语之中,例如社交网站、讨论区、博客的帖文,以及报章副刊和娱乐杂志的报道等;特别是人名、产品和品牌,执笔者多借用英语原词而不另做转写,例如:

(4) 护肤也是扮靓关键一环,原来 Kelly 妈妈以前在香港帮人做 facial,所以 Kelly 细细个已用洗面膏。(《香港经济日报》2017年1月15日)

(5) 由 iPhone 4 开始,每一年的新型号 iPhone 从未缺席是项大奖的最后入围名单。(《东方日报》2017年8月6日)

(6) 现 Samsung 更推出"至 Smart 夏日大赏"活动,凡购买 Samsung

QLED TV 系列指定型号，即可享一站式极致娱乐组合。(《香港01》2018年2月20日)

这类在中文语体里引用的英语词最常见的为名词和动词，而这些英语词一旦进入港式中文里，就有可能变更原来的词性，特别是其语法属性，继而受到粤语口语或港式中文的语法组合规则约束。例如英文名词"Man"和"friend"转变为形容词，接受副词的修饰，这在英语世界里是无法想象的：

(7) 女神玩"天若有情" 陈滢铁马 Look 好 Man(《头条日报》2017年12月7日)

(8) 乐坛天后容祖儿(Joey)圈中广结好友，佢就连一班幕后工作人员好 Friend。(《东方日报》2017年6月9日)

(9) 事关 Maggie 夫妇喺香港开设牛肉面店，身为熟客嘅麦子乐同 Maggie 老公都好 friend。(《苹果日报》2018年1月31日)

### (二) 单音节化

古汉语以单音节词居多，现代汉语、普通话则发展为双音节词居多。由于粤语具有"存古"的特点，所以粤语词汇亦多有单音节词，例如称"眼睛"为"眼"、称"翅膀"为"翼"。

香港是一个中英双语的社会，语言接触之下大量英语词进入了中文之中，而成为粤语口语和书面中文的一部分。古汉语单音节占优的特点，不但反映在当代粤语中，甚至在英语借词中也能体现出来。而事实上，当代粤语的确存在着大量单音节英语词，例如：

(10) 提供至 POP 至趣视频。(《头条日报》2017年12月11日)

(11) 之前成日话 cut 唔到有线服务嘅朋友，今次可以一刀了断啦。(《头条日报》2017年3月11日)

(12) 至 Fit 安全驾驶大行动。(雅虎香港 2017年12月15日)

"至 POP"(最流行)、"cut 唔到"(不能终止)、"至 Fit"(最恰当)在香港粤语里的出现率颇高，若在谷歌里查询，设定在香港地区，得出"至 POP"有约 9310 项搜寻结果，"cut 唔到"有约 24 200 项搜寻结果，而"至 Fit"有约 60 400 项搜寻结果。相比现代汉语普通话，粤语单音节占优的特点，明显地更容易地引进单音节英语借词，或将复音节英语借词单音节化，例如：

(13) 公司同事由开市到收市期间，全天候手机电脑 MON 住股市。(雅

虎香港 2017 年 11 月 7 日）

"MON"是 monitor 的第一个音节，"MON 住股市"是一直监察着股票市场动态的意思。可见香港粤语存在不少单音节英语借词的同时，多音节英语借词亦有单音节化的倾向，这个情况与粤语保留单音节成词的古汉语特色，可谓不谋而合。

**（三）缩略词语**

缩略（clipping）反映了人们沟通表达的经济原则，使语言文字表达更加丰富、生动、精确。中文的缩略有多种方法，其中最常见的是"紧缩"，即挤压原词，保留主要语素。例如"医疗"和"保险"两个词，都分别只保留第一个字，合并为"医保"；"教育"和"改革"同样都只截取第一个音节，紧缩为"教改"。有意思的是，这种中文节缩的习惯，同样适用于香港的英语借词，先看以下的例子：

（14）离谱妈抱 B 女玩滑板 6 岁仔帮手推酿惨剧（《苹果日报》2017 年 12 月 25 日）

（15）手术后重视健康 林依晨待明年生 B（《文汇报》2017 年 12 月 9 日）

（16）来港远足郊游的旅客都"各有特色"，如南韩客的行山装备"好 Pro"，行山杖、行山鞋、行山裤等全副装备整全。（《晴报》2017 年 11 月 16 日）

（17）Sony Xperia XA2 Ultra 大芒双镜自拍 即将卖街（《香港 01》2018 年 2 月 26 日）

例中"抱 B""生 B"的"B"其实是双音节词 baby 的第一个字母，"Pro"（专业）是 professional 的第一个音节，"芒"（手机屏幕）是多音节词 monitor 的第一个音节 mon 的汉字转写（粤音读 mong，一声），这个现象在香港粤语里相当普遍，尤其是粤语口语，由于受固有粤语缩略方式的影响，英语词也不得不遵照粤语的语言规律进行改造。再如：

（18）欠万元卡数只还 Min Pay 八年才还清（《苹果日报》2017 年 9 月 11 日）

"Min"是 minimum 的第一个音节，"Pay"是 payment 的第一个音节。这种紧缩的用法较多出现在口语之中，有时也会影响到笔下写作，特别是贴于生活的轻松文体。

上述英语词节缩的例子，反映了香港的双语教育让大部分民众掌握了基础英语，而英语外来词的大量涌入，首先在一定程度上改变了当代粤语的面貌；其

次,这些外来词经过吸收、融合,本地使用者已经不再感觉到源于英语,"B""Pro""芒""Min"和"Pay"的出现并迅速为粤语使用者所接受即可见一斑。再进一步说,baby、monitor、minimum、payment 等词原来的英语读音,重读(stressed)都在第一音节,粤语属汉语方言,汉语以声调区分意义,词语没有如英语的轻音、重音,因而英语重读在粤语使用者的感知里,就如一声阴平声(音值 55)的相同音节,故此更容易按照自己的语音系统对之进行吸收改造。

### (四)双关语

除了上面几种语码转换现象之外,修辞上的双关也经常出现在报章中。如:

(19) 开心夏水礼 玩转 Duck 意沙雕(《头条日报》2017 年 7 月 8 日)

(20) 昨日是民建联第四年举办"千户家庭乐满 Fun"。(《文汇报》2018 年 1 月 8 日)

(21) 影音满 Fun 手机拍出电影感。(《头条日报》2017 年 11 月 23 日)

例中"Duck 意沙雕"是"得意(有趣)沙雕"的谐音,粤语"得"读入声/dak/,两者发音相近。事缘 2017 年香港著名主题公园海洋公园为庆祝乐园成立四十周年,特别邀请了世界著名雕塑大师 Ray Villafane 炮制超巨型沙雕,例如海象、海豚、捶头鲨、魔鬼鱼等,而经过精心布置的"经典鸭仔乐悠游",池内共 6500 只小黄鸭在水上随意漂浮,场面经典;而例中"满 Fun"是"满分"的谐音。两个语句同时兼有两种意思,表面上说这个意思,而实际上却是双关语。"Duck 意"的深层意思指向可爱有趣的小黄鸭,"满 Fun"一层意思是"满分",即活动非常圆满,另一层却有"非常有趣味"之意。语义双关,不但让人觉得趣味无穷,其弦外之音更令人会心微笑,同时也达到宣传目的。双关在香港商业广告中运用频繁,除了反映广告创作者常常运用修辞手法来增强广告语言的表达效果,也说明他们经常引进单音节英语词来增加一语双关的趣味,而且对香港人而言,以单音节英语词作为双关语可说是毫无理解障碍。

在语用功能方面,中英语码转换现象作为一种交际策略出现在"港式中文"之中。作为语言现实,中英语码转换在香港具有填补语言文化空隙、委婉表意、简洁方便和心理趋同等多方面的语用功能。报章副刊中出现的中英语码转换现象是同时具有多种语用功能的语言文化现象,值得进一步探索。

(李楚成、梁慧敏)

# 台湾语文生活状况(2017)

2017年,台湾地区语文生活在所谓"国家语言发展法"、少数民族语言政策、东南亚裔新移民语言政策、票选年度代表字等方面值得关注。

## 一 推行所谓"国家语言发展法"

### (一) 举办所谓"国家语言发展法草案"听证会

据台湾媒体报道,自2017年3月4日开始,台湾文化主管部门在台北、台中、台南等地举办多场所谓"国家语言发展法草案"听证会。相关负责人表示,台湾有语言丰富多样性的指标,但是在历史发展过程中,本土语言发生了世代断层现象;台湾当局希望能够维护多元文化语言,公平参与沟通,重建本土语言平等沟通的基础;希望在6月底前能够把"草案"内容报给行政当局,送交立法机构讨论。①

7月3日,台文化主管部门公布所谓"国家语言发展法草案",依相关规定公示20日,以收集意见,并在7月23日在台北师范大学举行最后一场全台性的听证会。②

### (二) 所谓"国家语言发展法"引发批评

7月26日,台湾《中国时报》以《"语言法"害下一代无"语"问苍天》③为题发表社论,指出民进党当局积极推动所谓的"国家语言发展法",虽然打着平等、扶持弱势语言的大旗,其实就是要将"国语"深植日常生活的重要性稀释掉,可谓

---

① 彭宣雅《落实语言平权?"国家语言发展法草案"6月送"立院"》,《联合报》2017年3月4日。
② 杨明怡《"国家语言发展法草案"公听会 网络直播凝聚共识》,http://ent.ltn.com.tw,2017年7月23日。
③ http://opinion.chinatimes.com.

"司马昭之心,路人皆知"。民进党除了亡其史、灭其文化外,更添加"乱其语"的新招,实可谓无所不用其极。两岸同文同种,台湾文化是中华文化的支脉,因此"独派"人士不得不以美国与英国为例,强调"同语言不见得要同国家"。然而在"独派"人士的心里,又矛盾地以"中国文化"为原罪,希望在可能的范围内尽力"去中国化",要降低"国语"在台湾社会的重要性、日常性。

7月29日,台湾《联合报》发表社论《"语言法"是蔡英文正在建造巴别塔》,指出民进党基于"反中"的意识形态,企图将现行的"国语"贬为"华语",以其他语言加以稀释,其政治意图不言而喻。当局假"尊重多元"之名,为社会制造更多人为的分歧,从而徒增沟通的障碍和成本;从任何角度看,这个所谓的"法案"一旦实施,结果都是在扼杀台湾的发展。蔡英文别忘了《圣经》里"巴别塔"的故事:上帝为了惩罚人类的傲慢,使人类说不同的语言,使他们不能沟通,因而无法合作完成通天塔。推动这部所谓的"国家语言发展法",结果就是在裂解台湾社会,让台湾变弱,让人们无法合力开创未来。

**(三)当局为所谓"国家语言发展法"狡辩**

7月30日,台文化主管部门发布新闻稿,为所谓的"法案"进行辩护。新闻稿中提出两个"而非"和三个"不会",包括:一、所谓"法案"的"立法"精神是在确保面临传承危机的语言及文化得以保存、复振及平等发展,"而非"指定官方语言;二、所谓"法案"立意为支持多元共存,"而非"独尊或刻意排除任何一个现存语言;三、所谓"法案""不会"强迫学校必须教所有语言和学生必须学所有语言;四、所谓"法案""不会"要求所有公共服务必须使用所有"国家语言";五、所谓"法案""不会"影响既有通行语言的自然发展。[①] 当局的任何狡辩都改变不了其"去中国化"的目的和企图。

## 二 少数民族语言有关政策规定

**(一)通过并公布所谓"少数民族语言发展法"**

5月10日,台湾立法机构内务主管部门审查通过所谓"少数民族语言发展

---

① 杨明怡《"文化部"澄清"国家语言发展法" 两个"而非"三个"不会"》,http://ent.ltn.com.tw,2017年7月30日。

法"草案,拟提交立法机构审议通过。5月26日,台湾立法机构讨论通过所谓"少数民族语言发展法",将少数民族语言列为所谓"国家语言",并规定台湾当局应每年开列预算,推动各项族语发展措施、培训族语老师,学校也要提供族语课程。条文规定,各县市政府、少数民族地区及人口1500人以上的非少数民族地区乡镇公所,应设置少数民族语言专职推广人员;当局应协助各族群设立族语推动组织。政府应会商各族群,研订各族群语言新词,并编撰各族群语言辞典、建置语言数据库。条文还要求,该规定施行三年后,各族群人员参与公务人员特种考试、公费留学考试,应取得本族群语言认证。此外,少数民族地区内的政府机关、学校、公营事业,可以地方通行语书写公文;政府处理行政事务、实施司法程序时,少数族裔可用族语陈述意见,政府应聘请翻译。6月14日,经台湾地区领导人批准,台湾当局对外正式公布所谓"少数民族语言发展法"。

### (二)所谓"少数民语言发展法"难以落实

台湾当局所谓的"少数民族语言发展法"明确要求,全台少数民族居住的55个乡(镇、市、区)公所应使用族语书写公文。花莲、屏东已使用了阿美语、鲁凯语公文;其他县市也想跟进,但表示困难不少。这个规定公布一个月以来,台湾不少县市出现"心有余而力不足"的窘境,大都表示不易推动。

苗栗县相关责任人陈睿炘说,全台共16个少数民族族群42种语系,苗栗县除了没有卡那卡那富人,其他15个族群都有,按规定公文除了使用中文外,还得翻译成15个族群的族语版本,但人力不足,也缺翻译人员。新北市相关责任人杨馨怡说,规定立意很好,但执行有困难,收发公文的单位,不全是少数民族相关单位,即便是少数民族相关单位,也未必有翻译人才。台中市相关负责人马耀·谷木说,公务人员还不具备族语书写公文能力,加上同族群也有不同语系的困扰,推动不易。台南市民族事务委员会主委汪志敏说,台南光一个乡镇就可能有多个族群,若要中文族语并列,恐怕原本只有一页纸的公文得增加到十几页。南投县相关负责人张子孝说,这"只是个噱头,根本行不通",少数民族的年轻人对母语不熟悉,若用族语文字发文,可能没几个人看得懂。对此,台湾当局少数民族事务主管部门相关负责人表示,少数民族地区的公文只要以当地通行的族语书写即可,不需翻译成16种族语;且公文是以中文、族语双语书写,不会有其他族群"看不懂"的沟通问题。[①]

---

[①]《一纸公文写十六种"原住民"族语,难!》,《联合报》2017年7月24日。

# 三 东南亚裔新移民语言政策

## （一）台中市推动新移民语言教育

据媒体报道，台中市教育局为积极推动新移民语言教育发展，2017年补助7所学校开设越南、印度尼西亚、泰国、柬埔寨、老挝、缅甸等东南亚语母语班，并编印多元文化教材、手册等供学校使用，还利用假日及暑期办理教师多元文化研习班、亲职教育研习班，培养学童语言能力。其中，日南小学开办了越南语班。校长蔡家廷表示，该校620名学生中新移民子女约占五分之一，其中又以越南籍子女为多数，为此学校成立了越南语班，利用课后时间，一周上课两次，由拥有越南语认证的越南籍妈妈自编教材授课。①

## （二）台北市在小学全面开设新移民语言课程

据报道，为因应台湾当局的"新南向政策"和新课纲，台北市教育局将在2018年8月1日起全面实施新移民语文课，小学教育中将新纳入包括越南、印度尼西亚、泰国、菲律宾、柬埔寨、马来西亚、缅甸等7种新移民语言。据台北市教育局有关人士介绍，这7种纳入课程之中的新移民语言，将于2017年8月在部分学校先试办，2018年8月1日起在台北市全面实施，从小一新生开办，逐年扩大至小六生，每周一节课，未来还希望延伸到初中。②

## （三）台铁新增越南和印尼语作为到站广播

台湾铁路部门表示，目前铁路车站广播只有"国语"、闽南话、客家话、英语4种语言、方言，广播内容为对号列车即将抵达的时间与停靠月台及乘车信息提醒等，其中对号车到站广播约1小时1次，乘车信息提醒广播则不定时。随着台湾新移民人数的逐年增加，台铁台北、板桥、桃园、中坜、台中、彰化、台南、高雄、屏东9座车站，从4月起对号列车到站广播将新增越南语、印度尼西亚语两种语言，总时长2—3分钟，不过初期只会在移民工较多的周六、周日提供越南、印尼语广播。③

---

① 卢金足《中市教育局推动新住民及本土语言教育》，《中国时报》2017年2月19日。
② 蔡亚桦《明年8月起推新住民语文课 北市小一生先来上》，http://news.ltn.com.tw，2017年2月21日。
③ 《下月起台铁车站假日广播新增印越语》，http://www.appledaily.com.tw，2017年3月26日。

## 四 票选年度代表字

### (一)票选启动

11月11日,由台湾中国信托文教基金会和联合报合办的"台湾2017代表字大选"启动,举办方邀请社会各界名人推荐了52个代表字,由民众通过电话或网络投票,从中选出年度代表字。活动规定,11月11日至12月5日开放民众投票,12月7日公布结果。在各界推荐的代表字中,有些字珍惜所有,追求未来,如"惜、祥、慈";有些字带有正面向上的力量,如"信、亮、创";有些字看来忧国忧民,唯恐台湾落居人后,如"忧、茫、滞";也有祈求台湾顺利转好的字,如"跨、跃、革"。①

### (二)票选结果

12月7日,"台湾2017代表字大选"揭晓,"茫"以12 445票当选为2017年的代表字。第2到10名依次为"劳、忧、乱、虚、荡、滞、厌、变、惜"。除了"变"和"惜"外,其余都是负面字。总投票数为90 990票,结果"茫"字以13%的得票率获得第一,"劳"字紧随其后。

资料来源:台湾联合新闻网2017年12月7日

图6-1 台湾2017代表字"茫"

---

① 徐柏棻《2017年度代表字 今起开放票选》,台湾联合新闻网2017年11月11日。

"茫"字是由天气风险公司总经理彭启明推荐的,推荐理由是:全球气候变迁濒临僵局,极端天气却持续加大;两岸关系、台湾未来的发展也是茫然;在茫然当中,还看不清方向,不同的意见冲突已产生,只有持盈保泰、步步为营,才能面对不确定的变局。2017 年台湾面临年金改革、"一例一休"修订、"8·15"大停电等重大事件,许多事情变来变去、悬而未决。《联合报》总编辑萧衡情指出,每个人对于这些重大事件的感受不同,才会出现茫然的感觉。台湾中国信托文教基金会董事长冯寄台则分析指出,"茫"代表岛内民众对未来的生活感到茫然。①

资料来源:台湾联合新闻网 2017 年 12 月 8 日

图 6-2　台湾 2008—2017 年度代表字票选 Top10

"台湾代表字大选"活动已经迈入第九年,每年都是邀请各界名人专家推荐五六十个代表字,经民众在这些字中投票选出。从 2008 年的"乱"、2009 年的"盼"、2010 年的"淡"、2011 年的"赞"、2012 年的"忧"、2013 年的"假"、2014 年的"黑"、2015 年的"换"到 2016 年的"苦",每个字都反映了当年的社会意向与民众想法。

(余桂林)

---

① 陈宛茜《台湾 2017 年度代表字"茫" 前八名都是负面字》,台湾联合新闻网 2017 年 12 月 7 日。

# 台湾语言生活:来自埔里的观察

2017年11月到2018年1月,笔者应邀到位于埔里的暨南国际大学讲学。此前虽然来台湾多次,但都是"坐车观景",或者是"会上见人",匆匆来,匆匆走,匆匆散。虽说对台湾有一些认识,但的确是"浮光掠影"。这次得以长住,有了更多的机会去观察、体验和思考。本文就是这段时间观察、体验的一些记录和思考。

## 一 埔里

埔里是台湾南投县下辖的一个镇,面积约162平方千米,人口81 033人(2017年12月),是台湾地理中心所在地。埔里紧靠台中,交通便利,为台湾的旅游重镇,吸引着各地游客。当地教育资源丰富,有1所大学、3所高中、5所"国民中学"、14所"国民小学"。学校媒介语为"国语",拼音工具为注音符号,"国语"和闽南话在此处通行。

## 二 语言景观

埔里的语言景观跟台北、高雄等大体相近。所到之处,可见各种大字招牌,有横有竖,令人目不暇接;更有各种广告、标语,大小不一,形式多样,吸引着人们的眼球。这些招牌等均以繁体汉字呈现,有印刷的,也有手写的。字形以楷体、美术体居多,醒目,大方,端庄,不失为一道亮丽的风景线。

各种语言景观的用字,具有浓郁的地方色彩。餐馆、饮食店门口的流水牌上四处可见"美人腿"(茭白笋)"肉焿""肉焿饭""爌肉饭""焢肉饭""肉燥面""盆栽冰淇淋""埔里绍兴肉纸"等,大大小小各种饮食吊人胃口,"古早味ㄟ大碗公饭""温州原味大馄饨"使人怀念着似乎已经遥远的过去。当然,也不乏恶作剧式的招牌,其中让我目瞪口呆的是"无饿不坐面线糊"。

汉字招牌加英文的现象不少,也有一些夹用日文,主要是餐饮方面。招牌还会夹用注音符号,但为数很少,例如"古早味ㄟ大碗公(ㄟ就是 ei,在闽南话里是"的"的意思)",甚至连一些民宿的名称也夹用注音符号,例如"咿哟ㄟ故乡"。有的标语里会出现一些日常口语不用的字词,例如下面的"罚锾":

校园内除吸烟区外,全面禁止吸烟,敬请合作。违者径行举发,依法可罚2千至1万元罚锾。

埔里附近的地名景观同样充满着地方色彩。例如,以"坑"为中心,形成一个又一个地名,例如:

桃米坑、中路坑、纸寮坑、百叶坑、林头坑、蜈蜞坑、石盘坑、石墩坑、烟寮坑、食水坑、种瓜坑、上种瓜坑、北山坑、莲生坑、火焙坑、鹿寮坑、外加道坑、北坑、深湖坑、深埔坑、猴龙坑

此外还有"窟""脚""埔""寮""厝"等,例如:

窟:鲤鱼窟、四螺窟、蜈蚣窟、水洼窟、马麟窟

脚:山楂脚、岭脚、茄苳脚、山仔脚

埔:东埔、下东埔、外东埔、顶东埔、内埔

而33个以"里"为中心构成的行政区域名称,则可以看到历史的遗迹:

东门里、杷城里、枇杷里、水头里、麒麟里、珠格里、溪南里、西门里、南门里、北门里、北安里、北梅里、泰安里、大湳里、蜈蚣里、同声里、清新里、薰化里、大城里、篮城里、桃米里、成功里、南村里、爱兰里、铁山里、房里里、向善里、一新里、合成里、广成里、史港里、福兴里、牛眠里

从路牌可以看出埔里城区街道名称的文化色彩。街道命名方式多样:有的用国家和名人命名,如中华路、中山路、中正路;有的用文化道德思想观念命名,如仁爱路、明德路;有的是大陆的地名,如北平街、南昌街、九江街、西宁路、西安路,但很少见到当地的名称。

台湾的主要交通道路均有地名的罗马字形式,但在各地使用的情况不尽相同。大体有三种:(1)汉语拼音,如台北;(2)所谓"通用拼音",如台南;(3)传统的罗马拼法,各地都有。稍微交代一下为什么会这么复杂。传统上,台湾中文的罗马化采用的是威妥玛式,2000年民进党执政,在一些县市采用所谓"通用拼音"(实际上是汉语拼音的改造版)。2008年国民党执政,改汉语拼音。例如高雄高铁站所在的左营,原来是 Tsoying,现在用 Zuoying。各县市地名原有的拼音形式没有变化,县市底下的乡镇区市则是汉语拼音。这就出现了三种罗马拼法并

存的局面。埔里地名牌则基本不见拼音。

## 三　媒体

　　媒体是观察台湾语言生活的一个重要窗口。

　　电视里每天都有大量的社会新闻,其中社会众生的语言真实自然。政治人物活动、各种社会事件的现场报道充斥屏幕,"立法委员"的争吵,时事评论节目中不同理念的论辩,围绕车祸、暴力、纠纷无休无止的细节,让人感到电视就是一个社会语言生活的"嘉年华"。电视屏幕上,书面语和口头语同时以字幕形式呈现,这也带来了词语的多元展示:自行车、脚踏车、单车、铁马、摩托车、机车,马告和山胡椒等同时使用,给语言规范带来了挑战。同时,不同电视台的政治倾向也可以从语言取舍上表现出来。例如,在字幕上,绿媒会把说话人的"中国大陆"改为"中国",变相玩弄"两国论"把戏。

　　各地的调频广播电台也在影响着人们的生活。有多少调频电台无从知道,笔者试听的电台有20多个。据了解,听广播多是在开车的途中。各地的广播都有"国语"和方言等不同方式。从播音员的语音标准情况看,多数相当标准,也有一些带方言口音,程度不等,浓重方音的少。连线节目中主持人常常"国语"和方言间自如地跳来跳去,可以是段落,可以是句子,也可以发生在句子内部的词与词之间,听众则多连续使用方言。交谈的内容多种多样,有民生的反馈,也有国际、两岸和岛内的政治话题。通常情况下,正式的词语、科技词语、政治词语,都使用"国语"词汇及其语言形式,一般的词语或相关联的部分则使用方言。连线听众顽强地使用方言,或许反映出听众的"国语"表达有困难,但显然他们能够听懂"国语"。除异读字的差异外,数字"一"不会读成 yao。

　　看报纸是岛内日常生活的一部分。即使是乡村普通民众家,也可以见到他们订阅的报纸。报纸各种各样,有的政治倾向相当明显。从报纸的栏目就可以看出其两岸态度。例如有的报纸有"两岸"栏目,报道中国大陆的方方面面;而《自由时报》则只有"国际"栏目,大陆的新闻均放在这里;前者提及大陆的事情均用"大陆",后者则只用"中国"。报纸的出版日期呈现方式也不同,前者用汉字及"民国"纪年,后者则用阿拉伯数字和公历纪年。从报纸订阅可以看到订户的政治倾向。我所在的学人会馆的大厅里,则蓝绿报纸各一份。报纸的语言风格也存在差异,上面提到的《自由时报》采用的都是很直白的语言,几乎没有什么"文"

的色彩,而另外一些报纸,则还有"文雅"的习惯,其中的文艺副刊之类,更是表现出文学色彩。

值得一提的是《国语日报》。《国语日报》目前是台湾也是全世界唯一全文标注汉语注音符号的报纸,也是以推行"国语"、普及教育为宗旨的专业性报纸,适合小学三年级以上的读者。据说,大多数台湾人都读过这份报纸,不少人当年还是该报的作者。

## 四  日常生活

从我居住的学人会馆步行下山到纸教堂所在地的桃米坑大约十分钟,乘车到山下的埔里镇,也是十多分钟。这给了我观察台湾乡村普通民众生活的机会。在路边餐馆里,可以真切地听乡民们谈话;在菜市场买菜,可以跟各种来路的卖菜人交流。跟原来预想的一样,乡民多用方言,在开口前对我也是如此;但当我表示听不懂的时候,多数人便转向了"国语"。也遇到过两个不会"国语"的,男女各一人,年龄大概都在 60 岁以上。

不同场合听到的"国语"是不同的,年轻人大多很流畅,尽管有的不太标准,年长的人则显得吃力一些。公共场合"国语"和方言都能听到,即使是正式场合,也存在各种形式的"国语"。从电视播放的正式会议录像可以看出,有的官员或"民意代表",通常情况下会使用"国语",但在激动或情急的情况下,就会使用方言或自己的"族语"。事实上,电视的时评节目在争论激烈时常会出现类似的情况。

由于当局多年的经营,当地人基本上都是用"台语"来指代自己的方言,也有少数人用"闽南语"来指代,没有听到用"闽南话"指代的。

当地人很容易从口音上分辨出我是从大陆来的,也有人会说是"中国"来的,当我进行纠正时,对方似乎也没有什么不舒服。当被问及他们是如何分辨的,有人会说出"你说话卷舌"这样很专业的话。可见他们是有跟大陆人接触经验的。

由于有人询问,我特意仔细观察并调查了"我"在日常生活中的使用。大陆学者,包括笔者本人,很长时间里认为台湾人很少用"我",通常都是用名字指代自己,事实上在当今的日常生活中,已经不复存在,即使是学校的大学生和研究生,都是用"我"。不过,偶尔也会在电视上看到用名字指代自己的情况(如"时代力量"主席黄国昌在演讲中说"国昌一路来得到乡邻的支持"等),但在调查中,被询问者都做出这种表述"很奇怪",或者是"他有特殊目的"的回答。这或许反映出传统的"以名代己"已经寿终正寝了。

最后说说日常生活中的简称。"桃园机场"简称"桃机","人文学院"简称"人院","法务部"简称"法部","文化部"简称"文部",再长的词组,也都会变成双音节。

## 五　个案:看噶哈巫人过年

在埔里,一辆标有"噶哈巫"大字的宣传车引起了我的注意。车上放着听不懂的歌谣,车身上醒目地写着:咱来讲 tata/baba 的话。后来我才知道,tata 和 baba 是噶哈巫语,前者指父辈,后者指母辈。这是我第一次知道有噶哈巫的存在。噶哈巫(Kaxabu 或 Kahavu),是一个主要居住在台湾中部埔里盆地眉溪四庄一带的族群,自称噶哈巫族,对自己的语言文化的保留极为重视,近年来一直在向当局争取独立的民族地位。

农历十一月十五是噶哈巫人的新年。2017 年 12 月 30 日,我们赶往大浦村参加这个噶哈巫人一年一度的传统过番年活动,体验了他们的语言生活。正式活动举行之前,主持人交替用"国语"和闽南话讲解活动的意义,介绍相关机构和人员为噶哈巫语言文化复兴所做的努力。主持人告诉我,他们目前共 8000 多人,有 12 人会说噶哈巫语。为了复兴噶哈巫语,他们在噶哈巫人分布的四个主要部落(村庄)开办了四个噶哈巫语班。

庆祝活动气氛很热烈,南投县和埔里镇的政治人物来了不少。活动开始,一位长者洒酒献祭,并以噶哈巫语向祖灵祈福。接着是主办人和贵宾致辞。祝词均以"国语"开始,表达对重要人物的致意及对噶哈巫人的祝福,随后即转向闽南话,从身边的人那里得知,讲的都是多元文化重要、支持他们的语言文化复兴之类。我注意到,其中一些显然是带有选举拉票的目的。参加活动的方方面面加起来有两三百人,总的来看,年轻人不多。这让我感觉到,噶哈巫人语言复兴的道路可能相当漫长。

## 六　几点思考

三个月的观察下来,我感觉到台湾语言生活有以下几个特点。

一是上上下下都有强烈的语言意识。

从当政者到普通民众，都非常重视语言问题，对语言跟身份的关系非常敏感，都认识到语言对自己是多么重要。台湾当局领导人、行政部门的负责人到相关地区演讲，显然都在尽可能用方言而不用"国语"，由此表现"语言忠诚"，试图以乡音联络感情，拉近跟民众的距离。除了如上说的少数族群，语言保护意识也普遍存在于普通民众中。学生的提问中，不少都涉及弱势语言和方言的保护。暨南国际大学附近的桃米小学门口就挂着"客语生活中心"的牌子。附近小超市的主人已经不会说客家话了，但还是认为客家话重要。

二是"国语"的推广的确取得了巨大的成功。

北台湾是"国语"的天下，很多当地人已经不会说闽南话，年轻人不少是能听不能说。但从交流中，也有不少人对当初"国语"推广的背景并不了解，对"国语"政策表现出了不满，认为是强迫同化。这些应该与近年台湾媒体的舆论宣传有关。

三是语言沦为政治运作的工具。

台湾有关方面深谙语言的奥秘，极力在语言上"去中国化"。多年来，从推行所谓"通用拼音"，挑战汉语拼音；从确立十多种"国家语言"挑战"国语"，从减少文言文，到试图关闭中文系，动作连连。台湾教育主管部门开设了网上的《闽南语词典》，一方面把闽南话上升到"语"（还不敢正式称"台语"），同时又做了一个小动作，偷偷地把"国语"改为"华语"。

四是"国语"正越来越偏离原来的标准。

由于强调"台湾国语"特色，语言教学中对标准的掌握越来越松，从语音、词汇到语法，出现越来越多的"变异"，我在观察中发现，年轻一代的"特色"特别突出，轻声、儿化几乎听不到，台湾特色的语气词大行其道。"语言癌"愈演愈烈。

观察台湾语言生活的同时，自然会想到大陆的情况，也就产生一些想法。

第一，大陆以往对台湾的语言问题关注不够。尽管两岸汉语的比较有一些成果，也出版了两岸词语对照词典，但语言社会功能、语言与政治、文化制度等方面的语言问题没有予以足够的重视。例如台湾的"斤"（600克）、"坪"等。

第二，大陆对语言的建构功能注意不够。从历史上的国民党政权，到现在的民进党政权，都非常重视语言的建构功能。大街小巷的"国立～～""国民中学""国民小学""台语"，等等，无不在进行着认同的建构，比较起来，大陆这方面少得可怜。在一些台湾年轻人的眼中，我就是"外国人"。

第三,大陆对语言景观重视不够。跟台湾相比,我们的招牌显得有些单调。当我看到埔里镇街区命名的时候,我也同样为大陆很多新兴的城镇道路的命名感到不安。

第四,大陆在一些标准制定上缺少文化传承意识。大陆的计量单位几乎废掉了所有的传统度量衡单位。例如,原来的"公斤"还保留了"斤","公里"还保留了"里",现在这些都被"千克""千米"所代替,而台湾不仅保留"公斤""公里",还保留了"公尺",连我们传统的"尺"也保留下来了。

第五,大陆也需要一份全面注音的报纸。

(郭　熙)

# 台湾高中语文课纲"文言文"比例再起纷争

台湾高中课程标准修订大致可分为三个阶段：第一阶段是 1952 年—1971 年，期间因政治、减轻负担和顺应世界变迁等原因而三次修订；第二阶段是 1971 年—2004 年，台湾 1971 年因实施九年义务教育的缘故，单独编订"高中课程标准"，并于 1983 年和 1994 年进行了两次修订，这两次修订，语文课程标准都主要是调整选文，20 世纪末发生了高中教材由"部编"向"民营化"的过程；第三阶段是 2004 年改名为"高中课程暂行纲要"至今，主要围绕文言文与语体文比例、语文课程节数增减和"中华文化教材"为选修还是必修展开。

## 一 台湾高中语文课纲比例问题

1995 年修订的高中语文课程标准中规定了高中三年语体文（即现代文）与文言文的比例，详见表 6-1。

表 6-1 1995 年高中语文课程标准语体文与文言文占比

| 文别 \ 学年百分比 | 第一学年（高一） | 第二学年（高二） | 第三学年（高三） |
|---|---|---|---|
| 语体文 | 45% | 35% | 25% |
| 文言文 | 55% | 65% | 75% |

从表 6-1 可以看出，文言文选文平均比例高达 65%，可见台湾社会对文言文和中华传统文化是非常重视的。

2004 年，民进党第一次执政期间，台教育主管部门就对 1995 年的"高中课程标准"进行修订，并改名为"高中课程暂行纲要"，其中变化最为明显的就是大幅下降文言文比例，而同时大幅增加语体文的比例，规定的语体文与文言文三年的比例见表 6-2。

表 6-2 "高中课程暂行纲要"语体文与文言文占比

| 学年<br>百分比<br>文别 | 第一学年<br>(高一) | 第二学年<br>(高二) | 第三学年<br>(高三) |
|---|---|---|---|
| 语体文 | 60% | 55% | 50% |
| 文言文 | 40% | 45% | 50% |

拿"高中课程标准"国文科和"高中课程暂行纲要"国文科对比，不难看出：课纲大幅调整了语体文和文言文的比例，将文言文比例由平均 65% 降至 45%，而将语体文由平均 35% 提高到 55%。语体文增加的部分是"区域文学""语文表达""小说选读"等原来的选修课内容。同时减少语文的课时数，并将"中华文化教材"改为选修。

2008 年，国民党重新执政后，也对"高中课程暂行纲要"进行了修订，在一定程度上纠正了民进党时期的政策，但对文言文比重采取了弹性的 45%—65% 比例，同时语文课时数和《中华文化基本教材》上维持民进党时代的原状，被拥护"国语文"的社会团体批评是"搞折中""和稀泥"，纠偏不够彻底。

## 二 民进党重新执政后的高中语文课纲修订

2016 年，民进党重新上台后，立即着手修改课纲，委托"台湾教育研究院研修小组"提出修改意见。在历史教科书上，研修小组提出一系列"去中国化"的措施，遭到了很多民众的强烈反对。而在文言文问题上，研修小组经过两年调查、分析和研究，建议仍维持在 2004 年的 45%—55% 不变。

但维持文言文比例的建议和研究报告显然不符合台湾教育主管部门的意愿。2017 年 8 月，台湾教育主管部门借召开高中语文课纲审定会议的机会，竟然完全不顾研修小组两年来的研究成果，以"课纲审定委员会"委员的名义，根据一位高中生的来信，就认为高中文言文比例过高，严重脱离实际，建议高中语文课纲将文言文比例从 45%—55% 降为 30%，并针对原高中的 20 篇"核心选文"提出甲、乙两种方案：甲方案是完全不列出选文；乙方案是从 20 篇下降到 10 篇或 15 篇，并经网络投票选出 10 篇推荐选文。

这一做法在台湾社会掀起轩然大波，台湾各大媒体和作家、名人都争相表明立场。

2017年8月20日,著名作家龙应台率先表示反对。她表示文言文不是中国八股,它是汉语的淬炼艺术。"教育"是上一代人用代代传承的知识和旁征博引的智慧对未成年人教之育之。用网络投票来决定教什么育什么,不仅是媚俗,更是对责任的蔑视。

2017年8月25日,台湾"中研院"六位院士发起"国语文是我们的屋宇:呼吁谨慎审议课纲"联署,得到了社会各界的广泛支持,截至2017年9月10日,已有5万多人联署支持,创下文化教育议题联署人数的新纪录。

但台湾"独派"团体大力支持降低文言文比例做法,如"台湾文学学会"理事长林淇瀁8月24日与多位学者召开记者会,支持大幅调整12年语文课纲。《文学台湾》杂志社也纠集了130多位所谓"台湾作家"发表三点声明,支持降低文言文比例。

在社会各界严重对立的情况下,台湾教育主管部门9月10日拿出了四套方案进行表决:一、文言文比例全数删除;二、文言文比例在40%—50%;三、文言文比例在30%—40%;四、文言文比例30%以下。四套方案同意票分别得票为13票、21票、15票、16票,均未过半数。四套方案全部不通过,最后决定维持研修小组所提的文言文比例45%—55%方案。

9月23日,台湾教育主管部门再次召开高中语文课纲审定会议。会上有人建议对研修小组的"文言文比例维持在45%—55%"的方案进行表决,台湾教育主管部门支持提议,推翻9月10日的决议结果,对研修小组的方案进行表决,结果以5票同意、30票反对(43人参加)否决了研修小组所提的文言文占比45%—55%的方案。他们又重新进行表决,经过两轮投票,以32票过半数人同意通过文言文比例为35%—45%,比原定方案下降10%;而文言文篇数确认为15篇,也比原来压缩了5篇。

9月23日通过的方案引发有关人员的谴责,一些法律界人士也认为"有违法嫌疑"。但台湾教育主管部门负责课纲修订的负责人邱干国表示,程序已经完成,9月23日的决议不会再被否决。

从整个翻案过程来看,台湾教育主管部门和课纲审定委员会蓄谋已久,他们不顾研修小组两年来的工作,也不管5万多人联署反对,强行通过了降低文言文比例的方案。

## 三　台湾语文课纲文言文比例之争分析

高中是学生价值观和世界观形成和趋于成熟时期，也是对传统文化重要的接触、感知和理解时期。台湾"高中语文课程纲要"之争表面上是文言文和语体文比重问题，即台湾语文教材中文言文与语体文（主要是台湾现代作家文章）的此消彼长问题。其实质是民进党教育主管部门欲借课纲影响台湾青少年的价值观和中华文化观，降低台湾青少年对中国历史和传统文化的接触机会，增加台湾青少年接触台湾本土文化的机会，从而增加台湾青少年对本土文化和台湾文化的认同，降低对中华文化的认同，是民进党又一次"去中国化"而可能产生深远影响的举动。这是因为：

第一，课纲是台湾地区20世纪90年代以来社会本土化倾向的再一次集中施展。高中学生大多数对文言文有畏难情绪，这是正常表现，却被民进党拿来作为压缩文言文比例的借口。本次课纲审定委员会一抛出压缩文言文的比例，马上就得到了台湾"独派"团体的支持。《文学台湾》杂志社甚至与台湾"中研院"院士针锋相对，发表了三条声明：（一）支持调降教科书文言文比例，活化语文的书写与阅读；（二）强化台湾文学作品在语文教科书的分量，让"本国"国民文化人格的养成与台湾同步，让"本国"的国民心灵与台湾这块土地相连；（三）配合台湾的"国家"重建，"本国"语文教育应强化"台语"客语和"原住民族"语的语文素材，并与世界接轨。这三条声明是赤裸裸的"台独"思想在文化教育领域的全面展现。

第二，文言文与语体文的比重表面看是比例调整问题，实质上却是中华文化保存及认同与本地化思潮在台湾文化教育领域的交锋问题。民进党之所以要压缩文言文的比例，扩大语体文的比例，这是因为语体文的选材主要是台湾本土作家的作品，是以台湾新文学以降之名家、名篇为主（也包含台湾少数民族作品），其结果是明显增加了台湾本土文化内容。"综观五十多年来台湾地区中学国文教材编选的新特色，大抵呈现为多元化、简易化、本土化的趋势……再者，本土教材的大量取用，也是教材编选的重要特色。由教材考量的趋向本土要求，本土教材的增加，以及当代作者的加入等现象，都可以推察出教材渐染本土色彩的趋势。"[①]而民进党则充分利用了这些因素，并将本土化与中华文化认同对立起来，

---

① 蔡美惠《台湾中学国文教学研究》，广东教育出版社，2006。

从而撕裂台湾人对"中华文化"的认同感。

第三,2000年以来台湾每次政党轮替,都要修改课纲。2004年,民进党第一次大幅修改课纲,将文言文比例降低20个百分点,大幅增加台湾现代文,灌输台湾的"本土意识"和"台湾意识"。课纲是教育的灵魂,民进党第一次执政就是借助课纲加速台湾变绿的。国民党上台后,2009年虽对课纲进行了小规模调整,但当时台湾政治、文化生态环境发生了很大变化,为保持课纲的稳定性和连续性仅做了微调。民进党重新上台后,想再次通过课纲修订进一步实施"柔性台独"和"渐进式台独",妄图实现"去中国化"的目的。

第四,民进党重新上台一年多来,出台了大量语文政策。包括制定所谓的"国家语言发展法",将少数民族语言、客家话、闽南话全部列为所谓的"国家语言";出台"台湾少数民族语言发展法"及相关规定,确定"台湾少数民族"是台湾"主人",将荷兰殖民者、郑成功、日本殖民者和国民党都描述为"侵略者";欲将"国语"改为"华语文",将"中国文学系"划归到"华语文细类"中,降低"国语"的政治地位和学科地位;降低文言文比重,提升台湾语体文比重;提高客家话、闽南话的政治地位;制定新南向语言政策,进一步复杂化台湾内部族群力量等。这些政策背后除了标榜的"多元语言"政策外,实际上都包含着切割中国台湾与中国大陆联系,复杂台湾内部族群,从而达到"去中国化"的目的。

短短一年中,民进党就出台了如此多的语言政策,显然是深思熟虑的结果,也是民进党一贯"柔性台独"政策的再次集中喷发,必然会对台湾民众未来的身份认同和国家认同产生广泛而深远的影响。

(戴红亮)

第七部分

# 参 考 篇

# 蒙古国文字政策的历史与现状

当前,蒙古国政治平稳,经济发展,十分注重保护民族文化,努力将本国打造成为世界蒙古族文化中心。与此同时,基于国家独立与安全的考虑,蒙古国政府于2010年明确将文化安全纳入"国家安全构想",提升到国家生存安全层面,实施以弘扬传统文化为主题的蒙古国民族文化方针政策,特别是在文字方面,逐步恢复使用传统的回鹘式蒙古文字政策,此举值得国内各界人士关注。

## 一 历史沿革

蒙古国文字政策反映了蒙古国社会政治的变化轨迹。1946年1月,已经独立的蒙古国为进一步增强与苏联的亲密关系,采取"一边倒"政策,并最先从文字政策上做出了改革,用斯拉夫文字转写蒙古文,以便尽快学习和掌握苏联革命经验,广泛接受苏联文化。随着社会历史不断发展,蒙古国政治民主化强烈推进。2012年,蒙古民主党在议会选举中获胜,随之加快"去俄化"的步伐。在这种历史背景下,蒙古国有些学者提出恢复使用回鹘式蒙古文的主张,提倡保护民族文化,力求把蒙古国打造成为世界蒙古族的文化中心。在这之后,蒙古国政府开始加强挖掘蒙古历史文化,弘扬本国蒙古族传统文化。

下面简述蒙古国语言文字的历史沿革。

### (一)蒙古人民共和国时期

外蒙古从中国版图中独立出去,与蒙古藏传佛教领袖八世哲布尊丹巴密不可分。1911年12月29日,八世哲布尊丹巴宣布独立,禁止政务文字使用满文,要求恢复使用蒙古文。1921年,在苏联共产党和"共产国际"的"参预"下,外蒙古成立了蒙古人民革命党,并成立了政教合一的君主立宪制国家,推举哲布尊丹巴呼图克图为君主。① 1924年，八世哲布尊丹巴去世后，人民革命党建立蒙古人民共和国。

1. 起步阶段。1921年，蒙古人民革命党领导的临时政府出台第31号文件，即筹建名为"启蒙部"的政府机构（现今的蒙古国科学文化教育部）。同年11月9日，第22次政府会议审议通过筹建"文史院"，该院主要负责编写和发行蒙古文语法指南、字典等工具书。"文史院"成员于1924年3月28日成立了"蒙古人民共和国名词术语委员会"，开展研究制定本国蒙古文名词术语的工作，该委员会的成立标志着蒙古国语言文字政策的起步。②

2. 拉丁文字改革阶段。1925年，蒙古人民革命党"四大"提出了文字改革问题。1930年4月蒙古人民革命党"八大"做出了使用拉丁文字的决定，同年11月在"启蒙部"下成立了"拉丁蒙古文字委员会"，出台"关于用拉丁文字书写公文"的决定。改用拉丁文字的决定是当时国内政治形势所迫，但是这种盲目且突然的强制性普及，带来了很大的社会文化影响和心理上的冲击，受到民众的强烈反对，试用一个阶段之后没有获得成功。③

3. 西里尔蒙古文阶段。1940年7月26日，蒙古国政府出台第27号文件，即《以拉丁文字为基础的新蒙古文》决定。1941年3月25日，蒙古人民革命党委员会会议提出加快《以拉丁文字为基础的新蒙古文》的使用，又成立了以文学家、语言学家曾·达木丁苏伦及语言学家沙·鲁布桑旺丹等为首的文字改革委员会，主旨在用西里尔蒙古文替代回鹘式蒙古文。1941年5月9日，蒙古人民革命党委员会会议出台《使用35个字母组成的新蒙古文》决定。1945年5月18日，蒙古人民革命党委员会会议决定各种报刊公文正式使用西里尔蒙古文。蒙古国自1946年1月1日起使用西里尔蒙古文，并使用至今。

### （二）民主化时期

20世纪80年代中后期，受苏联东欧社会主义改革浪潮的冲击，蒙古国国内掀起了摆脱苏联影响的思潮，经济上要求独立，政治上提倡民主、多元，文化上恢

---

① 白青松《浅析当前蒙古国佛教现状及其特点》，《宗教与世界》2016年第5期。
② Батдорж, Хорьдугаар Зуунд Монголын Төрөөс Бичиг Усгийн Талаар Баримталсан Бодлого, Хэрэгжүүлсэн Үйл Ажиллагаа, 2017年8月。
③ Батдорж, Хорьдугаар Зуунд Монголын Төрөөс Бичиг Усгийг Талаар Барьмталсан Бодлого, Хэрэгжүүлсэн Үйл Ажиллагаа, 2017年8月。

复传统民族风俗习惯。在这种社会背景下,蒙古国国内有人主张恢复使用回鹘式蒙古文。[①] 1990年6月,蒙古人民共和国部长会议做出了《关于组织全民学习传统文字的活动》的决定,并成立了在国家公务中使用传统文字的指导委员会。1991年,蒙古人民共和国国家小呼拉尔做出了《关于使用蒙古文撰写公文的条例》(第36号文件)决定,1991年6月21日,蒙古国政府做出了《关于使用传统蒙古文写公文及保障》决定。但这一决定时至今日还未能得到全面实施,只是在小范围内实施,仅用于国家的国玺、议会和政府各部公章,实效不大。随后,蒙古国政府分别在1995年审议通过《蒙古语言文字指南》,2003年审议通过《政府公务用文法》,2008年审议通过《蒙古语言文字指南(二)》,2015年审议通过《语言法》。在《语言法》的第二、三章中明确规定,"蒙古国升学考试、公务员考试中,回鹘式蒙古文考试内容占总分的25%,公立学校从六年级开始使用回鹘式蒙古文授课……蒙古国总统、议会主席、总理必须使用回鹘式蒙古文签署外交公文,……教育、科研领域工作中科技名词术语必须用回鹘式蒙古文翻译使用。"这是蒙古国政府在多年来寻求民主化、西方化的进程中,真正意义上推进了本国传统文字法制化的进程。

## 二 政策现状

### (一)恢复使用回鹘式蒙古文政策

当今蒙古国社会主流思想层面出现了新变化,西方各种思想全面渗透蒙古国社会,冲击了蒙古国传统文化,对蒙古国青少年思想和行为的影响尤为突出。近些年,蒙古国政府基于国家独立与安全的考虑,开始注重传统民族文化的继承发展,致力于保护蒙古民族文化的主体地位。2012年,蒙古国政府充分认识到自身特殊的地缘政治优势,一方面要坚定地选择民主化和市场经济道路,另一方面要坚持"多支点""求平衡"的外交政策,借自身的资源优势,博弈于中俄等大国之间,寻求自己的利益最大化。结合2010年通过的《蒙古国国家安全构想》,蒙古国历任及现任执政党领导都积极采取多种政策措施应对这一变革。[②]

---

① 巴音吉日嘎拉《蒙古国传统文化与文字改革》,《内蒙古大学学报》1999年第3期。
② 白青松、杨峰《初探蒙古国教育政策的多元化倾向》,载《中国蒙古国研究会年会论文集》,2013。

蒙古人民革命党人士巴嘎班迪在1997年当选总统后颁布了总统令,要求在全国范围内开展大规模的"成吉思汗诞辰840周年"纪念活动。2004年5月2日,依据总统令,蒙古国首次举行"在国家事务中使用回鹘式蒙古文800周年纪念活动"。2004年,蒙古国政府做出决定,将2001年以来的总统令用传统蒙古文字抄写一遍,作为永久珍藏文献,留给后人观览。① 举办这一活动的目的是向世人展示蒙古国的文明史,唤起国民的民族意识和民族自豪感,推动恢复回鹘式蒙古文的进程,提升国民对保护和传承传统文化的认同,为本国传统文化的复苏奠定基础。

额勒贝格道尔吉于2009年当选为蒙古国总统,在任期间提出了30多项保护和发展本国传统文化的举措。2008年,蒙古国政府出台了强化使用回鹘式蒙古文的政策。2010年,总统颁布了关于恢复扩大回鹘式蒙古文字的命令。2011年,国家开始每年举办《长生天文字》展览。2012年,蒙古人民共和国国家大呼拉尔根据国际蒙古学研究成果确定,成吉思汗的诞辰日为每年冬季首月初一,同时决定成吉思汗的诞辰日为"蒙古自豪日"。2015年2月,在蒙古人民共和国国家大呼拉尔下设立总统语言政策委员会,研究制定语言政策。

现任总统巴特图勒嘎于2017年8月签署命令,将蒙古国每年9月1日定为"母语日"。命令指出,确定"母语日"旨在保护和发扬蒙古民族传统文化,提倡在公共交流中依法准确使用母语,在全民中开展"母语表述要准确、书写要规范"等活动。要求在每年9月1日开学日即"母语日"的第一课,蒙古国各级各类学校必须安排蒙古语文、蒙古文学和蒙古历史课,当天全国新闻、出版和广播电视等媒体全面宣传"母语日"各项活动,各级政府的公文书写必须严格遵循蒙古语国家标准等,这一系列举措进一步激起了蒙古国社会各界和民众对国家和民族的热爱之情。

**(二)蒙古国在恢复使用回鹘式蒙古文上存在的争议**

1.蒙古国各党派意见分歧。蒙古国是多党制国家,各党派对民主党治国政策有不同看法。公民运动党负责人认为,恢复蒙古文口号不宜政治化,更不宜作为外交政策。蒙古国不少上层人士认为,蒙古民主党部分高层人士已"亲中国",恢复使用传统蒙古文事宜只是民主党的一种外交手段,是"亲中国化"的表现;加

---

① 图门其其格《转轨时期蒙古国的民族主义思潮》,《当代亚太》2006年第3期。

快推行传统文字,意味着蒙古国在文化上将进一步强化民族意识,同时文化、历史等方面也将"去俄化"。

2. 蒙古国语言专家观点相左。专家普遍认为,频繁改换文字不利于保持民族文化的连续性。支持使用西里尔蒙古文的专家认为,传统回鹘式蒙古文书面语与口语相脱离,书写较为烦琐,并且不易缩写。西里尔蒙古文是在喀尔喀方言基础上形成和发展起来的,有深厚的群众基础,已成为蒙古国普遍认可的通用文字,并且文字和口语一致,还易于缩写。支持恢复传统回鹘式蒙古文的学者则认为,西里尔蒙古文无论从形状上还是在心理上都与近千年的优秀传统文化脱节,无法保持和体现本国传统文化内涵。

3. 不同年龄国民对文字改革看法不一。蒙古国青年对回鹘式蒙古文接受度低。此前受几百年传统佛教文化影响,蒙古国公民大多信仰佛教,但苏联时期蒙古国部分公民接受了无神论思想,形成了一部分人无信仰的局面。而目前年轻一代人当中,不少人追求西方文化,家庭观念淡薄,崇尚绝对自由,难以接受强制使用传统回鹘式蒙古文。

### (三)现阶段蒙古国回鹘式蒙古文政策的实施效果

2017年数据显示,蒙古国全国牌匾使用回鹘式蒙古文已达到40%。蒙古国总统、国家大呼拉尔主席、总理以及政府官员等在与外国同级别官员进行交流时,公文和信函文头全部改用了回鹘式蒙古文。蒙古国公民的出生及结婚证明、各级教育机构颁发的相关证件等也都对照使用了回鹘式蒙古文和西里尔蒙古文两种文字。因此,从上述情况看,蒙古国政府恢复使用传统文字的目标实现虽然缓慢,但传统蒙古文字已被赋予了蒙古文化的象征意义。目前,蒙古国恢复回鹘式蒙古文政策的效果并不明显,但蒙古国政府仍在不断地致力于保护民族文化,通过恢复回鹘式蒙古文政策,逐步推行传统文字的使用,并在国内举办国际会议来弘扬蒙古族传统文化,期待在未来能够实现传统文字的繁荣兴盛。

当前,蒙古国采取恢复回鹘式蒙古文字的政策,有利于中蒙两国文化互相借鉴,加强共享建设。我国境内的蒙古族一直使用回鹘式蒙古文字,两国之前在文字方面沟通较为困难,在口头交流方面则较为容易,但蒙古国的蒙古语中俄语借词较多,而我国境内的蒙古族使用的蒙古语中汉语借词较多,在语音、词法、语法上的细微差别也不少,如果未经专门训练,深入交流也有一些困难。因此,交流难免产生沟通障碍,甚至导致误解和不信任。蒙古国恢复回鹘式蒙古文政策有助于推动中蒙两国文化交流和文化事业的合作,促进两国人民的文化认同,有助于加强两国人民的人文交流,巩固民间交往,促进"一带一路"建设,消除彼此之间的疑虑,进一步拉进两国人民的相互信任,从而为加快中蒙关系健康发展助力。

（牧仁高娃、白青松）

# 哈萨克斯坦国语字母拉丁化进程

哈萨克斯坦的国语是哈萨克语,历史上曾使用阿拉伯字母的文字,目前使用西里尔字母的文字。2012年12月14日,哈萨克斯坦总统纳扎尔巴耶夫在国情咨文中首次明确了哈萨克文字母拉丁化改革的期限,提出至2025年完成该项改革工作。2017年12月,纳扎尔巴耶夫再次公开表示,鼓励境外哈萨克人回归祖国的政策不会停止。与之相呼应的战略举措便是哈萨克文字母拉丁化进程的进一步加快。

## 一 哈萨克文字母拉丁化的起因

20世纪80年代末,苏联各加盟共和国民族主义情绪不断高涨,被压抑了数十年的民族语言问题,在这一背景下突然爆发。[①] 受当时外部大环境的影响,哈萨克斯坦独立前后,民族意识也在不断觉醒与强化,哈萨克斯坦部分知识分子要求放弃使用俄语,同时使主体民族语言文字重新转向使用拉丁字母。于是,哈萨克斯坦1989年颁布了《哈萨克苏维埃社会主义共和国语言法》,赋予哈萨克语以国语地位,俄语随即降为族际交际用语。"在任何一个社会里,语言和教育都是被高度政治化的问题。"[②]独立初期,哈萨克斯坦面临着内忧外患、积贫积弱局面等问题,精英阶层为了稳固政权,利用哈萨克文字母拉丁化改革问题,借机转移国内矛盾,成功稳固了政权,获得了民心。这是哈萨克斯坦文字拉丁化的重要内因。

哈萨克斯坦独立之初,无力支撑耗费周章的文字改革,在政局逐步稳定之后,改革便悄然无声。但进入21世纪以来,随着哈萨克斯坦经济的迅速发展,其国家实力和国际地位与日俱增,在国际舞台上的参与度越来越高,同时国内以西

---

[①] 郭卫东、刘赛《独立后的吉尔吉斯语发展进程研究》,《新疆社会科学》2013年第6期。
[②] 周玉忠、王辉《语言规划与语言政策:理论与国别研究》,中国社会科学出版社,2004。

方模式为发展范本的声音越来越多,哈萨克文字母拉丁化改革再次被提上议程。哈萨克斯坦民族领袖纳扎尔巴耶夫对此予以高度认可,近年来频频在公开场合发表支持言论,后来更是签发总统令,一步一步将哈萨克文字母拉丁化改革提上议程。

## 二 哈萨克文字母拉丁化过程

### (一)第一次哈萨克文字母拉丁化

历史上,哈萨克斯坦曾进行过哈萨克语文字改革。1929年以前,哈萨克人曾长期使用以阿拉伯字母为基础的文字。苏联成立后,出于扫除文盲、经济建设、文化发展和思想传播的需要,苏联开展各民族语言文字改革的工作势在必行。阿塞拜疆、乌兹别克斯坦和哈萨克斯坦等国的一些民族知识分子均对将其民族语言文字转用拉丁字母书写进行了讨论。

20世纪20年代初,阿塞拜疆学者首先提出对操突厥语诸民族的语言文字进行改革,并于1922年成立全苏文字体系改革委员会,为文字改革做前期准备。1926年2月,第一届国际突厥学会议暨操突厥语诸民族文字拉丁化改革会议在阿塞拜疆的巴库召开。会议主要讨论苏联境内操突厥语民族创制新文字体系代替原有阿拉伯字母的问题。1929年8月7日,在对新突厥文字进行广泛研究及讨论后,苏联中央执行委员会主席团和苏联人民委员会通过了关于使用新拉丁文字的决议。随后,阿塞拜疆、乌兹别克斯坦、土库曼斯坦、摩尔多瓦及哈萨克斯坦等开始了母语文字拉丁化改革。

至1930年8月,苏联各民族文字拉丁化改革已覆盖包括哈萨克人在内的全苏36个民族350多万民众。然而,1935年6月,苏联的语言政策发生了急剧转变,苏联中央执行委员会主席团通过《关于北方民族语言文字转用基(西)里尔字母的决议》,从此,苏联境内各民族开始了母语文字从拉丁字母转用西里尔字母的工作。① 至此,第一次哈萨克文字母拉丁化进程结束。

---

① 海力古丽·尼牙孜、田成鹏《哈萨克斯坦国语文字拉丁化改革规划:动因与影响》,《新疆大学学报》(哲学·人文社会科学版)2017年第2期。

## (二) 第二次哈萨克文字母拉丁化

哈萨克斯坦独立 20 多年来,国家实力和国际影响力持续提升,有关文字拉丁化改革的议题不断被提出和讨论。在此背景下,新版《哈萨克斯坦共和国语言法》于 1997 年诞生。2006 年 10 月,哈萨克斯坦总统纳扎尔巴耶夫首次正式提议实施"三语政策",即哈萨克语、俄语和英语并重,提出要大力发展哈萨克语,支持俄语使用,同时学习英语。根据哈萨克斯坦教育和科学部相关规定,从 2018 年起,哈萨克斯坦国内学校的自然科学课程将使用英语授课;教育和科学部将组织 5000 多名教师进行语言培训,以实现三语教育。纳扎尔巴耶夫总统在一次政府扩大会议上指出,散布英语无用论者乃是社会继续进步的绊脚石。2012 年 12 月,纳扎尔巴耶夫总统在《哈萨克斯坦 2050 战略》中首次明确哈萨克文字拉丁化改革的期限,将哈萨克文字母拉丁化视作哈萨克斯坦与世界接轨的重要部分;2017 年 4 月,纳扎尔巴耶夫总统在《主权哈萨克斯坦报》发表题为"向未来的计划:精神文明的复兴"的署名文章,指出应在 2017 年年底前,完成哈萨克文字母拉丁化的全新标准制定工作。哈萨克斯坦教育和科学部随即成立"哈萨克文拉丁字母改革工作组",积极推进哈萨克文字母拉丁化进程。2017 年 10 月初,最新的拉丁化字母表正式提交审核,10 月 26 日,纳扎尔巴耶夫总统签署了《关于哈萨克文字母从西里尔字母转换为拉丁字母规范》的第 569 号总统令。2018 年 2 月 19 日,纳扎尔巴耶夫总统再次签署总统令,对半年前通过的字母表进行局部修改。2018 年 3 月,哈萨克斯坦总理萨金塔耶夫在总理府主持召开哈萨克文字母向拉丁字母转换工作国家委员会例行会议,会议主要讨论了到 2025 年分阶段完成哈萨克文字母向拉丁字母转换工作等问题。会议提出,第一阶段为 2018—2020 年,进行准备工作并采取措施改善监管框架;第二阶段为 2021—2023 年,进行相关组织及教学方法制定等工作;第三阶段为 2024—2025 年,使国家及地方政府文件、国家媒体机构和出版社以及高等教育机构分阶段过渡到拉丁字母新规范。①

从近年来哈萨克斯坦的各项举措和动向来看,哈萨克文字母拉丁化改革已初见成效,随后可能会进一步加快改革步伐。改革进程中虽然需要面对一些困难,比如经费开支上的压力剧增,主体民族哈萨克族与其他民族的思想认识不一

---

① Используйте активную ссылку на, inform.kz http://www.inform.kz/cn/article_a3172475.

致等,可是这些问题已难以阻挡哈萨克文字母的拉丁化进程。

首先,自上而下的国家管理体制和纳扎尔巴耶夫总统在民众中的极高威望,确保了其所代表的国家意志能够得到坚决贯彻执行。第二,哈萨克斯坦20世纪30年代曾经使用过10余年拉丁字母文字,有历史经验可循;而且现在英语在哈萨克斯坦逐渐普及,熟悉拉丁字母的人也随之增加。第三,乌兹别克斯坦、土库曼斯坦、阿塞拜疆和土耳其等突厥语国家都实现了国家文字的拉丁化,哈萨克斯坦此次文字改革是其国家长远战略目标的一个重要组成部分。第四,哈萨克文字母拉丁化经过多年舆论宣传,当前大部分哈萨克人在民族情绪和民族心理上都倾向字母拉丁化,政治、经济、文化和科技条件已基本成熟。第五,文字改革得到官方支持和保障,纳扎尔巴耶夫总统签署了总统令,哈萨克斯坦教育和科学部成立了"哈萨克文拉丁字母改革工作组",与此同时还组织了大批教师进行培训,正在为哈萨克斯坦文字改革扫清障碍。第六,哈萨克文字母拉丁化有利于散布在世界各地的哈萨克族掌握统一的拉丁化后的哈萨克文字,进一步拉近全世界哈萨克族之间的民族感情。

当然,此次字母拉丁化进程在实际推进过程中,会受到一些不确定因素的影响。例如:对此次改革最为关注的俄罗斯的不支持,哈萨克斯坦境内俄罗斯族的不配合;纳扎尔巴耶夫政权能否顺利交接,继任者是否能够继承纳扎尔巴耶夫总统的意志;哈萨克斯坦境内对此次改革尚存异议,何时能够实现思想和行动上的统一等。

## 三 结语

哈萨克斯坦是一个多民族国家,由130多个民族组成,其主体民族为哈萨克族。各民族能够团结合作、和睦相处事关哈萨克斯坦国家稳定、长治久安。语言文字作为思维的基本工具,对民族意识的形成具有一定的塑造功能。进行哈萨克文字母拉丁化改革,在一定程度上会削弱俄罗斯文化的影响,有助于哈萨克语国语地位的提升,有助于团结国内各个民族、增强国内民众的国家认同感。

早在苏联时期,哈萨克斯坦就曾经历过哈萨克语字母文字改革。1929年,哈萨克斯坦的哈萨克族就将当时以阿拉伯字母为基础的哈萨克文改为了拉丁字母。但由于这种文字被认为难以拼写从俄语等语言中借入的词和术语，所以在 1940 年哈萨克斯坦最高苏维埃第五次会议上被停止使用，改为以西里尔字母为基础的文字，并沿用至今。由于长时期受制于苏联和俄罗斯的缘故，哈萨克文字母拉丁化的进程一再遭到搁浅。此次文字改革的推动，将有利于削弱俄罗斯文化对哈萨克斯坦的影响，被各界广泛看作"去俄罗斯化"的一部分。

（刘　赛）

# 挪威高等教育学术语言"英语化"趋势

在挪威高等教育领域,英语作为一种重度使用的学术语言正在挑战挪威语的地位。本文将梳理挪威高等教育领域英语的使用现状,考察其"英语化"趋势的表现及原因,并指出其利弊。

## 一 挪威高等教育领域英语使用现状

挪威是世界上英语水平最高的国家之一。[①] 挪威社会中,无论是日常生活领域还是专业领域,英语一直作为"第二语言"长期存在并被广泛使用。过去的近三十年间,挪威甚至整个北欧的高等教育和学术界对于英语使用范围和影响力的讨论不断升温。有多位学者针对这一现象提出了"双语制"[②]和"平行语言制"[③]的说法,将英语称为挪威语等北欧国家本族母语之外的一种"平行语言"。而"平行语言"这一概念最初被语言学界用于指称挪威的两种官方书面文字"书面挪威语"和"新挪威语"的讨论,如今被用于讨论英语这门外语和挪威语的地位关系,足见英语影响力之巨大。更有学者认为这是一种学术界的"英语化"倾向。[④]

在挪威高等教育领域,英语是一门重要的工具性和人文性语言。[⑤] 挪威目

---

[①] MCG Media Consulting Group. *Study on the Use of Subtitling: The Potential of Subtitling to Encourage Foreign Language Learning and Improve the Mastery of Foreign Languages*. European Commission. 2009. EF EPI. *Education First English Proficiency Index*. 2017. Retrieved January 10, 2018 from https://www.ef.no/epi/regions/europe/norway.

[②] https://brage.bibsys.no/xmlui/bitstream/handle/11250/282990/NIFUSTEPArbeidsnotat2005-18.pdf?sequence=1.

[③] http://westminsterresearch.wmin.ac.uk/16635.

[④] http://oro.open.ac.uk/40728. http://norden.diva-portal.org/smash/get/diva2:730884/FULLTEXT01.pdf. http://oro.open.ac.uk/40728.

[⑤] Hellekjær, G. O. A case for improved reading instruction for academic English reading proficiency. *Acta Didactica Norge* 2(1). 1-17. 2008. Hellekjær, G. O. Academic English reading proficiency at the university level: A Norwegian case study. *Reading in a Foreign Language* 21(2). 198-222. 2009.

前共有8所大学、8所大学学院、5所专门大学学院,还有其他一些私立院校。① 挪威创新、研究和教育研究所在2005年进行的一项调查显示②,挪威高校本科层次阶段均已引入英语教学,并在硕士和博士研究生层次阶段广泛施行。

以挪威著名教育学家Birgit Brock-Utne教授为代表的数位学者(2007)明确指出,英语在挪威高等教育界和学术界的广泛使用对挪威语来说是一个巨大的威胁。挪威政府2008年发表的白皮书③中关于挪威语言政策的调查结果显示,在过去的数十年间,挪威高等教育界中英语的地位不断提升,甚至在一些理工科的研究领域,专业术语大部分直接采用英语,导致挪威语出现了"语域丧失",有被英语取代的现象。这让不少学者对挪威语可能会在个别领域完全消失的情况产生担忧,学界关于挪威语和英语地位的争论开始愈发激烈。

## 二 挪威高等教育领域"英语化"趋势的表现及原因

### (一)"英语化"趋势的表现

#### 1. 语言政策

在过去的数十年间,挪威高等教育界和学术界持续使用英语作为教学及科研工具语言,已有超过挪威语之势。从宏观语言政策与规划上来看,挪威政府出台的一系列法律法规均利好英语。

1995年颁布的挪威高校教育法④中明文规定:"挪威高等院校中使用的语言通常为挪威语。"⑤但该条文一经颁布便受到挪威政府和学界诸多抨击,挪威议会及部分教育机构指责该法律条文是"对国际化的阻碍"。因而,挪威教育部曾多次上书议会,试图修改这一规定,以达到在高校中扩大英语使用范围的目的。经过十年的"不懈努力",2005年新出台的挪威高校教育法将该条文正式删除。至此,挪威高校丧失了对教师用语的强制控制权,从而极大地推动了英语作为高

---

① https://www.regjeringen.no/no/dep/kd/org/etater-og-virksomheter/underliggende-etater/statlige-universiteter-og-hoyskoler/id434505.
② https://brage.bibsys.no/xmlui/handle/11250/282990.
③ https://www.regjeringen.no/no/dokumenter/stmeld-nr-35-2007-2008-/id519923.
④ https://lovdata.no/dokument/NL/lov/2005-04-01-15.
⑤ 挪威语原文:Undervisningsspråket er til vanlig norsk。(§2.7)

等教育界的教学语言和学术研究语言的发展。而这一法律条文的修改在挪威高等教育界和学术界引发了激烈的讨论,有大量学者认为挪威语的前途"危在旦夕"。2009 年,挪威议会经过妥协,再次通过了一条法律修订案,在该法律条文中添加了"挪威高等院校有责任维护和保证挪威语作为一门学科语言的进一步发展"①的补充内容。另外,"挪威高等教育协会"也曾出台过一些政策指导性文件,促进不同学科领域中挪威语作为专业术语的使用,以期达到与英语相当的水平。② 但这些措施均未对英语在挪威高等教育界和学术界的优势地位起到根本性的撼动作用。

除主要法律法规外,1991 年,挪威教育部曾出台了一项名为"绩效工资"的指导性政策,用于鼓励学者进行学术出版。然而,该政策在对学术出版作品进行奖励时却"挪英有别"。使用英语发表学术研究成果的学者会比使用挪威语发表的学者获得更高的绩效工资,且差距极大。Birgit Brock-Utne 教授认为,该行为不但是对用挪威语进行学术研究的学者的巨大伤害,也是对挪威语,甚至是民主的伤害。

2004 年,挪威高等教育协会发布了一份名为"重视研究"③的纲领性文件,将学术界的出版单位进行分级划分,分成三级:零级(对科研机构或研究人员不提供奖励——发展中国家的大部分出版单位即使为英文刊物也被划分在零级)、一级(给予奖励)、二级(给予更高的奖励,通常比一级高三倍)。然而,在这项涉及 486 家出版单位的分级中,没有一家挪威本国出版单位被划分为二级,80% 的二级出版单位在美国。

对挪威语和英语学术研究出版物的区别性政策直接导致了英语作为学术研究语言的进一步使用。挪威创新、研究和教育研究所在 2016 年的一项调查显示,④2011 年至 2015 年间,挪威人文学科中,各领域用英语进行学术研究成果的发表比例,除"北欧比较文学研究"外,均大幅高于挪威语或其他北欧语言公开发表。甚至连北欧语言及语言学研究,英语使用率也高于挪威语或其他北欧语言。且 40 岁以下的青年学者使用英语发表的比例最高,成为英语在学界使用的主力。

① 挪威语原文:Universiteter og høyskoler har ansvar for vedlikehold og videreutvikling av norsk fagspråk。(§1.7)
② http://westminsterresearch.wmin.ac.uk/16635.
③ http://www.uhr.no/documents/Vekt_p__forskning__sluttrapport.pdf.
④ https://brage.bibsys.no/xmlui/handle/11250/2398609.

**2. 社会环境**

英语在挪威日常生活中是一门"占主导地位"的外语。① 除高等教育领域及学术领域之外,②挪威的商业③和政府机构中④也广泛使用英语作为日常工作及沟通的主要语言。据2012年针对挪威商业部门的语言使用⑤的调查,挪威出口公司在日常工作中,95%的工作语言为英语。英语流行文化对挪威人的影响极大。根据2004年一项针对挪威青少年的调查,91.7%的青少年在听音乐时会主动选择英语乐曲而非挪威语乐曲。此外,英语电影和电视节目也是挪威社会中英语影响的主要来源。挪威媒体中的外国音像作品主要依靠字幕翻译,而不是配音。⑥ 挪威电视广播节目中,超过90%的节目都使用外语,且以英语为主。

学术领域和教育环境本身的"英语化",及整个社会的"英语化",两相叠加,使得挪威人生活在一个"浸入式"的英语环境中,全方位地影响着挪威高等教育界和学术界的英语使用。

**(二)"英语化"趋势的原因**

**1. 英语教育的连续性**

挪威高等教育界大规模使用英语的原因之一,在于挪威政府自基础教育阶段起便大力支持英语教学。

20世纪60年代起,挪威政府正式将英语作为基础教育阶段的一门必修课,挪威学生需从小学五年级开始学习英语专业课程。1974年,英语专业课程被提至小学三年级。1997年,英语专业课程被再次提前,从小学一年级开始。根据

---

① Bonnet, G. E. The assessment of pupil's skills in English in eight European countries. *The European Network of Policy Makers for The Evaluation of Educational Systems*. Universitets-og høgskolerådet. 2004.

② Lehmann, T. M. Literacy and the tertiary student—Why has the communicative approach failed? Ph. D. Thesis, Department of English, University of Bergen. 1999. Hellekjær, G. O. A case for improved reading instruction for academic English reading proficiency. *Acta Didactica Norge* 2(1). 1-17. 2008. Hellekjær, G. O. Academic English reading proficiency at the university level: A Norwegian case study. *Reading in a Foreign Language* 21(2). 198-222. 2009.

③ https://www.researchgate.net/publication/237242511_Reading_From_a_Forgotten_to_a_Basic_Skill.

④ Hellekjær, Glenn Ole. A survey of English use and needs in Norwegian export firms. *Hermes—Journal of Language and Communication Studies* 48. 7-18. 2010.

⑤ Hellekjær, Glenn Ole. Lecture comprehension in English-medium higher education. *Hermes—Journal of Language and Com munication Studies* 45. 11-34. 2012.

⑥ MCG Media Consulting Group. *Study on the Use of Subtitling: The Potential of Subtitling to Encourage Foreign Language Learning and Improve the Mastery of Foreign Languages*. European Commission. 2009.

挪威基础教育法的规定(2016)①,挪威儿童及青少年在一年级到十年级阶段(相当于我国教育体系内的小学和初中阶段),学生必须在校接受英语义务制教育。此外,在挪威普通高中和职业高中的第一年,英语课程的学习也是强制性的。此后高中阶段的第二、三年,挪威的中学大都会提供英语课程作为学生的选修科目。

对比挪威教育部 2007 年至 2017 年全国十年级学生的英语和挪威语专业考试成绩统计结果②:除 2007—2008 年挪威语成绩未进行统计之外,挪威学生挪威语成绩一直高于其英语成绩。从 2012—2013 年起,挪威学生的英语成绩开始高于挪威语成绩,且一直保持至今。该转变虽不能证明挪威学生母语水平低于其英语水平,但可直接体现挪威学生基础教育阶段英语水平不断提高的历史趋势,且提升幅度很高。挪威教育部制定的中小学语言教学大纲显示,挪威一到四年级学生的挪威语课程总学时为 931 学时(60 分钟为 1 个学时),英语课程总学时为 138 学时;五到七年级挪威语课程为 441 学时,而英语课程则提升至 228 学时;八到十年级挪威语课程再次下降至 398 学时,而英语课程则保持在 222 学时。由此可见,挪威的教育制度设计确保了挪威学生基础阶段的英语学时长且力度大。

挪威基础教育阶段的语言水平指导性文件"语言教学大纲"③将挪威学生学习外语的水平等级按照《欧洲语言共同参考框架:学习、教学、评估》(2002)④进行了划分,对应该框架的 A、B、C 三大等级,将外语水平划分为了三个等级,即一级、二级和三级。(见表 7-1)在高中结束时,按照挪威教育部的语言教学大纲,建议学生达到三级,即欧洲框架的 B2 水平。

表 7-1 挪威"语言教学大纲"与欧框英语水平等级对比

| 初级水平 | | 中级水平 | | 高级水平 | |
| --- | --- | --- | --- | --- | --- |
| A1 | A2 | B1 | B2 | C1 | C2 |
| 一级 | 二级 | 三级 | | | |

由此可见,挪威基础教育阶段的英语教育为英语在高等教育阶段的广泛使

---

① https://lovdata.no/dokument/NL/lov/1998-07-17-61?q=Lov% 20om% 20grunn.
② https://statistikkportalen.udir.no/grs/Pages/Grunnskolekarakterer.aspx?rapportsideKode=GSK_GSKarakterer&filtre=EierformID(-10)_EnhetID(-12)_FagID(1389_1531_2556_2676_2831)_KarakterypeID(1)_KjoennID(-10)_TidID(200806_200906_201006_201106_201206_201306_201406_201506_201606_201706)_VisAntallElever(1)_VisKarakterfordeling(0)&radsti=F!(1389_1531_2556_2676_2831)_(*).
③ http://nafo.hioa.no/grunnskole/kartleggingsverktoy/sprakkompetanse-i-grunnleggende-norsk.
④ https://rm.coe.int/16802fc1bf.

用打下了坚实基础。

## 2. 高等教育的全球化

挪威高等教育界"英语化"的深层次原因,是在过去数十年中全世界范围内不断深化发展的"高等教育全球化"。

挪威高等教育国际化的一个重要标志性事件是1999年签署《博洛尼亚宣言》,该协议的签订意味着挪威加入了博洛尼亚进程,从而可以享受欧盟的高教资源,并打通教育体制,这对非欧盟成员的挪威来说具有重要意义。通过加入该进程,挪威大学的本科学历将获得其他签约国家的承认,学生可无障碍地在其他欧洲国家申请学习硕士阶段的课程或者寻找就业机会。博洛尼亚进程的主要目的是为了实现欧洲高教和科技一体化,建成欧洲高等教育区,从教育层面进一步推动欧洲一体化进程。根据挪威国家统计局资料,在签署该文件之后的2000年至2008年间,挪威境内的外国留学生数量翻了一番。英语在挪威高等教育界的广泛使用为此助力不少。挪威高等教育国际化中心2009年的一项调查显示,英语作为教学语言在挪威高校的广泛使用是很多外国留学生选择到挪威学习的一个重要原因。然而,伴随着母语非挪威语的外国学生数量提升而来的就是挪威高校中语言的使用问题。2005年,挪威国家语言委员会为了应对"全球化浪潮"大背景下的语言使用挑战,专门出台了一部语言使用建议书①,其中对于科研领域的语言使用强调了英语的重要性,因为他们认为"学术研究是国际化的。为了使研究成果能够尽可能地广泛传播,大部分文献应使用英语进行写作,目的在于被其他研究人员阅读"②。高等教育全球化使得挪威高等教育和学术领域语言使用的"英语化"不断加深。

短期来看,"英语化"对促进挪威高等教育与国际接轨,发展本国教育产业,提升教育水平和质量助益颇多;长期来看,这将会对挪威语这门语言自身的发展与保护带来问题。挪威学者对本国语言发展与保护的担忧,实则为一种强势外来文化入侵后,与本民族文化和自身身份认同相冲突的反映。

(李菁菁)

---

① http://www.sprakradet.no/upload/9832/norsk_i_hundre.pdf.
② 挪威语原文:Forskningen er internasjonal. For at resultatene skal nå ut til flest mulig, er svært mye av det vi her vil kalle den primære forskningslitteraturen, altså litteratur som henvender seg til andre forskere, skrevet på engelsk.

# 国际语言规划与政策类期刊 2017 年焦点扫描

"国际语言规划与政策类期刊焦点扫描"已经进入第五年,本年度仍以所选在全球范围内较有影响的五家英文期刊为样本,对过去一年国际语言规划及政策研究领域的焦点进行介绍。先按期刊创刊年代逐家介绍,列出每家期刊各期纸版学术文章的专文标题并括注作者,为读者提供一个直接的总体观感。篇幅所限,介绍方法仅限标题翻译。个别标题的翻译依据原文实际内容采取了意译法。为减少对阅读带来的干扰,与以往相比,标题中的专有名词在翻成中文时只在不得已时才使用原文,并尽量减少括注。

## 一 《国际语言社会学期刊》

该刊 2017 年共 6 期,发表学术文章 50 篇。

第 1 期专刊为"述说往昔:卓舒亚·A. 费什曼之持续不断的影响",由 Katherine A. Masters 和 Sinfree Makoni 主持。刊载文章 12 篇,标题及作者如下(包括综述性专刊导言,下同)。

《费什曼奖介绍》(Uri Tadmor;Ofelia García;Florian Coulmas)、《别离,致费什曼,1926—2015》(诗歌,Tope Omoniyi)、《前言:费什曼——一位公共知识分子与学术活动家》(Katherine A. Masters)、《费什曼:一位影响不可估量的知识分子》(Nancy H. Hornberger)、《"Shikl(意第绪语人名),今天你曾为意第绪语做过什么"对一位学科倡导者的评鉴》(Spolsky,Bernard)、《为他的人民而写作的研究者:谁为何语何人何时而写作》(Peltz,Rakhmiel)、《从语言保持到语言生存的代际传承:"族裔语"教育有益还是有碍》(Valdés,Guadalupe)、《语言意识形态和语言秩序:殖民和后殖民时代亚洲的冲突和妥协》(Zhou,Minglang)、《语言社会学与社会语言学的关系:巴西的费什曼遗产》(Severo,Cristine G. 和 Görski,Edair)、《多语司法中"妇女语言"的地位:法定单语主义实践中的权势和伦理》(Makoni,

Busi)、《多语种动态学中的翻译和语言政策》(Grin,François)、《嘘,寂静的多语主义!试论一所南非大学讲堂里超语实践类型》(Antia,Bassey E.)。

第 2 期特刊专题为"语言规划与马来西亚的多语主义",由 Wang Xiaomei 和 Minglang Zhou 主持。刊载文章 8 篇,标题及作者如下。

《前言:如何理解语言管理与马来西亚的多语主义》(Zhou,Minglang 和 Xiaomei,Wang)、《马来西亚的马来语规划:失败还是成功》(Coluzzi,Paolo)、《一旦真相大白:本科生们在模拟工作访谈中的表现》(Tan,Rachel Siew Kuang;Taib,Fauziah 和 Lin,Teoh Mei)、《马来西亚的华语变体与华语的全球化:关于语言规范问题》(Khoo,Kiak Uei)、《槟榔岛巴力布劳客家话的家庭语言政策》(Xiaomei,Wang)、《东部马来西亚土著语言的发展》(Smith,James A.和 Smith,Karla J.)、《马来西亚土著的语言活力:以 Telo'Gunjeng 岛上(雪兰莪州加厘岛)Mah Meri 族语言为例》(Coluzzi,Paolo;Riget,Patricia Nora 和 Xiaomei,Wang)、《马来西亚法语规划三十年:从个人努力到国家强盛》(Machart,Regis 和 Lim,Sep Neo)。

第 3 期专刊为"西藏的语言多样性与语言濒危",由 Gerald Roche 主持。刊载文章 7 篇,标题及作者如下。

《前言:21 世纪西藏语言生态的转变》(Roche,Gerald)、《河南卫拉特部:正在萎缩的语言特色带》(Balogh,Mátyás)、《塔公藏语的演变与活力:弥药热甫岗一少数民族的藏语》(Suzuki,Hiroyuki 和 Wangmo,Sonam)、《玉树(北康巴区)语言变体中的变异、接触与变迁》(Gelek,Konchok)、《西藏拉萨手语正在形成还是面临濒危,抑或二者兼而有之?》(Hofer,Theresia)、《民族走廊的语言活力与族名语:rTa'u 语》(Sonam Lhundrop,Tunzhi)、《安多藏语的社会网络结构及语言变迁》(Tribur,Zoe)。

第 4 期专刊为"美洲的土著语管制",由 Serafín M. Coronel-Molina 主持。刊载文章 5 篇,标题及作者如下。

《不同历史时期土著 Tewa 语的管制:坚持与转变》(Kroskrity,Paul V.)、《不再受压迫?玻利瓦尔民族多样性中的土著语管制》(Gustafson,Bret)、《试议美洲的语言管制:来自墨西哥的例示》(Flores Farfán 和 José Antonio)、《变动的生活方式与语言库藏:秘鲁东南部亚马孙流域的狩猎、捕鱼和采矿》(Aikman,Sheila)、《Kib'eyal taq ch'ab'äl:危地马拉的玛雅语管制》(Maxwell,Judith)。

第 5 期专刊为"南亚及中亚空间的语言与全球化",由 Brook Bolander 和 Till Mostowlansky 主持。刊载文章 8 篇,标题及作者如下。

《导言：南亚及中亚空间的语言与全球化》（Bolander，Brook 和 Mostowlansky，Till）、《权势语言或是边缘语言：后殖民时代（1946—1968）印度的英语》（Bharadwaj，Vasudha）、《媒体中的语码转换：古吉拉特海外移民广播节目中的认同磋商》（Ipp，Lena）、《乌浒（Oxus）河上的桥梁搭建：塔吉克-阿富汗边境地区的语言、发展和全球化》（Mostowlansky，Till）、《英语，搬迁和伊斯玛仪派（伊斯兰教）的跨国认同》（Bolander，Brook）、《欧亚共同体的诸多想象：俄罗斯与哈萨克斯坦的后苏联跨民族认同的话语建构》（Ryazanova-Clarke，Lara）、《上海精神二十年：中国-中亚合作中的语言、全球化及空间构建》（Karrar，Hasan H.）、《南亚和中亚的语言、移动和规模：述评》（Britain，David）。

第6期为自由投稿。核心主题为"语言接触、混杂与分离"，由 Florian Coulmas 主持。刊载文章10篇，标题及作者如下。

《亲爱的 Pr》（Coulmas，Florian）、《西班牙语与卡齐格尔族-玛雅语（Kaqchikel-Maya）：一项在危地马拉中部高地村镇所做的研究》（Holmquist，Jonathan 和 Kahn，Hana Muzika）、《语言就是我：墨西哥 Chipilo 市的语言保持》（Tararova，Olga）、《"我学萨米语实在是痛苦挣扎"：少数民族语言的认领和再获得》（Jonsson，Carla 和 Rosenfors，Mona）、《新加坡华人社区语言变迁的再审视：布迪厄理论分析》（Okhorst-Heng，Wendy 和 Silver，Rita Elaine）、《维吾尔语喜剧小品中的语言意识形态：喜剧小品"我听不懂"及纯正维吾尔语的重要性》（Cabras，Giulia）、《论混合语的性质：以 Bildts 方言为例》（Versloot，Arjen）、《语言和认同构建：来自亚美尼亚少数族裔的明证》（Schulze，Ilona）、《语言里有什么：南非荷兰语宏观社会语言学研究中的本质主义》（Kirsten，Johanita）、《小社区小语种专文：中学教育中的少数民族语言嘻哈音乐：加泰罗尼亚语嘻哈音乐个案研究》（Aliagas Marín，Cristina）。

## 二 《语言问题与语言规划》

该刊2017年共3期，发表学术文章13篇。

第1期刊载文章5篇，标题及作者如下。

《巴基斯坦公共教育英语：过去、现在及未来》（Liaquat Ali Channa）、《语言变迁与保持：以巴基斯坦信德语为例》（Maya Khemlani；David，Mumtaz Ali 和 Gul Muhammad Baloch）、《同一个马来西亚建设中的国家主张：对不同的人说不同的话》(Mary Varghese 和 Kamila Ghazali)、《民族语言学困境与语言保持听之任之综合征:巴基斯坦语言政策和语言理念考察》(Syed Abdul Manan、Maya Khemlani David 和 Francisco Perlas Dumanig)、《菲律宾的教育、语言政策和语言运用》(Lorraine Pe Symaco)。

第 2 期刊载文章 5 篇,标题及作者如下。

《美国领地及其自由联合邦宪法中的语言权力、联合法案及语言地位》(Eduardo D. Faingold)、《一所南非大学的非洲语言必修课:宏观与微观动态学探索》(Stephanie Rudwick)、《双面抹黄油的面包?:手势语的认可及聋哑人社区的理想》(Maartje De Meulder 和 Joseph J. Murray)、《语言资本:香港的教学媒介语政策》(Chris Harwood 和 Conttia Lai)、《世界语语言学:一门精尖的工艺》(Asya Pereltsvaig)。

第 3 期刊载文章 3 篇,标题及作者如下。

《作为跨国语的西班牙语的跨国程度(西班牙语)》(Carla Amorós-Negre 和 Emilio Prieto de los Mozos)、《从规划语言到语言规划:从 1911 年到 1958 年的中国世界语运动》(Yalan Wang 和 Haitao Liu)、《拼写法改革与人造语言的倡议者:一种变动不居的关系》(Roberto Garvía)。

## 三 《多元语言与文化发展期刊》

该刊 2017 年共 10 期,发表学术文章 65 篇。

第 1 期刊载文章 6 篇,标题及作者如下。

《利益相关者对语言变异、英语教学和语言应用的认识:以香港为例》(Jim Yee Him Chan)、《进入移居社会的两道门:生活在加泰罗尼亚的日本人关于语言的知识和理念》(Makiko Fukuda)、《自源性祖语与大众传媒:脸书上低地德语的书写和双语实践》(Gertrud Reershemius)、《俄罗斯古巴社区的语言应用与认同》(Maria Yakushkina 和 Daniel J. Olson)、《西班牙语言政策与规划史的不同范式》(Carla Amorós-Negre)、《穆斯林宗教实践在逆转语言变迁中的作用》(Andrey Rosowsky)。

第 2 期刊载文章 6 篇,标题及作者如下。

《技术在语言多元化课堂上有何作为?:基于电脑学习环境的初级教育中多语材料的应用》(Evelien Van Laere、Kirsten Rosiers、Piet Van Avermaet、Stef Slembrouck 和 Johan van Braak)、《加泰罗尼亚中学生的态度类型:来源地的直接和中和效果》(Maria Adelina Ianos、Àngel Huguet 和 Cecilio Lapresta-Rey)、《韩国工科大学生对英语媒介语课堂中使用英语和第一语言的认识》(Eun Gyong Kim、Soo-Ok Kweon 和 Jeongyeon Kim)、《你有吸引力但我不信任你:伊朗人的语言态度》(Shahriar Mirshahidi)、《论美丽、实用与神圣:哈巴德社区的语言态度》(Michal Tannenbaum 和 Hagit Cohen)、《西班牙南部饭店菜谱翻译的一种分析方法》(Adrián Fuentes-Luque)。

第 3 期为"大学国际化:是一种跨文化追求吗?"专刊,由 Tony Johnstone Young、Michael Handford 和 Alina Schartner 主持。刊载文章 8 篇,标题及作者如下。

《导言:大学国际化:是一种跨文化追求吗?》(Tony Johnstone Young、Michael Handford 和 Alina Schartner)、《英语对中国教育改革的影响:以学英语运动、大学国际化和高考中英语要求为参考》(James Jian-Min Sun、Ping Hu 和 Sik Hung Ng)、《博士生、跨文化、自反性、社区和国际化》(Adrian Holliday)、《大学中不同国籍学生小组作业的酸甜苦辣》(Helen Spencer-Oatey 和 Daniel Dauber)、《在国际化大学学习的文化实践》(Lixian Jin 和 Martin Cortazzi)、《批判教育学、国际化及第三空间:学生话语中的文化紧张》(Margaret Jane Pitts 和 Catherine F. Brooks)、《"他者"的紧张与不安:香港国际生的留学经验》(Hans J. Ladegaard)、《跨文化交际建构:高等教育跨文化交际课网络推广话语的语料库分析》(Zhu Hua、Michael Handford 和 Tony Johnstone Young)。

第 4 期刊载文章 5 篇,标题及作者如下。

《高等教育语言政策的多层视角:芬兰、爱沙尼亚和拉脱维亚的对比》(Josep Soler-Carbonell、Taina Saarinen 和 Kerttu Kibbermann)、《新加坡的华语规范化:政策与实践》(Guowen Shang 和 Shouhui Zhao)、《自报英语詈骂的频率:情境性、心理和社会生物变项对第一语言使用者和外语使用者具有相同的作用吗》(Jean-Marc Dewaele)、《苏丹的语言政治与文化政治:语言权力的种族逻辑》(Ashraf Abdelhay、Nada Eljak、Abdel Rahim Mugaddam 和 Sinfree Makoni)、《马来西亚沙捞越华人家庭的语言选择》(Su-Hie Ting)。

第 5 期为"超语识读"专刊,未标明主持人。刊载文章 7 篇,标题及作者如下。

《语言接触与超语识读能力》(Serafin M. Coronel-Molina 和 Beth L. Samuelson)、《超语识读的语言选择:从识读主场到交往空间》(Suresh Canagarajah 和

Yumi Matsumoto)、《跨越时空的美国印第安人与超语识读能力》(Serafin. M. Coronel-Molina 和 Peter M. Cowan)、《超语与跨文化实践：中西部地区以白人为一家主体的农村小学课堂的考察》(Alexandra Panos)、《青少年移民中超语跨文化之旅的民族志调查：一家拉丁化教堂周日学校语言选择》(Stacy L. Peñalva)、《克里奥尔化与新世界大同主义：21世纪学生认同及跨文化理解读写实践的考察》(Erin Moira Lemrow)、《美国非洲移民的超语实践：对英语马赛克政策的支持》(James Chamwada Kigamwa 和 Michael Takafor Ndemanu)。

第6期刊载文章6篇，标题及作者如下。

《美国与中国学生西班牙语学习策略的归类：跨文化比较》(Aránzazu Bernardo、María Amérigo 和 Juan A. García)、《英语及其他：欧亚英语媒介语多语大学语言的作用及认知的定点研究》(Will Baker 和 Julia Hüttner)、《二语学习者中的挣面子(facework)：跨文化交际的近距离观察》(Soomin Jwa)、《从可理解性视角审视微观规划：瓦努阿图五旬节岛个案研究》(Cindy Schneider 和 Charlotte Gooskens)、《双语教育及其成就：俄罗斯鞑靼斯坦鞑靼语学校学生家庭用语的影响》(Edgar Demetrio Tovar-García 和 Hèctor Alòs i Font)、《学前儿童语言能力中家庭族裔差异、结构背景、过程特色的作用》(Liudmila Loboda、Markus Vogelbacher 和 Ira Gawlitzek)。

第7期特刊主题为"语言政策与规划的标准化手段"，未标明主持人。刊载文章7篇，标题及作者如下。

《标准化政治理论对语言政策研究的贡献》(Rémi Léger 和 Huw Lewis)、《政治自由主义、语言多元化与社会平等》(Matteo Bonotti)、《语言公平的实现：资源与能力》(Huw Lewis)、《语言劣势的四种理念》(Andrew Shorten)、《语言正义中的市场失灵论(Market Failure Approach)》(David Robichaud)、《认同以外：多语主义政策的迫切性及可能性》(Aviad Rubin)、《语言与正义的局限》(Yael Peled)。

第8期刊载文章7篇，标题及作者如下。

《斯洛文尼亚种族杂居地区双语教育有经济价值吗？》(David Limon 和 Sonja Novak Lukanovič)、《社会经济的发展可以缩小英语鸿沟吗？对日本语言技能掌握情况的统计学分析》(Takunori Terasawa)、《巴斯克自治区的社会经济类型与基于教学用语的教育成绩》(Paula Elosua 和 Maria Egaña)、《另一种早期过渡模式一定会导致失败吗？抑或瓦努阿图国正确时间的错误模式》(Fiona Willans)、《韩国大学生关于不同英语变体认知及其对英语学习的贡献》(So-Yeon Ahn 和

Hyun-Sook Kang)、《沉浸式教育的效果与凯尔特社区:苏格兰教授凯尔特语教育的成年人之认同与语言意识形态》(Stuart Dunmore)、《人口普查中的种族与母语:从南斯拉夫到塞尔维亚到黑山》(Ranko Bugarski)。

第9期刊载文章7篇,标题及作者如下。

《如何在多语环境中定义"母语使用者":作为母语的英语在亚洲》(Jette G. Hansen Edwards)、《从手机辅助方言意识训练效果看受训英语教师对待方言的态度》(Hilal Bozoglan 和 Duygu Gok)、《脸书如何复兴地方语言:来自巴厘的教训》(Alissa Joy Stern)、《比利时俄语移民的同化及社会经济适应的过程》(Dmitry Grigoryev 和 Fons van de Vijver)、《汉语作为二语或外语的教学:系统文献综述(2005—2015)》(Xiuli Ma、Yang Gong、Xuesong Gao 和 Yiqing Xiang)、《关于长白云之乡(Aotearoa,毛利语)新西兰双语地名命名争议双方论点的归类》(Nathan John Albury 和 Lyn Carter)、《"录音话语测试"(recorded text test)得分的信度:少数民族语言可理解性测试的不稳定性的广泛存在》(Zachariah Yoder)。

第10期刊载文章6篇,标题及作者如下。

《从多语主义到双语主义:所罗门群岛恩德乌语(Engdewu)使用者的语言变化、语言价值及社会流动性》(Rachel Emerine Hicks)、《英语阅读意愿的预测条件:基于群体自信和个体自信模式的检验》(Gholam Hassan Khajavy 和 Behzad Ghonsooly)、《关于族裔语与双语习得的不同观点试析:来自希腊老师及移民学生的质化和量化证据》(Eleni Griva、Angeliki Kiliari 和 Anastasia G. Stamou)、《少数民族语言及其可持续的超语实践:威胁还是机遇》(Jasone Cenoz 和 Durk Gorter)、《新加坡高等教育中的英语媒介语:政策、现实与挑战》(Kingsley Bolton、Werner Botha 和 John Bacon-Shone)、《伊朗人对阿塞拜疆语的态度:一项大型问卷调查研究》(Saeed Rezaei、Ashkan Latifi 和 Arash Nematzadeh)。

## 四 《语言规划中的现实问题》

该刊2017年共4期,发表学术文章22篇。

第1期刊载文章5篇,标题及作者如下。

《澳门语言现状》(Xi Yan)、《越南大学外语政策中的自主学习:教师能动性的社会语言学视角》(T. T. Huyen Phan 和 M. Obaidul Hamid)、《日本大学的英语作为教学媒介语:政策的实施及其困境》(Patrick NG Chin Leong)、《冰岛语的对外成人教学:冰岛语测试的实施效果》(Pamela Innes 和 Unnur Dís Skaptadóttir)、《族裔语教学:移民青年的语言、读写及文化能力的评估》(Corinne A. Seals 和 Joy Kreeft Peyton)。

第 2 期刊载文章 6 篇,标题及作者如下。

《拒绝巴别塔:对美国后国家情境下的无公民权语言多元主义的考察》(Sandro R. Barros)、《在线语言论坛对语言使用、规范和权威形成的作用》(Antonio Reyes 和 Juan Eduardo Bonnin)、《斯洛伐克罗姆(Roma)学生在中学的融入:语言政策与规划的情境》(Mark Payne)、《语言的自由与地区性:以比利时为例》(Stefaan van der Jeught)、《博茨瓦纳语言政策批评的超语实践视角》(Mompoloki Mmangaka Bagwasi)、《失聪人士双重范畴地位对手势语规划的影响:英国手势语(苏格兰)法案(2015)》(Maartje De Meulder)。

第 3 期刊载文章 4 篇,标题及作者如下。

《语言学习与跨文化教育:塞浦路斯语境中的阻碍与前景》(Christina Hajisoteriou 和 Panayiotis Angelides)、《中学课程里的奥斯曼土耳其语:土耳其当前语言规划的讨论》(Bedrettin Yazan 和 Melike Üzüm)、《动荡与挣扎之际的语言政策:政争与党争对斯洛文尼亚语言策略的影响》(Kristof Savski)、《香港的英语作为教学媒介语问题:从学校政策与课堂实践的灰色地带所看到的启迪》(Stephen Evans 和 Bruce Morrison)。

第 4 期刊载文章 7 篇,标题及作者如下。

《语言规划与发展援助:发展援助话语中若隐若现的语言》(Kerry Taylor-Leech 和 Carol Benson)、《后殖民时期莫桑比克语言政策与组织发展的机构》(Feliciano Chimbutane)、《孟加拉的语言规划、英语教育规划及发展援助项目》(Elizabeth J. Erling)、《语言政策与发展援助:对一项英语教学(ELT)项目的批判性分析》(Ruanni Tupas 和 Honey Tabiola)、《为语言花钱:澳大利亚土著语基金》(Ahmar Mahboob、Britt Jacobsen、Melissa Kemble 和 Zichen Catherine Xu)、《语言规划的里程碑与发展援助》(Hywel Coleman)、《社交媒体上的底层交谈:对瓦努阿图语言教育政策中公众参与的分析》(Fiona Willans)。

## 五 《语言政策》

该刊 2017 年共 4 期,发表学术文章 20 篇。

第1期刊载文章5篇,标题及作者如下。

《阅读的殖民化、英语意识形态:语言政策视角》(Usree Bhattacharya)、《我们迷路了:对普通医院指示语资源分配的测量》(Michal Schuster、Irit Elroy 和 Ido Elmakais)、《法国新殖民主义对摩洛哥语言教育政策的影响:对科学领域标准阿拉伯语当前地位的研究》(Marouane Zakhir 和 Jason L. O'Brien)、《20世纪早期亚洲语言政策与语言意识形态的历史分析:以1910—1945年的朝鲜(Joseon)为例》(Jinsuk Yang)、《从多数民族到少数民族作为教学媒介语的职业培训项目:一项比较研究的教训》(Joanna McPake、Wilson McLeod、Fiona O'Hanlon 和 Giovanna Fassetta)。

第2期刊载文章5篇,标题及作者如下。

《跨国英语学习者的不公平竞技:高中毕业考试、调节措施和英语作为第二语言的地位》(Mariko Mizuno Alexander)、《多语印度的语言与语言教育规划:少数族裔语视角》(Cynthia Groff)、《威尔士的语言政策、内向移民和辩论话语》(Catrin Wyn Edwards)、《濒危时刻的推广:芬兰手语法案》(Maartje De Meulder)、《民间语言学知识在语言政策中的力量》(Nathan John Albury)。

第3期刊载文章5篇,标题及作者如下。

《"请不要给清洁工留条子,因为很多人并不能讲流利的英语":多语工作场所的政策、权势以及语言协调》(Kellie Gonçalves 和 Anne Schluter)、《中国大学英语的演变:变化、趋势和冲突》(Jinfen Xu 和 Yumei Fan)、《全球流动与地方转换:巴西的学术流动与语言政策》(Renata Archanjo)、《"全球"英语的神话与现实》(Robert Phillipson)、《政策推行的争议空间:新加坡语言政策的布迪厄分析》(Wendy D. Bokhorst-Heng 和 Rita Elaine Silver)。

第4期刊载文章5篇,标题及作者如下。

《语言规范政策与少数族裔语言权利:法国地区语言案例的再思索》(Leigh Oakes)、《愿景多于复兴:阿拉伯联合酋长国的阿拉伯语作为科学语言政策》(William Robert 和 Amilan Cook)、《工作场所的双语到多语:巴斯克自治社区案例》(Karin van der Worp、Jasone Cenoz 和 Durk Gorter)、《加拿大日裔教堂的语言政策与教堂会员认同的有效性》(Tyler Barrett)、《"欧洲联合国"的语言问题:欧洲战后语言政策的争议》(Zorana Sokolovska)。

总体说来,在过去的一年里,这5家国际上最集中发表语言政策分析及规划研究的期刊,在全年27期中共发表了170篇原创性学术文章(不包括书评、纪念性和信息性等非研究性文章),此数目较去年略有增加(多6篇)。此外,2017年在我们考察的5种期刊中,发现非英语文章1篇(西班牙语)。而2016年有2篇西班牙语的,2015年非英语文章则有法语(2篇)、德语和意大利语共4篇。另外,2017年有8期65篇文章是以专刊的形式发表(包括一期纪念专辑),与2016年的91篇专刊文章相比,有明显减少。其中,《语言规划中的现实问题》第4期的7篇文章也是专刊(主题为:语言规划与发展援助),但没有显性标明。

纵观过去一年这5家代表性期刊的发文主题,发表最集中的仍然是高等教育和学术(包括科学)语言的语言规划,共发表19篇(包括一期特刊的8篇),这一主题也是过去几年来这5家期刊发文最频繁的领域。一般认为,高等教育和学术领域可能是"语言帝国主义"殖民最先实现的前沿,主流期刊的持续关注体现了业界对抵御全球强势语言(英语)最薄弱环节的担忧。值得一提的是,2017年也是发表涉及中国语言规划的文章比较多的一年,共发表31篇,包括一期藏语规划特刊的7篇、香港语言政策的5篇、澳门1篇、维吾尔语规划1篇和世界语规划的1篇。关于东南亚(马来西亚和新加坡)华语规划的文章有12篇。此外,超语现象(tranlanguaging)也第一次成为关注焦点,共发表9篇(包括一期特刊),预示着学者们对于这种因超级多样性带来的语言社会学现象及其理论化的兴趣渐浓。

(赵守辉)

# 附录

# 2017年语言生活大事记

## 1月

1月4日,国家语言资源监测与研究有声媒体中心举行"2016媒体关注度十大榜单"新闻发布会。

1月10日,"语言文学学科建设推进会"在北京语言大学召开。

1月11日,国家食品药品监督管理总局就《中成药通用名称命名技术指导原则(征求意见稿)》向社会公开征求意见,引发各界热议。

1月12日,"应用语言学之母"李佩逝世。

1月14日,中国社会科学院语言研究所、北京语言大学、商务印书馆主办的"中青年语言学者沙龙"在商务印书馆举行,沙龙主题为"语言资源与语言智能"。

1月14日,著名语言学家周有光逝世。

1月17日,教育部、国家语委印发《关于进一步加强学校语言文字工作的意见》(教语用〔2017〕1号)。

1月17日,教育部语言文字应用管理司主办的《中华通韵》制定工作研讨会在北京召开。

1月21日,中国出版集团·中译出版社有限公司主办的第二届"中译杯"全国青少年口译大赛在北京落幕。

1月24日,中共中央办公厅、国务院办公厅印发《关于实施中华优秀传统文化传承发展工程的意见》,其中提出要"实施中华经典诵读工程。组织学校开展经典诵读、书写、讲解文化实践活动,挖掘与诠释中华经典文化的内涵及现实意义,使群众特别是广大青少年更好地熟悉诗词歌赋、亲近中华经典"。

1月29日至2月7日,《中国诗词大会》第二季在央视一套、十套播出。

## 2月

2月15日,教育部语言文字应用管理司在北京召开语言文字"立德树人"重大教育理论和实践问题研讨会。

2月22日,中国语言资源保护工程专家咨询委员会成立会在北京举行。

2月28日,武汉市中心医院开设湖北省首个由公立医院开设的耳聋患者术后语言康复课堂。

2月28日至3月2日,"第33届本地化世界大会"在深圳召开,大会主题是语言服务供应商、翻译自动化等。

## 3月

3月1日,《中华人民共和国公共文化服务保障法》正式实施。该法第四十条规定:"国家加强民族语言文字文化产品的供给,加强优秀公共文化产品的民族语言文字译制及其在民族地区的传播,鼓励和扶助民族文化产品的创作生产,支持开展具有民族特色的群众性文化体育活动。"

3月1日,江苏省语委办、江苏省语言文字应用学会召开"普通话水平测试第四项机评改革工作会议",就全面启动第四项"命题说话"人机合作评分试点进行部署。

3月3日至15日,在中国人民政治协商会议第十二届全国委员会第五次会议和中华人民共和国第十二届全国人民代表大会第五次会议上,来自语言文字等领域的代表委员就语言学科设置、汉字书写、语言博物馆建设、高考外语、外语人才培养、语言翻译、语言资源保护、全民阅读等问题建言献策。

3月10日,江苏卫视《最强大脑》"仓颉造字"播出。

3月11日,"字道2017"系列巡展暨方正字库新品发布会在中国广告博物馆举行。

3月13日,教育部、国家语委印发《关于开展普通话基本普及县域验收工作的通知》(教语用〔2017〕1号)。

3月14日,教育部、国家语委印发《国家通用语言文字普及攻坚工程实施方案》(教语用〔2017〕2号)。

3月14日,百度发布SwiftScribe网页应用。该应用依靠百度深度语音识别系统,将音频文件转为文本,转化效率较人工速记快1.67倍。

3月15日,在第十二届全国人民代表大会第五次会议上,有12个"新词"首次被写进李克强总理所做政府工作报告,引发各界关注。

3月16日,陕西省"一带一路"语言服务及大数据平台服务网站上线仪式在西咸新区举行,中译语通科技(陕西)有限公司同时挂牌成立,此举成为政、产、学、研各界共同推进"一带一路"建设的重要成果。

3月17日,《国家民委"十三五"少数民族语言文字工作规划》印发。

3月25日至26日,"中华思想文化术语国际传播论坛"在北京召开。

3月27日,"中华经典资源库"五期项目建设研讨会在人民教育出版社举行。

3月29日,北京语言大学和美国西北大学在北京举行发布会,正式推出双方合作研发的《中国失语症语言评估量表》(标准版)。

3月30日,"两岸语言文字交流与合作协调小组工作会议"在北京举行。

3月31日,360智能硬件联合360搜索发布语言AI工具"宙斯瞳"宣传视频,引起广泛关注。

3月,《关于将女书编入国际通用字符集的提案》获得国际标准化组织ISO/IEC JTC1/WG2一致通过。

# 4月

4月7日至8日,广东外语外贸大学与中译语通科技(北京)有限公司联合承办的"语言大数据联盟2017年会"在广州举行。

4月8日至9日,南京邮电大学外国语学院主办的"语言·文化·技术:信息时代翻译研究与教学研讨会"在南京举行。

4月9日至15日,国家民委和教育部在北京联合举办"第三期全国民族语文应用研究中青年学者研修班"。

4月10日至11日,"第十届海峡两岸现代汉语问题学术研讨会"在澳门举行。

4月10日至19日,国家教育督导委员会办公室、国家语委办公室联合在国家语委语言文字应用培训基地四川大学举办两期语言文字督导培训班。

4月19日至21日,教育部语言文字应用研究所(国家语委普通话与文字应用培训测试中心)在长沙举办《汉字应用水平等级及测试大纲》培训班。

4月20日,2017"一带一路"年度汉字发布仪式在白水举行,"融"字当选。

4月20日,联合国总部举办第八届中文日活动。

4月22日至23日,中国教育语言学研究会主办的中国教育语言学研究会第八届年会暨"中国文化'走出去'背景下的高校外语教学"研讨会在兰州举行。

4月22日,广西社科院主办的"亚洲语言资源国际研讨会"在南宁开幕,会议主题为"让'一带一路'沿线信息交流更有效"。

4月22日,博雅翻译文化沙龙主办的第九届"中国翻译职业交流大会"在北京师范大学召开。

4月23日,"北京语言文化主题驿站"揭牌仪式暨"北京市民语言文化大讲堂"启动仪式在北京皇城驿站主题邮局举行。

4月25日至26日,2017年度国家语委科研机构工作会议在鲁东大学召开。

4月27日,中国国家语委普通话与文字应用培训测试中心、中国传媒大学和美国纽约大学石溪分校共同建立的普通话培训测试中心,在美国纽约举行揭牌仪式。

# 5 月

5月3日,联合国总部举办2017年"中文之夜"。

5月7日至20日,两期"2017年地方语委干部语言文字工作能力提升培训班"在中山大学珠海校区举办。

5月9日,中国科学院、国家语委、全国科学技术名词审定委员会在北京联合召开发布会,向社会发布113号、115号、117号、118号元素中文名称,分别为"鿭、镆、鿬、鿫"。

5月10日,"语言智能国际化发展研讨会"在首都师范大学举行。

5月12日至13日,北京外国语大学主办的"第二届《翻译界》高端论坛暨全国'一带一路'翻译研究学术研讨会"在北京召开。

5月13日至14日,"全国首届语言病理学学科建设暨语言认知神经实验室发展高层论坛"在四川外国语大学召开。

5月16日,"一带一路国际语言村"在上海嘉定启动,旨在满足"一带一路"建设中对翻译、旅游和贸易人才的迫切需求。

5月19日,法律与语言多文化协会、国际语言法律协会主办的"第三届法律话语与翻译高层论坛"在杭州举行。

5月19日,"全球外国语大学联盟校长论坛暨2017年区域与全球治理论坛"在北京外国语大学举行。

5月19日,北京冬奥组委、教育部、国家语委在北京共同启动《北京冬奥会语言服务行动计划》。

5月19日,北京湛庐文化传播有限公司出版、微软小冰推出的原创诗集《阳光失了玻璃窗》正式与大众见面,这是第一部完全由人工智能创作的诗集,也是微软小冰具备人工智能创造能力后的一个创造成果。

5月21日至22日,中国人工智能学会和中国中文信息学会主办的"2017全球人工智能技术大会"在北京举行。

5月22日至24日,教育部语言文字应用研究所(国家语委普通话与文字应用培训测试中心)在上海举办《汉字应用水平等级及测试大纲》培训班。

5月25日,全国科学技术名词审定委员会联合大数据战略重点实验室首次对外发布"大数据十大新名词",同时全面启动我国首部《大数据百科全书》的编纂工作。

5月28日,广州首批配备"乘客便捷服务系统"的108路无轨电车上线营运,用户能获得九国语言智能报站、线路站点引导、车辆到站提醒等服务。

# 6月

6月初,中国民族语文翻译局再次与搜狗浏览器进行合作,全面更新搜狗浏览器的"民汉翻译"功能。新版在原有维汉互译的基础上,增加了藏汉、哈汉、朝汉网页互译的新内容,实现藏文、哈萨克文、朝鲜文网页与汉文网页的实时互译。

6月4日至10日,2017年语言文字工作幼儿园骨干园长培训班在徐州幼儿师范高等专科学校举办。

6月6日,两岸专家携手制定的闽南话方言广播实践规范——中央人民广播电台"闽南话播音主持水平测试标准"在厦门理工学院发布。

6月6日至8日,全国听力语言康复服务机构管理人员培训班在北京举办。

6月9日至10日,新疆维吾尔自治区教育厅主办的第一届"'一带一路'语言、教育与文化交流国际学术研讨会暨第五届中亚汉语国际教育研究中心学术委员会会议"在乌鲁木齐举行。

6月11日,《新华字典》App正式上线使用。

6月11日至17日,2017年语言文字工作中小学骨干校长培训班在国家语委语言文字应用培训基地东北大学秦皇岛分校北戴河培训中心举办。

6月17日,北京外国语大学国家语言能力发展研究中心、中国外语与教育研究中心、中国语言学会语言政策与规划研究会主办的首届"语言政策与规划国别研究中青年学者论坛"在北京外国语大学举办。

6月19日,新疆青少年出版社与国家图书馆共同发起的"中华优秀童书民语翻译出版工程"项目启动暨2017年书目评审会在北京举行。

6月20日,国家标准化管理委员会、教育部、国家语委在北京联合召开新闻发布会,发布《公共服务领域英文译写规范》系列国家标准。

6月20日,内蒙古自治区民委与内蒙古人民出版社共同建立的蒙古语辞书研究中心在呼和浩特成立。

6月24日,中央党校报刊社和中国信息通信研究院共同主办的"坚定文化自信,中文畅行网络"研讨会在中央党校召开。

6月26日,澳门公布初中及高中《基本学力要求》。

6月29日,"2017魔脑全球语言沟通系统新品发布会"在海南国际会展中心举行,发布会主题为"架起语言桥梁,助力一带一路"。

# 7月

7月3日,联合国教科文组织第38届大会主席斯坦利·穆通巴·西马塔考察具有100多种语言课程的在线学习平台"全球说"。

7月6日,陕西省"一带一路"语言服务及大数据平台呼叫中心启用仪式在西安外国语大学举行。

7月6日,《2016中国基础外语教育年度报告》新书发布会在北京外国语大学举行。

7月7日至9日,中国语言学会语言政策与规划研究会和上海外国语大学主办的"第三届中国语言政策及语言规划学术研讨会"在上海举行,会议主题为"信息化和全球化时代的语言教育"。

7月7日至9日,国际汉语教学硕博士指导研究会主办的"第六届国际汉语教学研究生指导研讨会"在上海举行。

7月11日至12日,上海市教育科学研究院国家语言文字政策研究中心主办的"第二届中国语言文字政策研究热点与趋势学术研讨会"在上海举行。

7月13日,中国汉字听写竞技类文化节目《汉字风云会》在浙江卫视开播。

7月15日,北京语言大学语言资源高精尖创新中心主办的"一带一路语言资源与智能国际学术研讨会"在北京语言大学举行,会议主题为"语言资源与智能"。

7月15日至16日,中国教育学会中学语文教学专业委员会和商务印书馆在西安联合举办"为中国未来而读——2017阅读行动论坛",论坛主题为"阅读与中国传统文化教育"。

7月17日,南山会讲"语保世界观"暨联合国教科文组织-全球说"2017多语言冠军挑战赛"在北京语言大学启动。

7月17日,华语二语教研学会、鲁东大学联合主办的"第七届语言学与华语二语教学国际研讨会"在鲁东大学举行,会议主题为"语言学与华语二语教学:语言习得与语料库的建设和使用"。

7月18日,教育部、国家语委在北京召开新闻发布会,介绍2016年国家语言文字事业发展状况,发布《中国语言文字事业发展报告(2017)》(白皮书)、《中国语言生活状况报告(2017)》(绿皮书)、《中国语言政策研究报告(2016)》(蓝皮书)、《世界语言生活状况报告(2016)》(黄皮书)。

7月18日,国际标准《ISO18662-1:2017中医药-术语-第一部分:中药材》正式出版发布,这是国际标准化组织中医药标准化技术委员会出版的首个术语标准。

7月19日,国家语言资源监测与研究平面媒体中心发布"2017年春夏季中国报纸十大流行语"。

7月20日,黑龙江省鄂伦春民族语言网络学习平台应用与推广培训班在大兴安岭地区塔河县开班。

7月20日至21日,中国中文信息学会主办的"第十四届自然语言处理青年学者研讨会"在井冈山召开。

7月22日,中国社会科学院语言研究所、北京语言大学、中国语言学书院和商务印书馆联合主办的"2017海内外中国语言学者联谊会第八届学术论坛"在北京举行。

7月23日,中国计算机学会和中国中文信息学会共同主办的"第二届语言与智能高峰论坛"在北京举行,论坛主题为"语言理解与人工智能"。

7月24日至8月2日,教育部语言文字应用管理司、教育部港澳台事务办公室主办的"2017年港澳中小学教师普通话能力提升培训班"在天津国际汉语学院举办。

7月25日,"民族遗珍 书香中国——中国少数民族古籍珍品暨保护成果展"全国巡展(北京站)在国家博物馆开幕。

7月31日,国家工商行政管理总局印发《企业名称禁限用规则》《企业名称相同相近比对规则》。

7月31日,"'一带一路'沿线国家国际职业汉语培训首期示范班"开班仪式在广州举行。

7月初,台湾制定所谓的"国家语言发展法(草案)"。

# 8月

8月2日,西安市人民政府印发《西安市道路命名规则(暂行)》。

8月2日,"国家外语人才资源动态数据库建设"成果发布会暨咨询会在北京外国语大学举行。

8月8日,百度手机输入法Android v7.6正式上线,新增快捷翻译功能,能够满足用户在不同语言环境下的输入需求。

8月8日,江苏省语言文字应用学会、江苏教育频道和中国盲文手语推广服务中心联合录制的《听障人员普通话水平替代性测试》系列讲座,在南京特殊教育师范学院正式启动。

8月9日,"陈星工作室"研讨会暨岭南方言文化传承保护中心启动仪式在广州举办。

8月12日,第十六届"汉语桥"世界大学生中文比赛总决赛暨闭幕式在长沙举行。

8月18日,外语中文译写规范部际联席会议专家委员会审议通过《第五批推荐使用外语词中文译名表》,为12个国际组织的外语名称提供推荐使用的中文译名。

8月21日,《上海市公共信息多语种服务手册》在上海书展现场首发。

8月21日,首都师范大学北京语言产业研究中心、北京师范大学北京语言文化建设研究中心主办的"第三届中国语言产业论坛"在内蒙古举行。

8月21日,2017年"中国图书对外推广计划"外国专家座谈会在北京举行,

会议主题为"汉语的国际出版与推广"。

8月23日,外语教学与研究出版社与施普林格·自然集团在北京国际图书博览会举办"中华思想文化术语研究丛书"(英文版)首批项目签约仪式。

8月23日,国家艺术基金资助的传播交流推广项目"百家墨韵——中国汉字标准书体作品展"国内巡展在刘海粟美术馆开幕。

8月23日,以解读关键词形式聚焦"一带一路"的《中国关键词:"一带一路"篇》多语种图书,实现波兰文版、印地文版、俄文版、韩文版、阿拉伯文版、土耳其文版、阿尔巴尼亚文版、德文版8个语种的海外版权输出,落地"一带一路"沿线国家。

8月24日,中国文字学会第九届学术年会在贵阳召开。

8月26日至27日,东南大学外国语学院、上海外国语大学语言研究院·中国外语战略研究中心与香港大学教育学院联合主办的"语言与未来"学术研讨会暨第四届青年学者工作坊在南京召开,会议主题为"多语世界,言为心声"。

8月29日,国家语委"一带一路"汉语普通话推广培训基地(西北中心)和中国文字博物馆主办的《中国文字》陇上巡展在西北师范大学开幕。

8月29日,察哈尔学会、中译语通·译世界联合主办的《"一带一路"语言服务市场全景式分析与行业及政策建议2017》报告发布会暨"一带一路"语言服务研讨会在北京举行。

# 9 月

9月5日,广东省委宣传部批准设立的广东岭南方言文化博物馆落户佛山。

9月6日,青海省高级人民法院与青海师范大学联合培养民族语言法律人才框架协议签约仪式在青海师范大学举行。

9月11日,"第20届全国推广普通话宣传周开幕式暨经典诵读展示活动"在北京中山音乐堂举行,本届推普周的主题为"大力推广和规范使用国家通用语言文字,自觉传承弘扬中华优秀传统文化"。

9月11日,《全球说——传奇女书》首发暨"全球说"与永州市合作备忘录签署仪式举行,双方商定共同推动"江永女书"方言文化的保护和传承工作。

9月11日,广州市住房和城乡建设委员会发布《广州市重点区域道路交通标识系统(完善)设计指引》,其中进一步规范了中、英文对照方式标准。

9月11日至13日,首届中国北京国际语言文化博览会在中国国际展览中心举办,主题为"语言让世界更和谐,文明更精彩"。

9月12日,以"语言科技与人类福祉"为主题的首届国际语言文化论坛在北京外国语大学举办。

9月13日,国家语委主办的首届"一带一路"语言文化高峰论坛在北京语言大学召开,论坛主题为"东渐西传、文明互鉴"。

9月13日,中宣部、财政部、文化部、国家新闻出版广电总局、中国残联组织实施的"盲人数字阅读推广工程"在国家图书馆启动。

9月14日至15日,中国听力语言康复研究中心与中国残疾人康复协会听力语言康复专业委员会主办的2017中国听力语言论坛(第五届中国听力论坛)在北京举办,论坛主题为"一带一路,融合共享,提升听力语言服务质量"。

9月15日,中国语言文字规范标准研究中心、国家语言文字政策研究中心、公共服务领域外文译写研制工作秘书处联合举办"《公共服务领域英文译写规范》发布座谈会"。

9月18日,第20届全国推广普通话宣传周闭幕式在临沧举行。

9月19日,江苏省语言文字工作委员会、江苏省教育厅发布2017年江苏省县域居民普通话普及情况调查数据。

9月21日至22日,中国中文信息学会和中国中文信息学会民族语言文字信息专业委员会主办的"第十六届全国少数民族语言文字信息处理学术研讨会"在桂林理工大学召开。

9月22日,"穗宝杯"首届全国听障朗诵大赛决赛在广东省立中山图书馆举行。

9月22日至24日,中国翻译协会、全国翻译专业学位研究生教育指导委员会、南京农业大学主办的"第四届全国公示语翻译研讨会暨《公共服务领域英文译写规范》国家标准推广高端论坛"在南京召开。

9月23日,台湾教育主管部门举行的课纲审议大会决议,高中语文科文言文比例将从目前占45%至55%删减为35%至45%,推荐选文篇数将由30篇降为15篇。此举在台湾社会引发普遍批评。

9月23日至24日,北京语言大学、陕西师范大学主办的"第四届中国语言资源国际学术研讨会"在西安举行,会议主题为"社会化理念下的语言资源保护"。

9月24日,上海12345市民服务热线手语视频服务上线试运行。

9月24日,华为与方正联合主办的2017"字体手护计划"在北京发布。

9月26日,"少数民族语言文字规范化标准化信息化工作会议"在云南民族大学召开。

9月26日,山东博物馆主办、中国文化遗产研究院提供学术支持的"书于竹帛——中国简帛文化展"在山东博物馆开展。

9月26日,国内首部汉语方言百科大词典《汉语方言学大词典》正式出版。

## 10月

10月2日,福建师范大学两岸文化发展研究中心、福建师范大学文学院、台湾中华文化教育学会两岸三家单位耗时三年的协作成果——两岸合编高中语文教材《高中国文》发布会在台北举行。

10月14日至15日,中国应用语言学会(筹)、教育部语言文字应用研究所主办的"第十届全国语言文字应用学术研讨会"在厦门召开。

10月14日,山东师范大学国际教育学院、北京语言大学对外汉语研究中心、新西兰梅西大学人文学院联合主办的"第十四届对外汉语国际学术研讨会暨第二届汉语远程教育与传播国际学术研讨会"在山东师范大学举行。

10月15日至17日,澳门大学人文学院中国语言文学系、国际城市语言学会、南京大学中国语言战略研究中心联合主办的"第十五届城市语言调查国际学术研讨会"暨"第二届'动态普通话'国际研讨会"在澳门大学举行,会议主题为"大数据时代下的语言研究"。

10月16日至22日,2017年全国中小学书法教师研修班在国家语言文字推广基地京津冀书法教育基地举行。

10月18日至19日,澳门理工学院举办的"语言与现代化"学术研讨会在澳门理工学院召开。

10月24日,科大讯飞(首届)全球1024开发者节开启。科大讯飞执行总裁胡郁在开发者大会上正式启动讯飞输入法"方言保护计划"。

10月26日,教育部语言文字信息管理司与新疆大学共建新疆多语种信息技术研究中心签约仪式在北京举行。

10月27日至29日,"首届语言文字应用研究优秀中青年学者论坛暨第三届语言文字应用研究中青年学者协同创新联盟学术研讨会"在厦门大学嘉庚学院召开。

10月27日至30日,华侨大学、暨南大学、台湾世界华语文教育学会联合举办的"第二届国际华文教学研讨会暨第七届两岸华文教师论坛"在厦门举行。

10月28日至29日,中国语文现代化学会主办的"中国语文现代化学会第十二届学术研讨会暨第十二次会员代表大会"在沈阳召开。

10月30日,联合国教科文组织网站发布消息,我国申报的甲骨文项目顺利通过联合国教科文组织世界记忆工程国际咨询委员会的评审,成功入选"世界记忆名录"。

## 11 月

11月4日至5日,山东大学经济研究院、山东大学语言经济学研究中心、广西财经学院、广西(东盟)财经研究中心共同主办的"第八届中国语言经济学论坛"在南宁举行,论坛主题为"语言服务'一带一路'建设研究"。

11月4日至5日,外语教学与研究出版社主办的"中华思想文化术语推广暨青少年传统文化传播峰会"在北京举行。

11月9日,海峡两岸青年设计师共同完成的《字绘台湾》作品全球首发。

11月10日至12日,中国翻译研究院、南京大学、全国科学技术名词审定委员会共同主办的第三届"面向翻译的术语研究"国际学术研讨会在南京大学召开,会议主题为"术语·知识·话语"。

11月11日至13日,教育部语言文字应用研究所主办的"第九届全国社会语言学学术研讨会"在武汉大学召开,会议主题为"智能化时代的语言文化研究"。

11月15日,"十二五"国家科技支撑计划"三方工程中国语言资源有声数据库技术规范与平台研发"项目通过专家验收。

11月15日至30日,《百家墨韵——中国汉字标准书体作品展》在上海交通大学程及美术馆展出。

11月16日,"中国社会科学院辞书编纂研究中心成立大会暨新时代辞书发展论坛"在中国社会科学院语言研究所召开。

11月20日,北京五彩鹿儿童行为矫正中心主办的"第一届东亚区域扩大替代沟通(Augmentative and Alternative Communication)大会"在北京举行,旨在为东亚区域所有语言障碍儿童提供更为有效的帮助和更好的发展机会。

11月20日,"汉语盘点2017"启动仪式在商务印书馆举行。

11月25日,广州大学语言服务研究中心、人文学院主办的"第二届语言服

务高级论坛"在广州大学举行,会议主题为"语言服务与语言生活"。

11月28日,"2017年外语中文译写规范和中华思想文化术语传播部际联席会议"在外语教学与研究出版社举行。

11月29日,纪念国务院颁布《壮文方案》60周年大会在南宁召开。

## 12 月

12月1日,国家标准《公共服务领域英文译写规范》正式实施。

12月1日至2日,中国翻译协会主办的"'一带一路'中的话语体系建设与语言服务发展论坛暨2017中国翻译协会年会"在北京举行。

12月2日,陕西省"一带一路"知识产权语言服务人才培养中心正式成立。

12月2日至3日,第二届"两岸语言文字调查研究与语文生活"研讨会在厦门大学漳州校区举行。

12月8日,国家语言资源监测与研究中心发布"2017年度中国媒体十大流行语"。

12月8日,"台湾2017代表字大选"结果揭晓,"茫"字当选。

12月8日,北京外国语大学、公共服务领域外文译写规范国家标准研制工作秘书处、外研社联合主办的全国中小学校园双语标志活动在北京市海淀区民族小学启动。

12月12日,国家语委语言资源网开通运行。

12月12日,孔子学院总部/国家汉办、陕西省人民政府主办的"第十二届全球孔子学院大会"在西安举行。

12月13日,国家语言资源监测与研究中心发布"2017年度中国媒体十大新词语"。

12月14日至17日,广西民族师范学院主办的第二届"边疆语言与民族文化论坛"在崇左召开。

12月15日,2017海峡两岸年度汉字评选在台北揭晓,"创"字当选。

12月15日,"中国语言资源保护工程"标志性成果《中国语言文化典藏》(20卷)新书发布会在商务印书馆举行。

12月18日,国家语言资源监测与研究中心发布"2017年度十大网络用语"。

12月19日,国务院侨务办公室和中国海外交流协会主办的第四届世界华文教育大会在北京开幕。

12月19日,《咬文嚼字》杂志社公布2017年度十大语文差错。

12月19日,"北京语言文化数字博物馆"项目通过专家鉴定。该馆是国内第一个面向语言文化而研发的开放式数字博物馆。

12月20日,手机圈联盟、中国智能终端产业发展论坛、国际传媒教育产业联盟、金极点科技(北京)有限公司等联合主办的首届中国语音媒体大会在北京举行,会议主题为"语音新价值,智能新媒体"。

12月20日,国家语委语言文字规范标准审定委员会会议召开,审议《国家通用盲文方案》《国家通用手语常用词表》《〈通用规范汉字表〉楷体字形规范》《中国英语能力等级量表》等四项标准草案。

12月21日,国家语言资源监测与研究中心、商务印书馆、人民网、腾讯网联合主办的"汉语盘点2017"揭晓仪式在北京举行,"享""初心""智""人类命运共同体"分别当选年度国内字、国内词、国际字、国际词。

12月21日,国家"一带一路"官方网站——中国一带一路网(www.yidaiyilu.gov.cn)正式开通俄文、法文、西班牙文、阿拉伯文4个语言版本。

12月26日,教育部、国家语委、国家文物局、国家档案局、故宫博物院、中国联合国教科文组织全委会共同主办的甲骨文成功入选"世界记忆名录"发布会在故宫博物院举办。发布会后,召开"甲骨收藏与绝学振兴"高峰论坛。

12月28日,"香港年度汉字"评选结果揭晓,"贵"字当选。

12月29日,民政部印发《关于加强地名标志设置和管理的指导意见》(民发〔2017〕192号),进一步强调地名标志中汉字书写、罗马字母拼写、少数民族地名书写等的规范要求。

12月29日,国家质量监督检验检疫总局、国家标准化管理委员会批准并正式发布《公共服务领域俄文译写规范》(GB/T 35302-2017)和《公共服务领域日文译写规范》(GB/T 35303-2017)两项国家标准。

12月29日至30日,上海市教育科学研究院主办的"国家安全中的语言战略"高端论坛在上海市教育科学研究院举行。

12月,《中国语言生活状况报告》(日语版)第一卷在日本出版。

12月,《中国语言生活状况报告》(韩文版)第二卷在韩国出版。

(白 娟)

# 图 表 目 录

| 表 3-1 | 英文网站板块设置情况 | 096 |
| 表 3-2 | 英文版本网站的新闻更新情况 | 097 |
| 表 3-3 | 网评低俗词语使用状况 | 100 |
| 表 3-4 | 翁丁佤族母语不同年龄段400词的测试情况统计表 | 121 |
| 表 3-5 | 翁丁佤族不同年龄段者兼用汉语情况表 | 123 |
| 表 3-6 | 独龙江乡的学校及学生人数(N=552) | 125 |
| 表 3-7 | 回收样本基本情况(N=491) | 125 |
| 表 3-8 | 父母的民族构成(N=491) | 126 |
| 表 3-9 | 母语的使用(N=491) | 126 |
| 表 3-10 | 母语的听说能力(N=491) | 127 |
| 表 3-11 | 母语的读写能力($N_1$=491;$N_2$=190) | 128 |
| 表 3-12 | 母语的习得顺序(N=491) | 129 |
| 表 3-13 | 母语的听说能力习得(N=491) | 129 |
| 表 3-14 | 本民族文字的习得途径(N=190) | 130 |
| 表 3-15 | 性别、年龄、受教育程度及出生地(N=90) | 134 |
| 表 3-16 | 职业(N=90) | 134 |
| 表 3-17 | 三种语言的掌握程度(N=90) | 135 |
| 表 3-18 | 四种文字的掌握程度(N=90) | 135 |
| 表 3-19 | 听力掌握程度社会差异(N=90) | 136 |
| 表 3-20 | 口语掌握程度社会差异(N=90) | 136 |
| 表 3-21 | 阅读掌握程度社会差异(N=90) | 136 |
| 表 3-22 | 书写掌握程度社会差异(N=90) | 137 |
| 表 3-23 | 方言文化调查条目分类 | 151 |
| 表 4-1 | 2017年度"新四大发明"媒体热度(截至2017年12月25日) | 159 |
| 表 4-2 | "新四大发明"相关高频新词(摘选) | 161 |

## 图表目录

| | | |
|---|---|---|
| 表4-3 | 姓名间隔符及类似字符中英文名称 | 170 |
| 表4-4 | 姓名间隔符及类似字符在常见字体中的显示情况 | 171 |
| 表4-5 | 维吾尔人名汉字音译的转写原则 | 172 |
| 表4-6 | 媒体评论汇总表 | 192 |
| 表5-1 | 2014—2017年主流媒体篇名含"初心"的发文数及"初心"词频 | 231 |
| 表6-1 | 1995年高中语文课程标准语体文与文言文占比 | 261 |
| 表6-2 | "高中课程暂行纲要"语体文与文言文占比 | 262 |
| 表7-1 | 挪威"语言教学大纲"与欧框英语水平等级对比 | 284 |

| | | |
|---|---|---|
| 图3-1 | 2008—2016年全国国民图书阅读率指标 | 053 |
| 图3-2 | 全民阅读网与各地全民阅读活动链接截图 | 053 |
| 图3-3 | 想象力测试结果 | 081 |
| 图3-4 | 感染力测试结果 | 081 |
| 图3-5 | 技巧联、意境联测试结果 | 082 |
| 图3-6 | 集句诗、五言绝句比赛 | 082 |
| 图3-7 | 福建土楼(永定·南靖)旅游景区标识牌 | 105 |
| 图3-8 | 嘉峪关文物景区标识牌 | 105 |
| 图3-9 | 南川金佛山-神龙峡风景区标识牌 | 105 |
| 图3-10 | 嘉峪关文物景区标识牌 | 105 |
| 图3-11 | 厦门鼓浪屿风景名胜区标识牌 | 106 |
| 图3-12 | 迪庆藏族自治州普达措国家公园标识牌 | 106 |
| 图3-13 | 甘肃敦煌鸣沙山月牙泉风景区标识牌 | 107 |
| 图3-14 | 大理崇圣寺三塔文化旅游区标识牌 | 107 |
| 图3-15 | 海南省保亭县槟榔谷黎苗文化旅游区标识牌 | 108 |
| 图3-16 | 恭王府景区介绍折页 | 108 |
| 图3-17 | 西安秦始皇兵马俑博物馆 | 110 |
| 图3-18 | 迪庆藏族自治州普达措国家公园标识牌 | 111 |
| 图3-19 | 海南省保亭县槟榔谷黎苗文化旅游区标识牌 | 111 |
| 图3-20 | 泉州市清源山风景名胜区标识牌 | 111 |
| 图3-21 | 翁丁村寨近景 | 118 |
| 图3-22 | 翁丁村寨口的牛头(郭熙摄) | 118 |

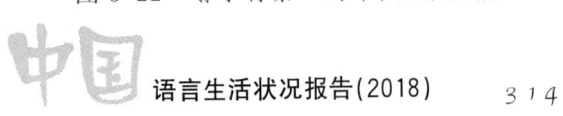

| 图 3-23 | 翁丁村寨全景图 | 119 |
| --- | --- | --- |
| 图 3-24 | 织布 | 119 |
| 图 3-25 | 笔者和寨主夫妇 | 120 |
| 图 3-26 | 笔者访谈翁丁村民肖尼若 | 122 |
| 图 3-27 | "典藏"内页(衡山卷) | 154 |
| 图 3-28 | "典藏"内页(澳门卷) | 154 |
| 图 3-29 | "典藏"整体效果图(函套书脊) | 155 |
| 图 3-30 | "典藏"整体效果图(护封书脊) | 155 |
| 图 4-1 | "新四大发明"清博指数舆情监测之媒体分布 | 160 |
| 图 4-2 | "新四大发明"清博指数舆情监测之情感属性 | 160 |
| 图 4-3 | 乃菲莎的二代身份证 | 170 |
| 图 4-4 | 女婴"王者荣耀"的常住人口登记卡 | 176 |
| 图 4-5 | 黄蒲军校向记者展示校园卡和身份证 | 179 |
| 图 4-6 | 2011—2017年"黑科技"百度指数 | 184 |
| 图 4-7 | 2017全年"黑科技"百度指数 | 185 |
| 图 4-8 | 2017年"黑科技"头条指数趋势图 | 185 |
| 图 4-9 | 2017年"黑科技"头条指数累计图 | 186 |
| 图 4-10 | 谷歌相机实时翻译效果图 | 188 |
| 图 4-11 | "中成药"一词在2017年1月至12月的媒体指数 | 192 |
| 图 5-1 | 2016—2017年"十九大"使用情况 | 213 |
| 图 5-2 | 2016—2017年"新时代"使用情况 | 213 |
| 图 5-3 | 2016—2017年"共享"使用情况 | 214 |
| 图 5-4 | 2016—2017年"雄安新区"使用情况 | 214 |
| 图 5-5 | 2016—2017年"金砖国家"使用情况 | 215 |
| 图 5-6 | 2016—2017年"人工智能"使用情况 | 215 |
| 图 5-7 | 2016—2017年"人类命运共同体"使用情况 | 216 |
| 图 5-8 | 2016—2017年"天舟一号"使用情况 | 216 |
| 图 5-9 | 2016—2017年"撸起袖子加油干"使用情况 | 217 |
| 图 5-10 | 2016—2017年"不忘初心,牢记使命"使用情况 | 217 |
| 图 5-11 | 2017年度"打call"使用情况 | 223 |
| 图 5-12 | 2017年度"尬聊"使用情况 | 223 |

## 图表目录

图 5-13　2017年度"你的良心不会痛吗"使用情况 …… 224
图 5-14　2017年度"惊不惊喜,意不意外"使用情况 …… 224
图 5-15　2017年度"皮皮虾,我们走"使用情况 …… 224
图 5-16　2017年度"扎心了,老铁"使用情况 …… 224
图 5-17　2017年度"还有这种操作"使用情况 …… 225
图 5-18　2017年度"怼"使用情况 …… 225
图 5-19　2017年度"你有freestyle吗"使用情况 …… 226
图 5-20　2017年度"油腻"使用情况 …… 226
图 5-21　2008—2017年十年间"初心"在知网(CNKI)中的检索结果 …… 229
图 5-22　"初心"的搜索指数和媒体指数 …… 230
图 5-23　"初心"的关注趋势 …… 230
图 5-24　"初心"的曝光量 …… 230
图 5-25　2014—2017年篇名含"初心"的新闻词云图 …… 231
图 6-1　台湾2017代表字"茫" …… 252
图 6-2　台湾2008—2017年度代表字票选Top10 …… 253

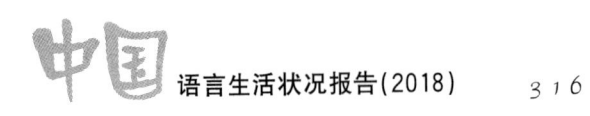

# 术 语 索 引

## A

阿尔泰语系 135
阿法狗 79,202
阿拉伯字母 135—137,275,276,278
阿里AI 84

## B

巴黎国际语言博览会 68
白皮书 38,141,144—149,281
百度指数 184,185,191,192
半角 170,171
曝光量 230
碑铭体圣书文字 75
《北京冬奥会语言服务行动计划》 4,38
北京阅读季 53
北雁云依 176,179—182
本族语 48
笔迹鉴定 88
边缘语言 288
标话 150,152,156
表情包 164,165,222,223,227
波形图谱 87
柏林国际语言文化展 68
博洛尼亚进程 285
"部编本"教材 60,62

## C

裁判文书 87,89,91—93
藏头诗 83
产业专题数据库 31
超级多样性 295
"超脑计划" 80
超语识读 290,291
超语现象 295
朝鲜文古字母编码 36
出品人 89
初心 201—203,212,217,228—234
垂直搜索 100
唇语识别 85,188
词错率 187
词库 161
次方言 46
错别字自动纠正 25

## D

打call 211,222,223
大数据 86,87,99,202,203,209,222
大语言文字工作 3,11
代币 210,211
代际传承 120,286
单音节化 245,246
单语 122,123,139,140
单语人 122,134
单语主义 286

单字 76
低频词 121
低俗词语 99—103
地条钢 206,208
《第五批推荐使用外语词中文译名》 36
顶层设计 153,155,218
冬奥会 4,17,38
冬残奥会 17
独龙语 124—128,130,131
读写能力 128,130
多语服务 94,98
多语人 134
多语言服务 25
多语言实时语音翻译 84
多语种桌面操作系统通用规范 36
多语主义 287,291,292
剁手党 161,167

## E

儿歌 64,115
二维码 151,154,156,165
EP同步版 151

## F

繁体字 33,91,98,110
反链数 100
方言 7,13,16,21,26,37,46,48,49,87,89,110,

# 术语索引

114,116,124,126,127,
129,131,150—156,166,
172,187,222,224,226,
243,247,251,256,257,
259,288,292
方言差异 48
方言调查 37
非公有制企业 24
非华语学生 239—241
非华语中文课程 241
非物质文化遗产 69,72,
117,118
费什曼 286
分类流行语 218
封闭式问卷 133
扶志 49
扶智 26,47,49
服务工程 11
服务机器人 86
服务型政府 7,15
辅助学习 7
复合型外语人才 51
复兴号 161,162,219

## G

噶哈巫 258
尬聊 211,222,223,226
高等教育国际化 285
高频词 121,160,163
跟帖 99,100
工业机器人 86
工作语言 7,32,68,283
公共服务领域英文译写标
准 36
《公共服务领域英文译写规
范》 4
公文事务语体 106,107
公序良俗 179,181,182
共享 16,27,36,59,160,
161,163,202,207—209,

212—214,219,273
共享充电宝 163,206,
207,209,214
共享单车 159—161,
163—165,202,207,209,
214
共享经济 161,163,201—
203,207,209,213,214
共享WiFi翻译机 84,85
共有产权房 206,210
构形 76
关键词推荐 25
关键语种 51
官方语言 144,243,249
国际词 201—203
国际世界记忆名录 74,75
国际音标 154
国际语言文化博览会 5,
39,67,73
国际字 201—203
"国家语言发展法" 248,
249,265
《国家通用盲文方案》 4,
36
《国家通用手语常用词表》
4,36
国家通用语言文字 5,7,
8,10,11,13,15,17,21—
23,26—30,35,36,46,
47,51,91,95,109,146,
147,150,173,174
《国家通用语言文字法》
3,14,109
国家通用语言文字普及攻
坚工程 4,7,8,26,35,
47,49
国家通用语言文字应用培
训 35
国家外语人才资源动态数
据库 4,36
国家语委 5,11,17,29,

30,36—39,41,47,70,
103,141,143—145,149,
150,155
国家语委语言资源网 4,
36
《国家语言文字事业"十三
五"发展规划》 3,8,17,
26,47,145
国家语言志愿者人才库
4,36
国民教育 21
国内词 160,201—203,
228
国内字 160,201—203
"国培计划" 23,36
国文 62,262,264
"国语" 248,249,251,
254,256—259,265

## H

哈萨克文字母拉丁化
275—279
海淘 167,170
海外中国文化中心 21,67
汉文 135—138
汉学 22
汉译名 169,171—173
汉语 13,17,33,36—39,
45,48,49,51,68,71,76,
84,89,90,108,120—
123,126,127,129,131,
134—140,145,150,155,
156,161,163,170,172,
183,201,204,205,245—
247,257,259,263,273,
292
汉语盘点 38,160,201,
202,205,206,212,222,
228,232
汉语盘点月 201,202

## 术语索引

汉语拼音　33，64，109，110，255，259
汉语文化圈　68
汉语言学　76
汉藏语系　76，124
汉字　4，7，28，33，36，39，45，64，76，78，91，109，110，151，171—174，203—205，246，254—256
汉字简繁文本智能转换系统　4
汉字听写大会　4，54
黑科技　183—190
互联网+　4，10
华语　5，39，68，72，237，239—241，249，259，265，287，290，295
华语变体　287
黄皮书　38，141，143—145，147—149
黄蒲军校　176，179，182
灰犀牛　206—208
回鹘式蒙古文　269—274
回鹘式蒙古文字政策　269
混合智能　86

### I

"i思"机器人　189

### J

机器翻译　7，10，36，71，186
计算机应用能力　21
技术性证据　92，93
家庭交际语　140
家庭用语　291
家庭语言　137，287
家庭语言规划　140
甲骨文　4，9，37，74—78

甲骨学　74—78
兼用语　120
简单搜索　83，84
简牍　75
简繁字转换系统　98
简体字　91，98
《见字如面》　53—57
交际语　120，122，123，140
叫卖语言　113，117
校对符号　91，92
教学媒介语　289，292—294
教学语言　30，243，282，285
结构性访谈　133
借词　245，246，273
金砖+　206，208，219
金砖国家　208，212，215
经典伴我成长　9
经济原则　246
精准扶贫　27，45，47，48，50，51
景区标识语　104—109
九歌　82
句法分析　84
绝句　63，82，83

### K

喀尔喀方言　273
开门调　121
柯尔克孜文　135—139
科技列车行　23
科普大篷车　23
科普中国　23
刻辞　75，76
客家话　150，156，166，251，259，265，287
孔子学院　21，67
口语熟练度　120
口语谈话语体　107

跨民族认同　288

### L

拉丁文　124，270，276
蓝皮书　38，141—145，147，148
朗读亭　57
《朗读者》　53—57
勒索病毒　206，208，220
詈语　102，103
联合国教科文组织　4，5，37，67，70，74，75
脸书　289，292
两岸语言文字交流　39
两个一百年　3，13，15
两会　160，161，186，189，191
零点革命　7
留守儿童　7，15
留置　206，207
流量时代　211
撸起袖子加油干　13，212，217
伦敦国际语言展　68
罗马字　255
逻辑分析　133
绿皮书　38，141—149
绿色通道　23，24

### M

玛雅文字　75
卖萌　226
盲文　10，17，25，34，51
蒙汉双语知识产权信息服务平台　31
民生短板　17
民谚　121
民族多样性　287
民族固有词　152

# 术语索引

民族语文  40—42,48
民族语文应用研究  39,41,42
闽南话  166,251,254,255,257—259,265
墨拓  77
母语  76,119—122,124—131,134,137,138,140,237,241,250,251,272,276,280,284,285,292
母语保留地  118,119
母语产业圈  68
母语日  272

## N

南国书香节  53
年度字词  38,201—203
农产品知识产权信息平台  31

## O

欧洲一体化  285
《欧洲语言共同参考框架：学习、教学、评估》  284

## P

皮书  38,141—146,148,149
拼写法  289
拼音转化搜索  25
频谱图  87
平行语言  280
普通话  4,6,7,9,10,22,26—30,35,37,39,45,47—51,109,114,126,127,129—131,144,152,172,245
普通话普及率  7,10,27,28,35,45
普通话水平测试  4,71
《普通话异读词审音表》  10,36

## Q

七言  83
齐越艺术节暨全国大学生朗诵大会  37
抢救性调查  151
清博指数  159,160
"请进来"  5
权势语言  288
全国推广普通话宣传周  5,35
全角  170,171
全民阅读  23,52—54,56—59
群体智能  86

## R

热应用  183,187
人工智能  7,70,71,73,79,81,84—86,164,165,186,187,189,190,202,203,209,210,212,215,220
人机对话系统  86
人机交互  7,85,184,186—189
人类命运共同体  3,12,17,168,201—203,212,216
人文教育  63
人文精神  61
认知计算模型  86
日旺文  124
融媒体  186,201
软实力  13,17,68,72,78

弱势方言  152

## S

三及第  243
扫码  156,162,164
少数民族文字  33,94
少数民族语言文字信息化  4
少数族裔  237—239,241,242,250,288,294
社会变量  133
社会网络结构  287
社会语言学  286,288,292
社区阅读中心  23
深圳读书月  53
神经网络翻译  84
生物特征识别  86
声纹  87,187
声纹鉴定  87
失语症  70,72
十八大  3,14,53,60,69,213
十大流行语  38,160,201,202,212,218—221
十大网络用语  38,201,202,222
十大新词语  38,201,202,206
十九大  3,6—8,11—17,41,69,78,150,203,207,209,210,212,213,216,217,228,230,232,233
实名认证  169,173
世界读书日  52
世界记忆名录  4,37,74,75,78
世界语  289,295
世界语言大会  5
《世界语言生活状况报告（2016）》  38

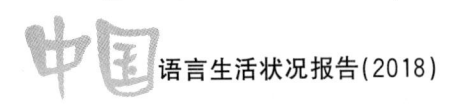

## 术语索引

视觉识别　86,188
视障　4,167
手势语　289,293
手语　10,17,25,31,34,51,187,188,287,294
书香中国　52
数字化阅读　52
数字(卫星)农家书屋　23
数字(卫星)阅读终端　23
数字阅读　23
刷脸　79,165,167
双一流　220
双语服务　40
双语和谐乡村(社区)　32,35,40,41
双语活动　40
双语教育　23,40,48,139,246,291
双语人　122,134
双语语言政策　140
双语制　280
司法鉴定　87,88
司法判例　87
司法文书数据库　87
斯拉夫字母　135,138
"四个全面"战略布局　8,12
四色皮书　145,146,148
搜狗　79,84,85,101,174,187,188,202
搜索榜单　160
《苏州共识》　5
俗语　121,151
随机抽样　133
缩略词语　246

## T

台湾高中语文课纲　261
淘宝体　164,165
特殊教育　17,51
特殊语言文字　4
天猫精灵　85,210
天舟一号　212,216
田野调查　142,151,153,156
听说能力　127—129,131
听障　4,31,187,188
通俄门　206,207,218
通俗语言搜索　25
《通用规范汉字表》　4,33
"通用拼音"　255,259
通用语　48,49,138,147
通语　26,47,49
头条指数　185,186
突厥语　276,278
突厥语族　135
图灵测试　80
土著语言　287
脱贫攻坚战略　7,10

## W

佤语　118—123
佤族　46,118—124
外语词　5,8
汪仔　79,84
王者荣耀　176—179,182
网购　159,161,163—165,167
网络语言　10,164,165,211,222,227
网评　99—101
微博　57,99,101,163,202,225,227
微语言　10,38,99
伪黑科技　184
文本挖掘　86
文化传承　7,69,71,72,78,196,260
文化多元化　70,203
文化发展改革规划纲要　22
文化资源信息平台　31
文化自觉　68
文化自信　6,8,9,11—13,68,78,153,218
文言文　259,261—265
文字处理　7
文字拉丁化　275—277
文字输入　7,187
翁丁　118—123
无人驾驶　79,86
无现金社会　161,162
五大任务　3
五项工程　3
五言　82,83

## X

西里尔蒙古文　270,273
西里尔字母　275—277,279
《现代汉语常用词表(修订)》　36
线上　164,167,186,201,231
线下　114,164,167,186,231
小冰　80,81,189
小康社会　7,13—15,26,29,47,212,213,217,233
楔形文字　75
谐音字　33
新汉学　70
新时代　3,6—8,12—14,17,52,167,202,208,212,213,217,231,232
新四大发明　159—161,164,166—168,202
新移民语言政策　248,251
《信息处理用现代汉语词类

标记规范》 36
《信息技术产品语言文字使用管理规定》 36
兴边富民行动 23
形似字 33
姓名间隔符 170,171,174
姓名权 177—182
雄安效应 208
雄安新区 206,208,209,212,214
虚拟货币 210
学习策略 63,291
学习动机 138
学习架构 239—242

## Y

亚洲太平洋地区世界记忆名录 74
样本 87,88,125,133,286
"一带一路"沿线国家 22,37,70
一纲多本 61
一个核心、五个着力 3
一普及、两提升 3
一音多字 171,172
移动支付 161—163,165
彝语 49,50
义务教育 17,48,60,61,261
《义务教育常用词表》 36
意第绪语 286
音节 64,172,245—247,258
音频 57,87,113,114,151
音系 151,152
殷墟 74,75,77,78
印章文字 75
英语化 280,281,283,285
楹联 63,80,81
油腻 211,222,225,226

有声媒体 38,99,206
舆情监测 99,160
语保工程 11,148,150
语保人 153
语博会 67—69,72,73
语词动态 147
语法 76,86,109,110,245,259,270,273
语法修辞 63
语境 76,293
语料 84,100,102,151,152,201,206,212,231,243,244,290
语码转换 122,243,244,247,288
语谱图 87
语体标识语 105
语体文 261,262,264,265
语同音 9,10,69
语文核心教育 63
语文素养 61,63
语言保护 147,148,259
语言变迁 287—289
语言变体 287
语言变异 289
语言濒危 148,287
语言产业 6,13,67,68,70,72,73
语言冲突 147
语言传播 113,147
语言帝国主义 295
语言多样性 287
语言分析 79,93
语言扶贫 45,46,49
语言服务 4,6,7,15—18,38,71,72,94,96,97,146,147
语言复兴 258
语言公平 291
语言沟通 15,95,164
语言规范 33,109,147,

256,287,294
语言规划 41,51,70,140,142—144,146—149,286—289,292,293,295
语言国情 10
语言活力 287
语言监测 10,103
语言教学大纲 284
语言教育 21,61,69,70,147,251,293,294
语言接触 243,245,288,290
语言经济 72,190
语言景观 104,109,254,260
语言救助 7
语言康复 69,72,73
语言库藏 287
语言能力 3,12,13,16,17,25,35,70—72,120,121,125—146,148,251,291
语言培训 31,32,277
语言配送能力 15
语言权利 13,294
语言社会学 286,295
语言生存 120,286
语言生活 6,13,38,39,42,87,95,103,118,120,122,123,141—149,159,160,162,166,168,183,187,190,211,243,254,256,258,259
语言生活派 148,149
语言生活皮书 141,143—146,148,149
语言生态 13,287
语言态度 125,290
语言危机 147
语言文字督导评估 35
语言文字服务 4,7,38,51

语言文字规范标准 4,10,36,38,113
语言文字国际高端专家来华交流项目 6,39
语言文字使用情况调研 38
语言文字中青年学者出国研修项目 6,39
语言文字政策 29,42,143,145,270
语言文字筑桥 4
语言文字自信 8,12
语言习得 125
语言信息处理 99,201,212
语言选择 290,291
语言学 70,76,87,93,152,153,282,286,288,289,292,294
语言学术 39
语言意识 103,146,259
语言因素 46
语言战略 38,51,73,147
语言障碍 72,237,238,241
语言正义 291
语言证据 87—89,92,93
语言政策 5,12,38,39,69,70,109,140,143—147,149,248,251,265,272,276,281,287,289—291,293—295
语言支援 7,15
语言秩序 286
语言忠诚 259
语言资源 4,5,9,36—38,42,51,68,70,72,99,150,156,160,201,202,206,212,222
语义分析 85,86,88,89
语音合成 79,187

语音交互 86,188
语音识别 7,79,84,86,184,186,187
语音智能 4
语域丧失 281
语种 6,7,36,38,41,51,75,84,94,107,108,136,137,143,287,288
原生态 118,119
阅读理念 52
《阅读·阅美》 53—57
粤语 150,152,156,243—247
韵律 83
韵文 64

## Z

藏缅语族 124
藏语 287,295
朝阳产业 6
支付宝 116,159,161—165,167,168,173
知识产权服务信息平台 31
知识产权资源数据库 31
直播 83,84,201,224,227
职称外语 21
纸草僧侣草体文字 75
纸电同步 154
指数 100,159,160,184—186,191,192,202,229—231
智库 22,38,51
智脑 85
智能家居 85,187,210
智能监控 86
智能科技 80
智能社会 7
智能写作和批改 4
智能音箱 85,86

智能语音 4,7
智能语言学习 36
中成药 191—198
《中国方言文化典藏调查手册》 152
中国故事 17,22,67,70
中国关键词 161
中国经验 5
中国模式 5
中国声音 5,22,67,70
中国诗词大会 4,37,82,220
中国式创新 161
中国特色 3,8,12,13,22,65—67,212,213,217,218,231
中国特色话语体系 12
中国形象 22,67
《中国英语能力等级量表》 36
《中国语言生活状况报告（2017）》 38,145
《中国语言文化典藏》 4,37,150,153
《中国语言文字事业发展报告（2017）》 38,145
《中国语言政策研究报告（2016）》 38,145
中国语言资源保护工程 4,5,9,36,37,42,51,150,156
中国智造 161,168
中华经典诵读工程 4,5,9
中华经典知识图谱 36
中华经典资源库 4,37
中华思想文化术语 5,6,10,37,71
中华思想文化术语传播工程 37
《中华通韵》 9,37
中华文化认同 4,13,39,264

中华优秀语言文化传承与保护工程  4
《中文罗马字母拼写法》  3
中文信息处理  86
中文作为第二语言  239—241
《中小学普通话水平测试等级标准及实施纲要》  36
中医药文化  193,196—198
中英语码转换  243,244,247

注音符号  254,255,257
著作权  89,90
专家证言  93
转写  154,171—174,187,244,246,269
自嘲  225,226
自动翻译  188
自媒体  55,201
自然语言处理  25,81,82,84,85
自然语音理解  7
自适应自主学习  86

自源性祖语  289
自主教育  63
字符  84,86,170,171,173,174
字节  173
"走出去"  5,39
租购同权  206,207,210,221
族际交际用语  275
族裔语  286,292,293
族语  250,257
"最后一公里"  9

（白　娟）

# 后　　记

又到了一年一度的《中国语言生活状况报告》的收获季节。

按照国家语委对"语言生活皮书"的总体规划,从 2018 年起,在发布《中国语言生活状况报告》(绿皮书)的同时,推出《中国语言文字事业发展报告》(白皮书)、《中国语言政策研究报告》(蓝皮书)和《世界语言生活状况报告》(黄皮书)系列"皮书"。基于各"皮书"的分工,今年的《中国语言生活状况报告(2018)》(以下简称"《报告》")在内容安排上进行了一些适当的调整,将"专题篇"及"领域篇"孔子学院发展状况、华文教育新进展的内容移入白皮书。但绿皮书的总体格局保持不变,努力从不同角度展示 2017 年中国语言生活的面貌。

今年,我们对原来的主持人模式进行了完善,吸收了一批年轻学者进入编辑团队,他们的加入提升了团队活力,加快了工作节奏,为《报告》的如期完成,打下了良好的基础。

各栏目分工如下:特稿篇,李强;工作篇,李强;领域篇,苏新春、汪磊、王春辉;热点篇,冯学锋、李佳、王宇波;字词语篇,汪磊;港澳台篇,李楚成;参考篇,赵守辉、方小兵、何山华。

谢谢所有作者,不管他们的稿子最后是否在《报告》刊出。

谢谢各栏目主持人及年轻的助手,是他们的辛勤工作,丰富了《报告》的领域和内容。

谢谢主编组同人和各位审订,是大家的共同努力,保证了《报告》的质量。

教育部语用司、语信司田立新司长,语言资源高精尖创新中心主任、《报告》名誉主编李宇明教授,从方向指引、框架建构到细节把关,自始至终给予大力的支持和帮助;语信司李强副处长、商务印书馆汉语编辑中心余桂林主任,既是作者,也是组织者;责任编辑朱俊玄细心编校;丁海燕、杨佳、李春风、白娟诸位,或帮助组稿,或忙于评审中的各种事务,是《报告》的幕后功臣。我们在此一并表示感谢。

记录新时代语言生活,是中国语言生活绿皮书的使命;每一个新的语言现

## 后 记

象,语言生活的每一个新形式、新事件,语言事业的每一个小小的进步,都会给我们带来喜悦和振奋。我们的团队正在成长,我们的事业正在壮大,我们的目标也越来越明确。

交上今年的语言生活记录的答卷,我们期待着读者的批评和建议。

郭　熙

2018 年 4 月 18 日

# 《中国语言文字事业发展报告(2018)》目录

前言　我国的推广普通话政策

第一章　国家通用语言文字推广普及

 第一节　普通话普及攻坚
  一、普及攻坚工程规划部署
  二、县域普通话普及验收
 第二节　推普宣传培训与志愿者行动
  一、第20届全国推广普通话宣传周
  二、普通话培训
  三、普通话普及青年志愿者行动
 第三节　国家通用语言文字水平测试
  一、普通话水平测试
  二、汉字应用水平测试
  三、少数民族汉语水平等级考试

第二章　语言文字规范化标准化信息化建设

 第一节　国家通用语言文字规范
  一、新时期普通话审音
  二、汉语词汇规范
  三、外语中文译写规范
 第二节　少数民族语言文字规范
  一、少数民族语言文字规范标准建设
  二、少数民族语名词术语规范和工具书编纂
 第三节　地名用字规范
  一、地名普查
  二、不规范地名清理整治
  三、地名标志用字规范
  四、标准地名审定
  五、地名文化保护
 第四节　科技术语规范
  一、科技名词审定公布
  二、规范科技名词推广应用
  三、科技术语规范科学研究
 第五节　语言文字信息化建设
  一、语言文字信息化研究与应用规划部署
  二、语言文字信息处理研究
  三、少数民族语言文字信息化
  四、语言文字信息技术与产品研发
  五、"国家语委语言资源网"建设
  六、信息技术产品语言文字使用管理立法调研

第三章　语言资源科学保护

 第一节　中国语言资源状况
  一、汉语资源
  二、少数民族语言资源

第二节 中国语言资源保护工程
　一、中国语言资源调查
　二、中国语言资源平台建设
　三、中国语言资源保护研究
　四、中国语言资源保护工程管理
第三节 少数民族语言资源保护与建设
　一、少数民族语言文字方针政策宣传贯彻
　二、少数民族地区双语和谐
　三、少数民族语言文字出版与广播影视
　四、少数民族语言文化信息视频资源
　五、少数民族语言文字网站资源

第四章 语言服务能力提升

第一节 "一带一路"语言服务
　一、"一带一路"语言服务研究
　二、"一带一路"语言服务图书出版
第二节 外语服务
　一、外语人才培养
　二、公共服务领域外文译写规范
　三、北京冬奥会语言服务行动规划部署
　四、国民外语能力评测标准研制
第三节 特殊人群语言文字服务
　一、手语和盲文规范化建设
　二、手语盲文教育与人才培养
　三、听力和视力残疾人语言文字权益保障
　四、听力和视力残疾人普通话培训测试
　五、语言障碍人群语言康复服务

第五章 语言文化传承传播

第一节 中华语言文化传承
　一、甲骨文研究
　二、中华通韵研究
　三、部编语文教材中的传统文化内容
　四、中华经典诵读活动
　五、"诵读名家、书法名家进校园"活动
　六、其他行业系统语言文化传承传播工作
第二节 汉语国际传播
　一、孔子学院建设
　二、汉语国际教育
　三、华文教育
　四、汉语在全球的影响力
第三节 语言文化交流合作
　一、两岸语言文化交流合作
　二、内地与港澳语言文化交流合作
　三、语言文字国际交流合作
　四、首届中国北京国际语言文化博览会
第四节 中华思想文化外译传播
　一、《习近平谈治国理政》外译传播
　二、中央文献对外翻译

三、中国关键词多语种对外传播
　　四、中华思想文化术语整理与外译
　　五、中国特色话语对外翻译标准化术语库建设
　　六、中国话语海外认知度调研
　　七、中华文化外译出版

第六章　语言治理体系构建

　第一节　语言文字工作督查
　　一、城市语言文字工作评估
　　二、语言文字工作督导评估
　第二节　行业领域语言文字工作
　　一、教育领域
　　二、新闻出版广电领域
　　三、商业领域
　　四、交通运输领域
　第三节　语言文字学术建设
　　一、语言文字科研项目
　　二、国家语委科研机构建设
　　三、语言文字学科建设
　　四、语言文字应用研究人才培养
　第四节　社会语言生活引导
　　一、发布语言生活皮书
　　二、语言文字应用咨询服务
　　三、"汉语盘点"活动
　　四、"随手拍错字"活动
　第五节　语言文字工作机构和队伍建设
　　一、语言文字工作机构建设
　　二、语言文字工作队伍建设

附　　录

教育部 国家语委关于印发《国家通用语言文字普及攻坚工程实施方案》的通知
教育部 国家语委关于进一步加强学校语言文字工作的意见
国家民委"十三五"少数民族语言文字工作规划
2017年发布或通过审定的语言文字规范标准
2017年国家语言文字工作大事记

# 《中国语言政策研究报告(2017)》目录

前言:2016年中国语言政策研究热点

第一章 语言政策理论和国家语言战略

  第一节 语言政策理论
  第二节 国家语言战略
  第三节 "一带一路"语言问题研究

第二章 国家通用语普及

  第一节 推广普通话
  第二节 推行规范汉字
  第三节 推行《汉语拼音方案》
  第四节 港澳台地区语言政策和语言生活

第三章 语言规范

  第一节 语言规范理论与方略
  第二节 普通话语音规范
  第三节 汉字规范
  第四节 汉语词汇规范
  第五节 网络语言治理
  第六节 少数民族语言文字规范
  第七节 外文译写规范
  第八节 海峡两岸和香港、澳门汉语汉字规范

第四章 语言保护

  第一节 语言保护理论与方略
  第二节 语言保护政策框架
  第三节 中国语言资源保护工程
  第四节 语言保护个案研究

第五章 语言教育

  第一节 语言教育规划与国民语言能力
  第二节 国家通用语教育(语文教育)
  第三节 少数民族双语/三语教育
  第四节 外语教育

第六章 语言传播

  第一节 汉语国际传播理论与方略
  第二节 孔子学院研究
  第三节 汉语国际教育
  第四节 海外华文教育
  第五节 海外华语研究与华语生活

第七章 语言服务

  第一节 语言服务理论

第二节 语言服务产业
第三节 特殊语言服务
第四节 语言技术服务
第五节 社会语言服务

第八章 世界语言政策参考

第一节 亚洲国家
第二节 欧洲美洲大洋洲国家
第三节 非洲国家
第四节 其他

参考文献

摘编文献索引

# 《世界语言生活状况报告(2018)》目录

世界语言生活纵览(2013—2014)

第一部分  生活篇

  韩国多举措规范外文译写
  马其顿的语言问题及政府对策
  加泰罗尼亚公投中的语言问题
  克里米亚"脱乌入俄"前后的语言状况
  英国的外语危机
  爱尔兰国语的地位与困境
  多国外语教学提前及其挑战
  世界语言文字博物馆

第二部分  政策篇

  阿联酋:"语言危机"后的阿拉伯语规划
  日本的"日裔定居外国人语言政策"
  蒙古国颁布《蒙古语言法》
  《斯里兰卡国家三语制度十年规划》发布
  南非颁布《学后教育培训白皮书》
  布隆迪重新确立官方语言
  摩洛哥的阿马齐格语:从土著语言到官方语言
  法国新《法语使用法》颁布20周年
  法国《高等教育与研究法》中的语言条款
  德国的移民语言政策
  拉脱维亚的国语政策
  墨西哥《国家印第安语中心2014—2018年规划》
  澳大利亚白皮书:亚洲语言教育新政策
  欧盟"伊拉斯谟+计划"和多语教育未来

第三部分  动态篇

  朝鲜韩国合编《民族语大辞典》
  印地语新纠纷
  芬兰语言格局悄然改变
  苏格兰盖尔语的保护与发展
  俄罗斯移民语言管理动向
  委内瑞拉保护印第安语新举措
  联合国教科文组织维护语言多样性

第四部分  语词篇

  日本年度热词与年度汉字(2013—2014)
  俄罗斯年度词语(2013—2014)
  德国年度词(2013—2014)
  法国年度术语及新词(2013—2014)
  西班牙年度热词(2013—2014)
  英语年度热词(2013—2014)

第五部分　年报篇

　　韩国世宗学堂财团年度报告(2013—2014)
　　日本国际交流基金会年度报告(2013—2014)
　　俄罗斯世界基金会年度报告(2013—2014)
　　英国文化教育协会年度报告(2013—2014)
　　法国法语联盟年度报告(2013—2014)
　　德国歌德学院年度报告(2013—2014)
　　西班牙塞万提斯学院年度报告(2013—2014)

第六部分　附录

　　中国媒体有关世界语言生活文章选目(2013—2014)
　　国外语言生活论著选目(2013—2014)
　　国外语言生活大事记(2013—2014)

后记

图书在版编目(CIP)数据

中国语言生活状况报告.2018/国家语言文字工作委员会组编.—北京:商务印书馆,2018
ISBN 978-7-100-16122-0

Ⅰ.①中… Ⅱ.①国… Ⅲ.①社会语言学—研究报告—中国—2018 Ⅳ.①H1

中国版本图书馆CIP数据核字(2018)第095167号

**权利保留,侵权必究。**

中国语言生活状况报告(2018)
国家语言文字工作委员会 组编

商 务 印 书 馆 出 版
(北京王府井大街36号 邮政编码100710)
商 务 印 书 馆 发 行
北京新华印刷有限公司印刷
ISBN 978-7-100-16122-0

2018年5月第1版      开本787×1092 1/16
2018年5月北京第1次印刷   印张21¾
定价:69.00元